UN PEU DE SAGESSE DANS UN MONDE DE BRUTES

Du même auteur :

Libérez-vous ! Marabout, 2004.
Le Guerrier urbain, manuel de survie spirituelle, J'ai Lu, 2004.

Publié pour la première fois en Grande-Bretagne en 2004 par Atlantic Books pour le compte de Guardian Newspapers Ltd sous le titre *Dear Barefoot, Taoist wisdom for everyday living.* Atlantic Books est une marque de Grove Atlantic Ltd.

Traduction : Dominique Brotot.

Barefoot Doctor

Un peu de sagesse dans un monde de brutes

Marabout

Sommaire

Introduction

Quand je m'installe pour écrire une de mes chroniques, j'ai rarement idée de ce dont je vais parler. Je fixe l'écran – d'une blanche pureté – et j'attends, les doigts en suspens au-dessus des touches. Je demande alors à l'être qui semble résider dans les sphères les plus élevées de mon cerveau (ou dans l'éther au-dessus, pourrait-on dire avec plus de romantisme) : « Alors, qu'as-tu pour moi aujourd'hui ? » Puis, avant d'avoir le temps de dire « ouf », mes doigts se mettent à virevolter partout sur le clavier, comme possédés, et je me retrouve en train de rédiger un article. Je me suis entraîné à neutraliser le critique qui m'habite et renonce toujours à juger ce que j'écris tant que je ne l'ai pas écrit. Je ne relis même pas depuis le début avant d'avoir triomphalement fait claquer la touche du point final. Puis je vérifie le calibrage, et seulement alors, je me permets de relire et de commencer à élaguer les inévitables absurdités gratuites, jusqu'à avoir un texte que j'espère prêt à la consommation publique.

Le processus prend rarement plus d'une heure, au maximum deux, à l'exception du sujet de l'instant parfait, dont je pensais qu'il nécessitait, en toute logique, l'article parfait. Pour atteindre la satisfaction, il ne m'a fallu rien moins qu'un voyage en pleine nuit, et sous une pluie d'hiver, jusqu'aux confins du pays de Galles, suivi de douze heures d'écriture et de retouche.

Mais ce qui m'arrive en écrivant les chroniques n'est pas réellement l'important. Ce qui compte, c'est votre expérience en les lisant, et plus précisément que vous en tiriez quelque chose d'une valeur durable et profonde.

À cette fin, enchâssées dans mes propos distrayants, se trouvent des informations reposant sur le modèle infaillible fourni par la médecine orientale. Selon ce modèle, tout état possible, qu'il soit physique, spirituel, mental, affectif, social ou même financier est en résonance ou en correspondance avec l'un des cinq organes vitaux, et il existe toujours un moyen simple de lancer un processus de rééquilibrage et de soin, aussi long et complexe que ce processus s'avère en fin de compte. Mais comme disait Lao-tseu, le parrain du taoïsme : « C'est par un pas que commence un voyage de mille lieues. » Autrement dit, il faut bien débuter quelque part, et c'est ce que je propose dans ces articles : un point de départ à la grande aventure d'être simplement qui nous sommes vraiment (derrière toutes les couches nécessaires d'artifice et de protection), car la guérison naît de ces instants où nous atteignons notre identité profonde.

Le modèle oriental sur lequel je me base tire ses origines du taoïsme, mais je ne suis pas rigoriste – il n'y a pas plus libertin spirituel que moi – et me retrouve donc à emprunter librement au bouddhisme, à l'hindouisme, à l'animisme, à l'humanisme, à l'existentialisme, et à tout autre -isme que j'ai passé du temps à étudier. La médecine occidentale possède encore des défenseurs ayant tendance à regarder de haut ces concepts, ce qui explique pourquoi tant de conseils commencent par « selon la médecine orientale », une formule lassante, j'en conviens, et qui me donne l'impression de me dissimuler derrière les robes de taï chi des Chinois de jadis. C'est aussi la raison qui m'oblige à vous prévenir qu'aucun de ces conseils n'a pour but de remplacer l'avis de votre médecin – consultez toujours un généraliste si vous avez un doute à propos de votre santé.

Je ne suis pas en croisade – après tout, il s'agit uniquement d'un service proposé en toute humilité, pas d'une cause politique à défendre ou même un sujet de polémique, du moins pour moi.

Non, à chacun son rôle. J'ai un respect et une admiration absolus pour les splendides percées de la science médicale occidentale et j'espère, peut-être naïvement, espérons que non, de ces hommes (et femmes) magnifiques dans leurs amples blouses blanches qu'ils accorderont la même considération à la sagesse de l'antique vision orientale que j'expose – même présentée par un non-conformiste (et vaurien en tout genre) tel que moi.

Avant tout, cependant, j'espère que vous éprouverez un plaisir et un intérêt immenses à lire ce livre ; qu'il vous fera éclater de rire ; et surtout, que vous ressentirez la chaleur de mon amour pour vous, car il motive non pas juste chaque mot, mais la moindre des lettres.

Barefoot Doctor
Londres, le 1er novembre 2003

Chapitre 1

Félicité, guérison et spiritualité

Des bénéfices de la découverte de la spiritualité

Qu'est-ce que la spiritualité, et pourquoi en voudrait-on dans sa vie ? Il existe un modèle sous-jacent à toutes choses, une conscience originelle qui régit à la fois le monde « naturel » et le déploiement complexe des interactions de la société humaine. Cette conscience se manifeste clairement dans la mémoire des espèces. Regardez comme une rose pousse toujours comme une rose. On peut voir cette intelligence comme une divinité, un esprit, un jeu de réactions mécaniques ou un accident, mais son existence est irréfutable quel que soit le système de croyance dont on a hérité ou que l'on a adopté. Pour mon propos, permettez-moi de l'appeler « présence », un terme peut-être trop romantique pour le gosier d'un pragmatiste endurci ou d'un athée confirmé, et sans doute trop vague pour ceux qui auraient préféré Dieu, le Tao, Bouddha, ou le Grand Esprit, mais je vous demande votre indulgence.

Tous les chemins spirituels (disciplines, religions et pratiques) ont pour fonction d'augmenter et d'entretenir la perception de ce modèle sous-jacent. Prière, méditation, danse, tournoiement, jeûne, recherche de visions, etc., les méthodes varient, mais le but désiré ne change pas : atteindre une perception constante de l'esprit à la fois en nous et autour de nous.

Rien d'invraisemblable jusqu'ici, mais qu'apporte cet esprit, et comment y accéder ?

Adopter une discipline spirituelle, quelle que soit sa saveur, exige en premier lieu d'être prêt à se fier à la bienveillance fondamentale de cette « présence ». Une fois acquise cette suspension des systèmes habituels de croyance, un « saut de la foi » dont il suffit de faire le choix, on peut se mettre en quête du plus proche point d'accès. Certains le trouvent dans une église, pour d'autres ce sera un magnifique panorama, un coucher de soleil sur des montagnes par exemple, pour d'autres encore, notamment les adeptes des chemins orientaux, la voie passe par le temple du corps physique. D'un point de vue métaphysique, nous abritons le long de notre colonne vertébrale des points d'accès que les yogis appellent « chakras » – les « roues qui font tourner la conscience jusqu'à des niveaux plus élevés » en traduction littérale. Une initiation au yoga, ou à une discipline équivalente, s'avère à long terme nécessaire, mais je vous propose de prendre un avant-goût avec la pratique suivante.

« Imaginez une ligne reliant le point à mi-chemin entre vos sourcils et le milieu de la base de votre crâne. Imaginez une seconde ligne allant d'une oreille à l'autre. Elles se coupent dans la région où se trouve votre glande pinéale, votre "troisième œil" ou "cavité originelle de l'esprit" selon des appellations courantes.

Fermez les yeux un moment (après avoir fini de lire), concentrez-vous et rassemblez votre conscience à l'intérieur de ce point. De là, contemplez simplement la mystérieuse obscurité entre vos yeux et derrière eux. Relaxez votre corps, apaisez votre respiration et accordez-vous quelques instants de perception tranquille de la "présence" qui s'étend en vous, et tout autour de vous, dans toutes les directions jusqu'à l'infini. Répétée quotidiennement, cette expérience momentanée de l'unité de l'âme, du corps et de l'esprit vous fournira très vite un accès direct à ce que l'on nomme les royaumes spirituels. Vous le garderez en vous au travail, comme dans le repos et le jeu. »

Tous les chemins spirituels partagent cette technique, et elle ne vous mettra pas en conflit avec les pratiques, religieuses ou non, que vous suivez déjà, qu'il s'agisse de la prière, du taï chi, du yoga ou de la danse de salon.

Le véritable avantage devient patent quand on se découvre capable de rester pleinement conscient de la « présence » au beau milieu de ses activités terrestres. Sa compagnie permet très vite d'acquérir une perspective suffisamment grandiose de l'existence pour affronter avec sérénité les déceptions et la douleur, et pour apprécier au mieux le don que représente chaque instant qui passe. Et ils passent. Ne perdez pas de temps. Essayez tout de suite.

Se soigner

Nous avons tous lu des articles relatant les visites de telle ou telle personnalité chez tel ou tel thérapeute, et la société du vingt et unième siècle accorde une place bien établie à la pratique du soin en tant qu'art (et occupation potentiellement lucrative).

Il existe un moment, sans doute peu après avoir survécu au premier trimestre dans l'utérus, où nous commençons à prendre conscience de notre environnement, mais où nous ne sommes pas encore assez volumineux pour éprouver de la claustrophobie. Si le ciel vous a doté(e) d'une constitution suffisamment robuste, vous avez probablement connu un état d'osmose et d'harmonie parfaites à la fois avec vous-même et avec votre environnement, un état où le sang et l'énergie circulent, où la tonalité de pensée est bienheureuse et où la sensation de poids n'existe pas. Pour notre propos, appelons-le l'état de santé parfaite (ou de plénitude, en bon français). Nous passons ensuite nos vies à courir après ce nirvana apparemment perdu, le cherchant dans l'amour, le succès, les possessions, l'amitié, les voyages, l'aventure, les sports extrêmes, la fête, la spiritualité, l'alcool et/ou les drogues. En réalité, cet état de plénitude n'a jamais été perdu. Cette pure conscience foetale qui jadis fut vous, l'est toujours, elle a seulement été ensevelie sous des couches et des couches de pensée conditionnée et de modèles de conduite.

Le but de tout acte de soin consiste à faciliter un instant – car il n'en faut pas plus – l'accès conscient à cette forme foetale d'existence où le complexe corps-esprit passe automatiquement en mode de « flux parfait ». Si, dans ce mode, l'organisme reçoit des « instructions » claires, soit par insertion d'aiguilles (acupuncture), par contact (manipulation crânio-sacrale), par imposition des mains (shiatsu ou reiki, par exemple), par ingestion de substances (remèdes homéopathiques ou à base de plantes) ou par suggestion mentale (hypnothérapie, méditation ou psychothérapie), il réagira en mobilisant son intelligence innée pour lancer de l'intérieur le processus d'autoréparation. La science moderne reconnaît aujourd'hui ce processus d'autoréparation, et elle l'a intégralement décrit, mais il reste néanmoins inexplicable, et en fin de compte ineffable (comme l'intelligence qui conduit, disons, le jasmin à posséder son parfum).

Peu importe la forme de traitement choisi et la qualité, l'expérience ou la célébrité du thérapeute, c'est vous, fondamentalement, qui vous soignez vous-même en accédant à cet état sous-jacent d'unité « utérine » parfaite, et en donnant les instructions internes appropriées. Ni vous, ni le thérapeute, ne pouvez contraindre votre corps à accepter le traitement. Vous pouvez seulement créer les conditions les plus favorables possible. Le reste doit être laissé à l'intelligence de votre organisme : la nature, autrement dit. À l'image de toute autre profession, la corporation des thérapeutes (c'est-à-dire les médecins, les psychiatres et les infirmières, mais aussi les homéopathes, les acupuncteurs, les herboristes, les aromathérapeutes et d'autres praticiens de médecines alternatives) ne compte qu'une petite proportion d'authentiques « guérisseurs », capables de favoriser un véritable processus curatif, quelle que soit la discipline. Les autres ne sont que de simples « techniciens ».

L'important n'est pas la discipline, mais le praticien. Par exemple, je connais beaucoup de gens atteints de colopathie fonctionnelle (ou syndrome de l'intestin irritable) à qui un spécialiste a apporté une aide incommensurable, allant souvent jusqu'à la « guérison », non pas grâce à une intervention chirurgicale, mais simplement par l'imposition des mains et une attitude empathique. Car l'empathie est la clé. Le véritable thérapeute est capable de pleinement s'identifier à l'état du patient et, plus important encore, au ressenti qu'il a de cet état. En même temps, il sait accéder à ce mode de « flux parfait », et donc communiquer sur cette longueur d'onde avec le patient – ce qui correspond à la manière dont le Dalaï-Lama peut faire partager sa longueur d'onde spirituelle à toutes les personnes assemblées devant lui, quels que soient leurs degrés d'éveil. En fait, la technique utilisée n'est rien de plus qu'une danse, un rituel qui guide l'esprit et l'énergie du thérapeute et du patient.

Alors qu'il est manifestement utile de posséder une maîtrise complète d'une discipline compatible, le talent de « guérisseur » apparaît souvent chez des gens sans formation : ils ont un « don », tout comme Mozart possédait le don de la musique. Cela ne signifie pas qu'il faille être « spécial » pour soigner. Tout le monde peut apprendre, mais leur nature donne à certains plus de facilités. En y apportant la concentration nécessaire, vous pouvez, bien entendu, vous soigner sans aide extérieure.

> « Par exemple, appuyez légèrement une main de chaque côté de votre tête. Ne faites rien, mais relaxez-vous complètement. Vous sentirez bientôt une subtile succession d'expansions et de contractions à l'intérieur de votre crâne. Suivez-les avec les paumes, accentuant légèrement le mouvement afin de provoquer un effet de "pompage". Arrêtez au bout de quelques minutes pour profiter de la sensation de paix intérieure et de plénitude qui naît spontanément. Il est peu probable qu'elle vous libère de tous vos maux, mais elle vous donnera peut-être une idée de la saveur curative. »

Qui sait ? Vous pourriez vous révéler le prochain docteur aux pieds nus...

Défense de l'option alternative

À la lumière des éléments qui se sont accumulés récemment pour indiquer que nous sommes au bord de l'une des crises les plus cataclysmiques jamais affrontées par l'humanité – sur les plans écologique, biologique, psychologique, sociologique et géologique –, on pourrait attendre des grands anciens de la politique nationale qu'ils consacrent leur expérience et leur sagesse supposées supérieures, acquises avec l'âge, à réfléchir aux moyens d'éviter l'extinction de l'espèce humaine. Que dans cette situation, ils tournent en fait leur attention vers la menace apparemment planétaire posée par la médecine alternative, de traditions ayurvédique et chinoise en particulier, paraît digne d'être mentionné ici.

Étant une sorte d'ancien de la médecine alternative, j'aimerais joindre ma modeste voix à la discussion, non pas pour défendre les méthodes de soin alternatives ou complémentaires – après quelques milliers d'années à recueillir des suffrages, elles n'ont besoin ni de défenseur ni de propagandiste – mais pour aider à dissiper un éventuel malentendu qui pourrait dissuader des patients de chercher hors des sentiers battus une aide utile. Ce que déclare la Chambre des Lords est vrai, bien entendu : la médecine alternative peut s'avérer dangereuse, et même tuer dans certains cas. Parfois, et peut-être fréquemment, il arrive au praticien même le mieux formé d'échouer à diagnostiquer une maladie mortelle. De temps en temps, des herbes médicinales entrent en conflit avec un traitement allopathique et causent de graves ennuis. Et des cas de personnes trompées par des thérapeutes charismatiques au point de perdre tous leurs biens, leur santé ou même la vie ne peuvent manquer de survenir. Mais les mêmes règles s'appliquent à la médecine occidentale conventionnelle. Nous ne pouvons pas éliminer l'imperfection humaine de l'équation, quel que soit le côté où notre cœur balance.

Malheureusement, pendant que les thérapies alternatives gagnaient en popularité à une vitesse exponentielle au cours des trente dernières années, notre cadre général de pensée n'a pas évolué. Nous en sommes encore au b.a.-ba de ce que signifie assumer la responsabilité de sa santé et de son bien-être. Nombre de gens pensent toujours qu'il revient aux médecins de nous garder en vie. Mais la déconfiture du service de santé public, malgré sa vaillance, les effets secondaires de nombreux médicaments prescrits et leur inefficacité à faire plus que masquer une maladie, et le taux élevé d'erreurs de diagnostic et de fautes chirurgicales suffisent à nous indiquer qu'il ne s'agit pas obligatoirement de l'approche la plus sage.

Une conversation récente avec une patiente a déclenché mon envie d'exprimer mon opinion sur le sujet. J'utilisais la digitopuncture pour traiter un tic à l'œil qui la tracassait depuis plus d'une semaine. Il existe un méridien, un canal de décharge emprunté par l'énergie protectrice le long des côtés du corps, à qui il arrive de se boucher pour diverses raisons. Les plus communes sont un déséquilibre hormonal, des troubles digestifs, ou parfois un excès d'adrénaline dû à trop de couchers tardifs, trop de levers matinaux ou les deux. Ce tic désagréable fait partie des symptômes fréquents, car le coin de l'œil se trouve directement sur la trajectoire du méridien. À son autre extrémité, ce canal passe par un point, dans le creux entre l'os de la cheville et le tendon d'Achille, dont la stimulation dégage souvent un blocage et peut faire cesser le tressautement de la paupière en l'espace de quelques secondes. Peut-être aurez-vous envie de le localiser et de le masser tout de suite, à titre préventif.

Elle fit remarquer qu'elle aurait normalement dû consulter son médecin[1], mais doutait qu'il eût pu se rendre très utile, car elle ne voyait pas ce qu'un généraliste pouvait recommander en dehors de décontracturants toxiques. Il en

1. Les personnes résidant en Grande-Bretagne prises en charge par le système de santé national bénéficient de soins gratuits à condition de passer par un « general practitioner », habituellement le généraliste le plus proche de leur domicile, qui devient leur médecin traitant et détient leur dossier médical… s'il n'a pas déjà trop de patients pour les accepter quand ils demandent à être enregistrés. *(N. d. T.)*

va de même pour de nombreux cas de troubles intestinaux, de migraine et de maux de dos, pour presque toutes les affections liées au stress, et en fait pour la myriade de situations où la médecine alternative s'est déjà montrée indiscutablement capable d'apporter une aide, quand ce n'était pas une guérison complète.

Je ne suis pas en train de recourir à des promesses extraordinaires, de déclarer par exemple que la médecine alternative peut en théorie servir à traiter la maladie la plus dévastatrice – si le patient est prêt à utiliser le processus curatif, à le prendre par les cornes, et, avec l'aide de la grâce, du destin, de la nature ou de ce que vous voulez, à se guérir lui-même. Car, comme le comprenait lui-même Hippocrate, le père de la médecine moderne, la nature guérit, le médecin se contente de soigner.

J'affirme seulement avec modestie que la médecine alternative – autrement dit l'autothérapie –, pratiquée par une personne à la formation, à l'expérience et au talent adéquats, peut soulager un grand nombre des tracas de santé qui nous gâchent la vie, et peut même aider à mourir plus paisiblement le moment venu (si ce n'est avoir un effet préventif et prolonger considérablement l'existence). Elle doit donc conserver sa place à côté de (et non en conflit avec) la médecine conventionnelle.

Avertissements des Indiens d'Amérique du Nord

La science-fiction s'est transformée en science avec si peu d'à-coups que nous l'avons à peine remarqué. Nous nous adaptons de plus en plus vite à une technologie inédite, presque au rythme où le marché lance de nouveaux produits. Nous sommes blasés à un point qui devient absurde.

Nous avons poliment négligé le facteur de la faillibilité humaine inhérent à toute invention de l'homme, et nous nous démenons, plus que nous évoluons, dans un état engourdi de semi-illumination, nos esprits de bouddhas tordus à peine arrêtés par des titres de journaux tels que « Danger Junkie sur le point de rentrer au pays ! » Imaginez une personne du dix-neuvième siècle essayant de trouver un sens à cela. (Je me souviens de Danger Man[1] – Je me souviens de Danger Mouse[2] –, mais nous avons maintenant un « M. Périlomane ».)

Il semble bien, dans ce monde de science-fiction à visage de réalité scientifique, que nous soyons devenus une société de zélés toxicos. Information, ragots, drogues, alcool, bouffe, sensations fortes, sexe, voyages, apparence, innombrables accessoires de mode assortis dont nous ne pouvons simplement pas nous passer… Nous avons tous développé au moins une dépendance de l'une ou l'autre sorte. Notre science, dans le sens de notre savoir collectif, possède de telles implications et va si loin dans sa sophistication qu'elle défie la description – ne parlons pas d'une évaluation. Inutile de vous ennuyer avec un énième résumé des merveilles technologiques disponibles – pour la plupart, nous sommes déjà en surcharge, en état d'endurcissement provoqué. En bref, nous avons pénétré, peut-être par effraction, dans ce qui ressemble à l'intelligence du royaume divin lui-même. Briser l'atome a initié un processus irrévocable de déchirure du tissu même de la réalité telle que nous la percevons dans notre volonté de savoir, être et posséder toujours davantage (et de tout).

---

1. Héros de la série télévisée du début des années 1960 diffusée en français sous le titre *Destination Danger. (N. d. T.)*

2. Personnage de dessins animés britanniques des années 1980. Cette souris portait en version française le nom de Dare dare motus. *(N. d. T.)*

Nous avons sincèrement tenté d'éradiquer toutes les maladies, de nous isoler complètement des éléments, y compris sur la route, et d'imposer notre domination aux animaux sauvages dont nous devrions faire le petit déjeuner. Et nous avons eu du succès. Nous nous sommes bien débrouillés de la maladie, et affrontons maintenant à la place une série d'épidémies planétaires. Nous avons été tellement efficaces à nous isoler, utilisant les énergies fossiles comme glu, que nous avons créé un monstre climatique imprévisible capable de balayer des cités entières d'une rafale de vent et d'une pointe de raz-de-marée. De plus, nous avons fait un si bon boulot avec les lions, les tigres et les autres animaux sauvages qu'il ne nous en restera bientôt plus.

En voguant vers le crépuscule de la prochaine récession mondiale et du chaos social ou géopolitique qu'elle risque de déchaîner, nous aurons de beaux visages lissés par les injections de Botox et les liftings. Nous marcherons dans des rues peuplées de porteurs de couteaux et d'armes à feu avec audace et aplomb, nos téléphones WAP à la main. Pendant que l'ordre mondial s'écroulera sous nos yeux, nous ferons preuve d'équilibre et de courage. Et pourquoi ? Parce que nous avons finalement découvert notre spiritualité. Peut-être un peu tard dans la journée pour empêcher un désastre d'une ampleur difficile à imaginer, mais certainement pas trop tard pour nous aider à trouver la paix intérieure afin de profiter au maximum du spectacle, en ligne ou non, jusqu'à l'extinction finale des projecteurs.

Il y a deux mille ans, les Hopis, pères spirituels révérés de tous les Indiens d'Amérique du Nord, ont prophétisé qu'à ce moment exact de l'Histoire, si nous ne revenions pas rapidement sur nos tendances consuméristes, nous laisserions le jeu de la domination aux rongeurs et aux insectes pour nous mettre à détruire notre monde. Un film d'une sobre élégance a révélé ce message il y a près de vingt ans. Son titre, *Koyaanisqatsi,* signifie « Alerte – monde en déséquilibre ! » en hopi. Vingt années ont passé. Deux mille ans se sont écoulés, et nous n'avons toujours pas vraiment écouté.

Mais je suis un thérapeute, pas un prophète de l'apocalypse, et j'ai personnellement assisté à de nombreux miracles au cours de traitements de cas supposés terminaux. J'ai aussi vu l'inverse. J'ai appris à ne pas faire de pronostics précipités. Aucune personne vivante n'a accès à suffisamment de données pertinentes pour établir un pronostic réellement informé. Alors, plutôt que de céder au pessimisme, nous serions mieux avisés de continuer d'explorer les mystères du soin et de la spiritualité : autrement dit, les méthodes qui accroîtront notre jouissance innée à vivre. Car de l'état de joie seulement viendra l'inspiration qui pourrait nous guider, et guider en premier lieu nos scientifiques aux nombreuses spécialités, dans la recherche des solutions miraculeuses dont nous avons actuellement un besoin si urgent pour survivre en tant qu'espèce.

Une chose est sûre. Quel que soit le côté où balancera le pendule de la destinée, et je vous garantis l'arrivée d'une bonne dose de balancement, nous l'apprécierons tous beaucoup plus si nous apprenons à respirer et à nous relaxer. Une autre chose est vraie : le monde que nous avons créé, sous ses myriades de formes, a pour origine des idées. Des architectes, des stylistes, des philosophes et leurs semblables ont au fil des siècles contribué à mouler la sculpture que nous appelons civilisation. En conséquence, si nous souhaitons provoquer un subtil changement de trajectoire afin d'éviter un désastre planétaire, nous devons, comme eux, partir de l'idée ou de la vision.

« À cette fin, vous pourriez de temps en temps avoir l'envie de visualiser notre monde en train de tourner majestueusement, enveloppé d'un fourreau de "lumière" curative céleste, comme l'enfant de la publicité après avoir mangé son bol de céréales Readybrek, et imaginer que cette lumière donne du bon sens, de l'équilibre et une sagesse inhabituelle aux esprits et aux actes de ses habitants. »

Un truc de contes de fées, sans doute, mais si nous sommes suffisamment nombreux à partager la vision, elle ne déplacera peut-être pas beaucoup de montagnes, mais elle pourrait empêcher les océans de nous chasser de nos foyers. Faites donc preuve d'optimisme, car comme tout thérapeute vous le dira, tant qu'il y a de la vie, il y a de l'espoir.

L'ENCHANTEMENT DU CHANT

L'autre matin, alors que je roulais en direction du parc pour la promenade matinale de Walter (le chien spirituellement éveillé), je me suis fait surprendre par un embouteillage. Dans toutes les directions, aussi loin que portait la vue, il y avait des véhicules de transport à quatre roues.

Walter, qui n'est pas une petite bête, a perdu patience à l'arrière et sauté sur le siège avant. Il m'a fixé avec pragmatisme un moment, comme pour suggérer que je le laisse sortir se soulager, vu notre situation bloquée. « Non, mec, rappelle-toi ! Tu as pété les plombs la dernière fois que j'ai fait ça et galopé au milieu de la circulation avant de pisser sur la roue de cette Mercedes. Tu vas devoir te retenir. Il n'y en a plus pour longtemps. »

Mais il n'a rien voulu savoir et a commencé à émettre ce gémissement geignard qui, venant d'un si bel et si grand animal, fait fondre votre détermination à tout coup. J'ai résisté, et entamé les négociations : « Walter, nous allons chanter pour nous calmer. » Il faut savoir que Walter est familier des traditions vocales exotiques de l'Orient. Mon Dieu, ils sont nombreux à voir en lui la réincarnation d'un sage hindou. En fait, si je tiens un fa dièse grave, il se joint invariablement à moi, hurlant dans le ton.

J'ai donc pris une profonde inspiration, dilatant latéralement ma cage thoracique, et je me suis mis à psalmodier « Namu Amida Butsu ! » (« Gloire au Bouddha de compassion ! ») jusqu'à atteindre ce fa dièse, et Walter a lancé sa clameur sacrée. Au bout d'un petit moment de ce comportement extraordinaire qui nous valut à tous deux des regards curieux à travers les pare-brise, j'ai en un sens transcendé les royaumes de la relativité – et je ne peux pas parler pour Walter à ce sujet, mais j'ai bien eu l'impression que nous partagions l'expérience. À tort ou à raison, bonnes conditions de circulation ou pas, je jouissais maintenant de la perspective de personne d'autre que Bouddha compatissant lui-même.

En cet instant, parfait exactement tel qu'il était, tout le monde faisait simplement de son mieux à ce moment de l'évolution du monde. Nous n'étions tous que des enfants en train de jouer aux embouteillages dans la cour de récréation. Et c'était précisément là que Walter et moi devions nous trouver. Walter a continué à hurler sans un gémissement jusqu'à la disparition du bouchon, causée par notre compassion, puis notre arrivée au parc où il a jailli hors de la voiture et disparu à 120 km/h pour foncer se vider.

En fait, ce sentiment de compassion envers l'humanité ne m'a pas quitté de la journée – au point de me décider à affronter le ridicule en révélant ces détails assez personnels de ma relation avec Walter, et sur nos fréquents moments de communion spirituelle, afin de partager avec vous un peu des merveilles du chant. Les chemins spirituels orientaux et occidentaux utilisent la psalmodie comme un instrument de mise en transe depuis aussi longtemps que s'en souvient tout bodhisattva traînant dans le coin. Qu'il s'agisse de répéter des *Ave Maria* ou des louanges à Ganesh, le dieu hindou à tête d'éléphant, nous avons de tout temps utilisé la voix pour atteindre un état altéré de conscience qui transcende les soucis ponctuels pour ouvrir, au-delà du monde des distinctions, à la perfection intérieure (au monde et à nous).

Dans un sens, la nature du son répété ne devrait pas avoir d'importance, les vibrations engendrant d'elles-mêmes relaxation et confort physiques, comme un massage sonique appliqué en interne. Cependant, je dois le préciser, d'après mon expérience personnelle, les chants sacrés de l'Orient et de l'Occident, transmis à travers les siècles par des disciples et de saints hommes, possèdent une essence dont l'impact semble plus profond que la psalmodie d'une phrase toute bête genre « Viens faire les courses » ou autre absurdité du même genre.

Plus important, et c'est la véritable finalité de toutes ces psalmodies de « Om », il existe un son précurseur – le bruit même de la création. La Bible y fait référence dans ses premières lignes : « Dieu dit : "Que la lumière soit !" » (pardonnez mon emphase, mais nous sommes dimanche). Les yogis appellent ce son Shabd, et selon eux, s'entraîner à l'écouter en méditation profonde confère un grand sentiment de paix et de bien-être. « Ommer » revient simplement à tenter d'imiter ce son originel pour créer un champ de résonance.

« Essayez maintenant cet exercice, si cela ne vous semble pas trop exotique et si vous pouvez l'exécuter sans gêne. Inspirez à fond, en dilatant latéralement votre cage thoracique, et laissez doucement s'échapper des profondeurs de votre ventre le son "AOUM", en étirant le "AOU" aussi longtemps que possible avant de fermer les lèvres sur le "M" final. Si vous trouvez cela vaguement relaxant, recommencez jusqu'à neuf respirations. Puis reposez-vous un instant dans le silence intérieur et voyez si vous pouvez entendre (ou écoutez si vous pouvez voir) le son originel de la création. »

Maîtriser l'art du vide

Une amie japonaise se débrouille pour ne jamais perdre son calme. Femme d'affaires transatlantique et transpacifique dans l'industrie de la mode et de la musique, compagne d'un éditeur de magazine et mère de famille, elle compte parmi les plus grands travailleurs de la planète et, il faut le dire, ressemble de manière frappante à Yoko Ono, dans son allure comme dans son comportement.

D'une sérénité stoïque et sans chichis, elle subit ce que la vie jette sur son chemin avec, en apparence, l'équilibre et la retenue d'un maître zen.

Je la soigne depuis des années et j'ai été frappé par l'humilité absolue qui la rend capable d'accepter et de respecter l'ironie que représente un Occidental comparativement lourdaud en train de pratiquer la médecine orientale et d'enseigner des stratégies de vie asiatiques. Plus encore, elle m'a surpris par sa facilité à avouer qu'elle se sentait extraordinairement stressée et intérieurement déréglée, alors que je la prenais depuis le début pour une réincarnation de Bouddha lui-même.

Il y avait toutefois encore plus remarquable : sa rapidité, pendant le traitement, à s'enfoncer dans ce qui ne peut être décrit autrement que par le « mode zen ». La plus légère incitation suffisait pour qu'elle se vide de son ego et devienne donc entièrement disponible et réceptive au traitement, comme si on l'avait formée à cela depuis l'enfance. Nous avions moins de couches de défenses sociales à dissoudre avant d'atteindre ce lieu de paix nécessaire où prend forme la guérison.

J'ai retrouvé la même chose chez tous les Japonais avec qui j'ai eu le plaisir de travailler – y compris l'étudiante adolescente sur les nerfs et dotée d'une chevelure mandarine, d'une tenue de skateboard exotique, d'un téléphone portable, d'un baladeur minidisque et d'un intestin irritable qui mélangeait les « r » et les « l » et gloussait presque continuellement, ou le banquier surmené qui avait une propension à s'incliner sans fin, participait à des soirées karaoké débridées et très arrosées et entretenait un ulcère d'estomac et des maîtresses en âge d'aller à l'école. Ils semblent avoir bien plus de facilité que nous, Occidentaux encombrés de bagages intérieurs, à atteindre cet « espace zen ».

J'ai rencontré pour la première fois l'« espace zen » chez Tia Honsai, mon professeur d'aïkido quand j'étais enfant. C'était aussi un thérapeute qui avait appris à canaliser le « ki », la version japonaise du « chi », la force vitale. Il l'appelait « super ki » et affirmait qu'il avait le pouvoir d'arrêter une locomotive comme de soigner la maladie la plus grave, mais que pour y avoir accès, il fallait apprendre à faire totalement taire ses pensées et à braquer l'esprit désormais vide sur la zone à soigner. Puis, on devait fondre sa propre conscience dans la « pure conscience » de l'univers, court-circuitant l'esprit local, et penser à « un seul point », le

« tantien », situé 5 cm sous le nombril, le point d'acupuncture qui contrôle la « mer de souffle », ou « hara », dont est issu le « ki ».

En fait, développer « son hara » est considéré comme essentiel pour devenir une personne aboutie. Dans la pratique zen du tir à l'arc, par exemple, le maître observe le *tantien* du disciple, se désintéressant complètement de la cible, mais il peut prédire à tout coup une flèche dans le mille au degré visible de « centrage » sur l'*hara,* d'« unité de l'esprit en un seul point ».

Tia Honsai nous pensait indestructibles dans ce mode d'esprit vide, centré sur l'*hara.* Car s'il y a « non-mental », comme le disent les bouddhistes zen, qui ou que pourrait-il y avoir à détruire ?

Pour aider le disciple zen à entrer dans cet état non-mental imperturbable, le maître, ou « roshi », pose une question paradoxale – un *koan* – destinée à mettre momentanément l'esprit en panne. Quelque chose comme : « Quand un arbre tombe dans la forêt, sans personne pour l'entendre, fait-il du bruit ? », ou cette citation bien connue : « Quel bruit fait une seule main qui applaudit ? » Envoyé méditer sur le *koan,* le disciple est supposé revenir avec une réponse. S'il tente de fournir une réponse logique, il est renvoyé méditer, en recevant éventuellement un coup de baguette de réprimande sur le front. En revanche, s'il se présente avec une réponse échappant à la rationalité et qui montre une compréhension de la réalité ou « tel-quel-ité » intrinsèque de la chute ignorée d'un arbre ou de l'applaudissement improbable d'une main frappant l'air – tordant peut-être le nez du *roshi* pour toute explication – on considérera que le disciple « a pigé ».

Les adeptes du zen parlent aussi de développer l'« esprit du débutant », cette capacité à garder sa fraîcheur en toutes circonstances sans s'encombrer des préjugés issus des expériences passées. Chaque expérience est nouvelle, quel que soit le nombre de fois où nous sommes déjà passés par là. Comme un bébé, nous absorbons sans juger, et ne nous autorisons jamais à tomber dans l'erreur de devenir blasés.

Regardez un jardin zen ou l'intérieur d'une maison traditionnelle japonaise – l'inspiration derrière nos créations minimalistes occidentales. L'espace dénudé est supposé représenter la sérénité de l'esprit vide, et donc apaisé, d'un débutant.

Il serait pourtant aussi malavisé de voir tous les Japonais comme des adeptes potentiels du zen que de croire tous les Occidentaux de grands footballeurs virtuels. D'ailleurs, aucune nation sur Terre n'est plus prolifique en inventeurs et consommateurs de gadgets destinés à distraire du silence intérieur. Mais derrière les robots miniatures, les microcaméras, les soirées karaoké avinées et les nouilles instantanées, la faculté d'accéder à l'« espace zen » semble culturellement programmée dès la naissance en chaque individu. Malgré nos nombreuses autres qualités, notre équipement zen laisse davantage à désirer. Nous trouvons difficile d'être vidés de notre ego.

« Si vous ne me croyez pas, essayez de rester assis(e) en zazen, en posture de méditation, de préférence à genoux sur le sol, les fesses sur les talons (un fauteuil fera aussi l'affaire), le dos droit mais détendu, et les paupières baissées d'un quart. Autorisez votre respiration à ralentir et à s'approfondir, puis, en toute conscience, mettez-vous à ne penser absolument à rien pendant vingt minutes. »

Ne vous faites pas hara-kiri parce que vous trouvez ardu d'atteindre un tel niveau de paix intérieure. Envisagez plutôt une visite à un praticien du shiatsu, et laissez-le s'occuper du zen pendant que vous vous relaxez.

C'est un Barefoot Doctorsan légèrement incohérent (comme le plan de Tokyo) qui vous souhaite un affectueux sayonara et vous dit à la semaine prochaine.

Vivre dans l'ici et le maintenant

Imaginez-vous coupé(e) pour le reste de votre vie de tout contact avec des êtres humains, des animaux, la nature, ou toute forme de beauté, et destiné(e) à rester isolé(e) à perpétuité. Voilà, nous l'avons affrontée : l'horreur indicible qui rôde non loin de la surface de tout esprit. D'ailleurs, la peur de l'isolement fournit un thème commun à la plupart des cas de dépression. Cette peur n'est ni logique, ni rationnelle, mais constitue sans doute une force de motivation majeure derrière l'instinct de survie. Elle naît des profondeurs de notre soupe interne existentielle, et le contact avec d'autres gens ne la dissipe que temporairement.

Il n'existe qu'un véritable antidote : éliminer tous les obstacles qui nous isolent de nous-même. Car, si l'on en croit la théorie taoïste, une fois la connexion rétablie avec notre être véritable (sous-jacent), distinct de celui que nous présentons au monde, nous retrouvons instantanément l'impression de lien avec le reste de la création, et toute sensation d'isolement s'évanouit.

Si vous baissez les yeux sur votre corps, vous allez peut-être demander d'un ton incrédule : « Isolé(e) de moi-même ? Comment est-ce possible ? Je suis intégralement ici, non ? » Eh bien, l'êtes-vous vraiment ? À quand remonte la dernière fois où vous avez pris le temps de ressentir ce qui se passait dans votre bassin, votre ventre ou votre poitrine ? À quand remonte le dernier moment où vous n'étiez pas en train de réfléchir au passé ou de tenter de prédire l'avenir ?

Autrement dit, quand avez-vous été pleinement présent(e), tous les éléments de votre esprit formant une unité, dans l'ici et le maintenant, dans un simple état de pure existence ? En vérité, sauf à des moments de grands dangers, ou pendant des activités de méditation de tout type, nous passons presque toutes nos journées (et nos nuits) plus ou moins en retrait de la réalité de l'instant. Voilà pourquoi la consommation d'alcool et de substances psychotropes fait rage de nos jours. Nous cherchons désespérément le bouton qui éteindra l'esprit local (et bavard) et tous ses jugements et critiques, afin de lâcher prise et de nous laisser glisser dans le courant vital plus profond qui coule sous la surface. Car à cette profondeur, nous nageons dans le courant qui porte toute vie et nous ne pouvons éviter de nous sentir reliés.

Maintenant, s'il ne me revient pas de juger ou critiquer l'usage, le mésusage ou l'abus d'une substance de quelque nature qu'elle soit, on peut à juste titre affirmer qu'il existe des moyens plus sains et plus bénéfiques de se désinhiber suffisamment pour pénétrer dans ce courant plus profond. L'alcool et les autres « substances sociales » – les lubrifiants de la personnalité, en d'autres mots – ont en commun de déclencher une impression de chaleur dans la poitrine et de décontraction dans le ventre qui nous autorise à court-circuiter les facultés (trop) critiques du cerveau. C'est cette chaleur – l'énergie du cœur, dans la terminologie taoïste – qui donne le courage de communiquer.

Pour vaincre l'isolement, plutôt que de recommander quelque chose à ingérer, l'approche orientale consiste donc à relâcher mécaniquement et systématiquement les tensions dans la tête, la poitrine et le ventre qui nous coupent de notre état naturel connecté. Il existe de nombreuses manières d'y parvenir, mais la suivante est efficace, facile et applicable en toutes circonstances.

« Commencez par enfoncer votre index dans le creux à la base du cou, au sommet du sternum (la fosse claviculaire), et poussez délicatement celui-ci vers le bas en direction du pubis. Gardez la position quelques instants et relâchez. Vous remarquerez peut-être que votre tête s'est éclaircie et que votre énergie se localise un peu dans votre ventre. Activer ce point stimule aussi l'énergie de la gorge, qui régit les talents de communication en général.
Posez maintenant les doigts de votre main dominante au centre du sternum et pressez doucement vers la colonne vertébrale. En tournant lentement dans le sens des aiguilles d'une montre, décrivez environ dix-huit cercles de trois centimètres de diamètre, la chair glissant contre l'os. Ce massage doit produire un échauffement dans la région thoracique (la poitrine et le haut du dos) en stimulant l'énergie, ou "feu", du cœur, organe du courage selon les modèles aussi bien orientaux qu'occidentaux. On peut donc dire qu'il nourrit le courage.
Maintenant, placez votre index environ cinq centimètres sous le nombril, et pressez jusqu'à ressentir une "douleur agréable" avant de dessiner dix-huit cercles similaires. Ce point est la "mer d'énergie", dont la stimulation aide à se sentir plus tangible, véritablement à sa place sur la planète, condition nécessaire à un dialogue sain et équilibré avec le monde.
Enfin, appuyez l'index au centre de votre front, trois ou quatre centimètres au-dessus de la ligne des sourcils, jusqu'à éprouver une sensation plaisante, teintée d'un léger picotement, puis maintenez une pression constante d'à peu près cent dix grammes pour décrire, toujours dans le sens des aiguilles d'une montre, dix-huit cercles de deux centimètres de diamètre. Dit "heureux" car il stimule la glande pinéale, ce point est supposé déclencher

la diffusion de sérotonine et donner la vision du "troisième œil", ou conscience télépathique.
Pratiquez ce petit enchaînement tous les jours pendant une semaine, et si vous ne vous sentez pas nettement plus relié(e), détendu(e) et en contact avec ce miracle que nous appelons le monde, je mange mes chaussettes. »

SAUVER LE MONDE AVEC L'AUTOTHÉRAPIE

Oh ! là, là, dans quel pétrin nous sommes ! L'admettre était il y a peu considéré comme impoli, et même excentrique, mais c'est devenu tellement flagrant que je n'ai vraiment pas l'impression de commettre un horrible faux-pas social en mentionnant le fait qu'à tous niveaux, et en tant qu'espèce, nous sommes confrontés à un redoutable défi ici-bas sur la planète. Il y a une bonne nouvelle : les perspectives sont saines pour les rats, les araignées, les cafards et autres robustes insectes, ainsi que pour certaines des créatures les plus hideuses des profondeurs.

Elles s'avèrent légèrement plus incertaines pour tout le reste, dont nous. Que nous considérions le paysage économique, l'évolution des comportements sociaux, l'environnement, les réserves d'eau potable et de nourriture non contaminée ou le climat, nous faisons face à une crise sans précédent dans l'histoire... Et pour couronner le tout, nous sommes en train de perdre ce qu'on a appelé la « bataille contre les maladies infectieuses ».

N'étant pas de nature alarmiste, mais en fait un éternel optimiste, je me demande si nous pourrions encore avoir le temps, avant de sombrer dans un état d'abject chaos collectif, de trouver le moyen de renverser ou de transformer suffisamment la situation pour garder ce magnifique spectacle en tournée pendant encore quelques siècles. Comme je n'écris pas en survivant dingue attendant avec impatience la « fin des temps » dans un abri en béton quelque part au Texas, mais seulement en taoïste urbain du vingt et unième siècle à moitié fêlé, j'ai pensé partager avec vous un vieux conseil pour survivre aux époques « intéressantes » de l'histoire humaine. Il repose sur l'idée taoïste que chacun de nous est une version microcosmique de la totalité, un homoncule de l'environnement qui nous fait vivre.

Au bas de votre abdomen brûle le feu vital originel (le noyau terrestre). C'est votre « feu des reins », celui d'où vient l'étincelle et qui vous donne l'élan pour créer, procréer et recréer. Une fine croûte le recouvre, et au-dessus s'étend l'eau vitale, l'« eau des reins » qui fournit la force et la volonté de rester en vie. Elle imbibe en surface, un peu plus haut dans l'abdomen, le sol d'où naissent plantes et arbres. Celui-ci est en correspondance avec la rate, responsable, selon les Asiatiques, de la conversion des aliments et des liquides en éléments nutritifs utiles. La puissance qui fait vivre et pousser les arbres dépend du foie. Ces plantes et ces arbres (logés dans votre poitrine) sont en relation avec vos poumons qui, comme les forêts tropicales, transforment des gaz essentiels à votre survie. Et au beau milieu de la poitrine rayonne l'immense chaleur générée par le « feu du cœur », qui brille sur votre planète intérieure depuis le bien nommé plexus solaire en haut de votre abdomen.

Belle métaphore. Mais même si l'on aime ce genre de conte de fées oriental, comment contribue-t-il à sauver l'espèce humaine de la catastrophe imminente ? La chance est minime, mais d'après les taoïstes – malgré leur réputation de grands métaphysiciens, ils n'étaient après tout qu'humains, ne le prenez donc pas pour argent comptant –, ce qui se produit dans le microcosme se répète dans le macrocosme, et vice-versa. En conséquence, si une seule personne parvient à atteindre un état de parfait équilibre intérieur, la totalité de l'écosphère, de l'économie planétaire, du scénario des maladies infectieuses et de l'équation sociale s'emploiera à le refléter. Autrement dit, il suffit de la guérison complète d'une seule personne pour que l'ensemble guérisse aussi. Donc, en digne homoncule, vous pourriez envisager, au nom du salut mondial, de consacrer du temps et de l'attention à votre propre guérison. Bien entendu, il existe mille manières de mener cette tâche à bien, mais elles ont toutes à leur source une image mentale d'unité.

> « Commencez par visualiser le feu du noyau de la terre en train de brûler agréablement dans la région de vos organes génitaux. Au-dessus, l'eau vitale limpide et pure coule dans la partie inférieure de votre abdomen, imprégnant lentement le sol riche et fertile qui la recouvre pour donner naissance à des arbres merveilleusement sains (et à toutes sortes de créatures vivantes, mais doucement sur les cafards et assimilés) dont les branches s'élèvent (à l'intérieur de votre poitrine) dans un ciel lumineux, dont la couche d'ozone réparée transforme avec bonne humeur une atmosphère empoisonnée en air frais. »

C'est tout à fait farfelu, je sais, mais visualiser régulièrement cette harmonieuse écosphère interne commencera au bout de quelques jours à améliorer grandement la manière dont vous vous traitez. Votre corps se mettra à vous informer avec tant de persuasion de quels aliments, exercices et même milieu social il a besoin pour votre épanouissement que vous ne pourrez résister. Et alors, que vous ayez recours au taï chi, à l'acupuncture, à la chromothérapie ou à toute autre méthode de votre goût, si vous arrivez à suivre le chemin jusqu'au bout et à vous guérir complètement, vous pourriez devenir la personne qui sauvera le monde. Bonne chance, nous comptons sur vous.

Le pouvoir de guérison de la pensée

Voici une jolie petite histoire. Je reçois un coup de téléphone de Carlos Fandango : « Johnny Toobad est à l'hôpital. Il a une tumeur au cerveau de la taille d'un kiwi, et on l'opère demain. Il aimerait beaucoup que tu l'appelles pour voir comment tu peux lui envoyer de l'énergie pendant l'opération. »

La demande tombe des nues. Johnny, auteur dramatique et intellectuel d'avant-garde de grand talent, offre d'habitude l'image même de la vitalité et de la santé. Mais, à ce qu'il s'avère, son côté gauche s'engourdit depuis des semaines et il a été pris plusieurs fois de graves vertiges. Deux généralistes différents l'assurent qu'il s'agit d'un virus – où avez-vous déjà entendu cela ? Par chance, il a le bon sens de se rendre dans un service d'urgences, où le personnel reconnaît les symptômes. Je lui demande si l'opération l'effraie. « Non », répond-il d'un ton étonnamment (et authentiquement) positif. « Ne pas savoir ce qui ne va pas m'inquiète depuis des mois, maintenant que je sais, je peux me débarrasser de cette opération et poursuivre ma vie – j'ai beaucoup à faire, Doc ! »

Donc, le lendemain matin à l'heure prévue, après une séance de taï chi profond dans le jardin, je m'assieds sur le sol et, entrant dans un état méditatif, commence à m'accorder sur le cerveau de Johnny. Je ne suis pas le seul – il y a bien vingt autres personnes éparpillées en ville à m'imiter. Quand mon moi astral arrive sur la scène, pour ainsi dire, c'est comme s'il entrait dans un lieu sacré, et j'ai nettement conscience d'une présence au-dessus du malade – la décrire comme un ange, malgré le romantisme du concept, serait le plus approprié. Je la perçois comme un immense être de lumière, qui injecte un surcroît de lumière à haut débit sous la forme d'une grosse colonne pénétrant le sommet de la tête de Johnny. Et bien que ce genre d'être ne s'exprime généralement pas avec des mots, qui sont propres aux humains, je reçois comme message : « Merci de prêter ton énergie, nous sommes en train d'accomplir un miracle ici. » Au bout de quelques minutes, je sens le moment venu de me retirer et de retourner à mon état d'éveil normal.

J'apprends le soir même que l'opération s'est particulièrement bien déroulée : les chirurgiens la pratiquaient pour la première fois à l'écran, sans même regarder le patient, et c'est un succès si total que les journaux du lendemain en parlent. (C'est dire si cet homme a le sens des relations publiques !) Après une telle intervention, il faut normalement rester en convalescence un minimum de dix à quinze jours, mais Johnny a pleinement récupéré deux jours plus tard et, surpris de le voir prêt à rentrer chez lui, les médecins le laissent partir en parlant de miracle.

Et pourquoi est-ce que je vous raconte cette histoire ? Parce qu'elle soulève quelques remarques pertinentes. Un : ne croyez pas tout ce qu'on vous dit. Deux : bien qu'il puisse s'agir d'une pure coïncidence, il semblerait qu'envoyer du fond du cœur des voeux positifs donne au destinataire une force sur le plan astral qui favorise son rétablissement. De plus, s'y mettre à beaucoup multiplie les effets de façon exponentielle. Trois (et cela découle de « deux ») : à cet égard, comme à tous les autres, la popularité paie. Si Johnny est aussi populaire, c'est probablement parce qu'en plus d'être un chic type, il est l'une des personnes les plus sincèrement positives sur cette planète. Enfin, et même les médecins en ont convenu, cette positivité a joué un rôle majeur dans la rapidité de son rétablissement. Autrement dit, il ne s'est pas laissé aspirer dans la tragédie de la maladie, mais s'est au contraire uniquement identifié à un état de santé recouvrée.

Je prédis que vous allez encore entendre beaucoup parler de Johnny Toobad dans un avenir proche, ne serait-ce qu'à cause de la quantité et de la vélocité de la lumière injectée en lui ce jour-là. Cette lumière ne peut que chercher à s'exprimer dans son écriture déjà brillante. Mais d'ici là, vous aurez peut-être envie de penser à quelqu'un que vous aimez, et qui pourrait avoir besoin d'un peu d'aide, et pas uniquement à cause d'un truc grave comme une tumeur au cerveau – toute forme de souffrance fera l'affaire –, afin d'appliquer la méthode suivante pour lui envoyer de façon désintéressée une décharge d'énergie curative.

« En position assise, le dos droit, détendez vos muscles et laissez votre respiration ralentir et s'approfondir. Comme si vous utilisiez un œil situé au beau milieu de votre cerveau pour le voir, imaginez votre sujet devant vous, surplombé d'un immense être de lumière d'apparence angélique en train de le nourrir d'un flot de lumière par le sommet de sa tête. Attisez la vision avec la force vitale dans votre poitrine, et soutenez-la de l'énergie brute de la région de votre pubis. Poursuivez jusqu'à vous sentir agité(e), puis reprenez vos activités habituelles. »

Même si le seul fait d'envisager cette démarche entre en conflit avec une vision pragmatique de la vie à laquelle vous tenez, l'opération tout entière coûte moins cher qu'un appel local, et qui sait, elle pourrait marcher. Cerise sur le gâteau, elle vous remplira d'un sain sentiment de devoir accompli qui vous donnera de l'entrain toute la journée.

Et en vertu de la règle immuable selon laquelle tout finit par retourner à l'envoyeur, vous devriez véritablement crouler sous les bienfaits dans les quatre jours suivant la lecture de ces mots. Faites passer !

EXULTER À JAMAIS

Si je disais qu'il est parfaitement normal qu'à partir de maintenant vous éprouviez en permanence de la joie et un merveilleux bien-être, est-ce que vous reculeriez devant l'idée en m'accusant d'idéalisme ? Si je disais qu'il vous est dorénavant parfaitement possible de rester constamment dans cet état, même dans des circonstances pénibles ou difficiles, est-ce que vous monteriez sur vos grands chevaux pour me traiter de rêveur ?

Eh bien, reculez ou montez autant que vous voulez, mais laissez-moi finir. Il s'agit uniquement d'une façon de voir les choses. De l'avis d'un taoïste, souffrir, même dans les plus sévères conditions physiques extérieures, n'est qu'un choix fait en réaction à la douleur, et il est tout aussi facile d'opter pour la réaction inverse. La difficulté à y parvenir naît de ce qu'après avoir choisi la réaction souffrante (probablement en tant que nouveau-né) et l'avoir adoptée (inconsciemment) comme modèle, il faut de la persévérance et de la discipline pour accéder à la « couche » mentale originelle où le choix fut effectué afin de reprendre son éducation.

Pendant de nombreuses années, j'ai traité une jeune femme qui avait eu les deux pieds amputés à cause d'une brutale dégénérescence des articulations au cours de son adolescence. Elle n'en réussissait pas moins sa carrière au sein du gouvernement local, avait une relation de couple épanouie et de nombreux amis et connaissances, et était, sans le moindre doute, l'une des personnes les plus joyeuses et bienheureuses que j'ai jamais rencontrées. Et elle ne faisait pas semblant par bravade. Pas une fois elle ne manifesta une once d'auto-apitoiement. Et elle n'évoqua jamais le courage dont elle avait dû faire preuve pour ne pas passer automatiquement en mode souffrant. Elle avait simplement fait le choix de se sentir joyeuse et merveilleusement bien tout le temps, et elle s'y tenait, quoi qu'il arrive.

Très bien, cet article n'est donc probablement rien de plus qu'une nouvelle exhortation à « devenir positif ». Et, oui, j'ai brisé la règle d'or et je suis en train d'écrire à la première personne, mais je dois vous avouer, moi le gars qui gagne sa vie en réconfortant les autres, que je me suis lancé il y a trente ans dans ces balivernes d'autothérapie parce que j'étais si solidement retranché dans le mode souffrant qu'il me tuait. Mon âme a fini par ne plus supporter d'étouffer ainsi, et dans son appel à la libération, elle m'a conduit à R. D. Laing[1], à l'étude de la psychothérapie et, plus tard, à une odyssée avec les Indiens hopis pendant laquelle j'ai appris comment choisir la joie et l'émerveillement.

Je vous en parle pour une seule raison : si quelqu'un d'aussi irrépressiblement coincé que je l'étais dans ce qui paraissait toute la souffrance du monde peut renverser la vapeur au point de devenir le type payé pour rappeler aux autres d'être positifs, alors, la porte n'est fermée à personne.

Mais cela ne survient pas du jour au lendemain – en fait si, mais le processus est subtil, si bien qu'on risque de ne pas le remarquer au début. Pour atteindre leur plénitude, la joie et l'émerveillement se déploient à tous petits pas dès que vous avez prononcé (en y croyant) la formule magique suivante : « Il est parfaitement normal pour moi de me sentir joyeu(x/se) et merveilleusement bien tout le temps, et en toutes circonstances ! »

« Sale égoïste ! » dit le cynique. « Et toute cette souffrance dans le monde ? Comment pouvez-vous vous sentir joyeux et merveilleusement bien devant un tel spectacle ? » Bien entendu, vous éprouvez une compassion absolue pour la douleur des autres – et la vôtre. Nous ne parlons pas de déni, mais même en proie à la plus grande des douleurs, l'existence reste pleine

1. Ronald David Laing (1927-1989), figure majeure du mouvement antipsychiatrique britannique. *(N. d. T.)*

de joie et d'émerveillement si l'on arrive à surmonter sa tendance à l'auto-apitoiement. Si vous en faites le choix, vous pouvez éprouver la douleur et accompagner la douleur, mais vous sentir tout de même joyeu(x/se) et merveilleusement bien. Après tout, vous n'apporterez pas de soulagement à la souffrance des autres en y ajoutant la vôtre.

« Le moyen le plus efficace de réduire la souffrance du monde, y compris la vôtre, consiste à injecter dans le mélange votre joie et votre émerveillement en guise d'antidote. Il s'agit en fait de l'état naturel, et y accéder dans l'intérêt de tous est presque un devoir. Décontractez votre corps, détendez votre esprit et répétez avec douceur, encore et encore, jusqu'à en faire le motif dominant de votre papier peint mental : "Il est parfaitement normal pour moi de me sentir joyeu(x/se) et merveilleusement bien tout le temps !" Si vous ne commencez pas dans les vingt-quatre heures à remarquer de subtiles, mais discernables, transformations dans votre rapport au monde, nous remboursons.
En même temps, il est vraiment utile de soutenir l'esprit en renforçant la carcasse qui l'abrite, et, à l'approche de l'hiver, le moment ne pourrait être mieux choisi pour se fixer une routine d'exercice physique. Un peu de technique Pilates pour muscler le bas du dos, une goutte de yoga pour assouplir les articulations, une pointe de cardio-vasculaire pour égayer le cœur et les poumons et un zeste de taï chi pour tout mettre à la bonne place – mais, sincèrement, tout exercice à votre goût vaut mieux que rien. »

Donc, je vous le dis, il est parfaitement normal de se sentir en permanence joyeux et merveilleusement bien, et il est en outre parfaitement possible de ne plus quitter cet état, même dans des circonstances pénibles ou difficiles. Personne d'intéressé ?

DISPENSER DE LA TENDRESSE HUMAINE

Me promenant dans la rue de bonne heure l'autre jour, je suis resté figé à la vue d'un vieil Indien pratiquant le pranayama (la « technologie » respiratoire yogique) face au soleil qui se levait sur le terrain de football.

Sans en rajouter dans le style « pieds nus », il n'y aurait rien de remarquable sur les contreforts baignés d'air pur de l'Himalaya, ni même dans les rues poussiéreuses de Delhi, à voir quelqu'un debout dans une position de méditation en train de respirer profondément par la narine gauche, une main gracieusement levée pour presser la droite. Mais voir l'exercice pratiqué en public dans le nord de Londres, en pleine heure de pointe matinale, m'a empli de gratitude pour la remarquable fusion de cultures qui se produit chez nous.

En ces temps mouvementés, celle-ci apparaît de plus en plus sous un jour négatif. Mais si le processus de métissage de deux ou plusieurs cultures aux idéologies largement divergentes ne peut manquer de causer des frictions à certains stades, le vieux sage pratiquant le pranayama m'a rappelé que nous avons tous énormément de choses à partager. Et si vous ne trouvez rien de renversant dans le pranayama ou d'autres formes de yoga, songez à la profusion d'arts martiaux et de techniques médicales d'ici et d'ailleurs disponibles sur presque toute grand-rue : cours de danses latino-américaines ou de percussions africaines par exemple. Personnellement, j'adorerais voir plus répandu le soufisme (la tendance mystique facile d'accès des derviches tourneurs musulmans), car je pense qu'il aiderait à combler plus d'un fossé au niveau local.

Mais qu'importe le visage du divin que nous choisissons de contempler, nous avons toujours plus à gagner à court, moyen et long termes en échangeant dans le but de nous enrichir mutuellement qu'en brisant ou en entravant des rapports transculturels par peur et ignorance.

En tant qu'individus, nous ne pouvons pas faire grand-chose pour influencer des deux « côtés » ceux qui pressent les boutons, et cela tend à recouvrir nos pensées d'un linceul d'impuissance et d'insécurité, à faire basculer nos « plans de vie » dans une perspective d'une nouveauté sans précédent parfois inconfortable. Il n'en existe pas moins beaucoup de choses possibles à un niveau personnel. Si rétablir la paix dans le monde vous tient à cœur, commencez par la rétablir dans votre entourage immédiat en jetant dans toutes les directions autant de ponts que vous le pouvez, plutôt que d'en brûler. Car plus vous disposez de ponts à emprunter, plus vous avez de choix et d'opportunités. Le premier pont nécessitant au moins une reconstruction quotidienne est celui qui vous conduit en vous pour renouer avec votre nature essentielle. La distraction causée par les événements du monde, ou même du centre commercial du quartier, rend bien trop facile la tentation de perdre contact avec le noyau d'où jaillit notre sensation personnelle de paix intérieure.

> « À un moment quelconque de la journée, posez vos mains à plat sur votre ventre pour vous rappeler de vous relaxer, et laissez votre respiration ralentir et s'approfondir. Imaginez-vous sous la forme d'un bambou creux au pied d'une haute cascade de montagne. L'eau fraîche et limpide qui s'engouffre par le sommet de votre crâne lave votre tête de toutes les pensées négatives, pourrissantes ou stagnantes, votre poitrine de toute boursouflure de l'ego, votre ventre de toute peur ou angoisse. Comme aucun de

nous n'existe dans l'isolement (quels que soient parfois nos efforts), prenez le temps de visualiser aussi tous vos "frères et sœurs", ces gens de toutes croyances et nationalités qui peuplent la planète, et particulièrement ceux dont le cœur recèle actuellement de la violence, sous la forme d'étincelants bambous creux assis comme vous sous leurs propres cascades, purifiés de toute négativité.
Sans changer de position, inspectez votre corps en quête de tous les endroits où une peur inconsciente (des autres) s'est logée, notamment votre musculature. Elle se manifeste le plus souvent par des tensions superflues dans la poitrine, le ventre et les fesses, et doit être immédiatement "enfumée" hors de ses cachettes. Il suffit pour cela de la localiser par la pensée et de donner l'ordre mental de lâcher prise. »

Comme vous le dira tout converti au New Age, la peur des autres a pour contraire, et antidote, l'amour des autres. Dans ce contexte, aimer signifie partager de la tendresse humaine avec tout le monde, sans considération des différences. En fait, plus il y a de différences, plus c'est important.

« Afin d'ouvrir le courant d'énergie requis pour pratiquer ce qui tient, à tous points de vue, de la sainteté mineure, les taoïstes de l'Orient ancien suggéraient de presser fermement avec le pouce, pendant trente secondes, le point du stigmate au milieu de la paume, et ce dans les deux mains. Le geste active au centre de la poitrine l'énergie qui gouverne notre capacité à aimer. Répétez-le quatre ou cinq fois par jour, et vous sentirez bientôt la tendresse humaine (pour l'humanité) couler en vous comme une rivière après la pluie. »

Comme le dirait Lao-tseu, le grand-père officiel du taoïsme, c'est par un pas que commence un voyage de mille lieues. Autrement dit, créez une atmosphère de paix et de construction de ponts dans votre voisinage immédiat, et laissez-la rayonner en cercles toujours plus grands. Si nous sommes suffisamment nombreux à le faire, nous pouvons carrément sauver le mode. Et si je me trompe, il ne restera personne pour me traiter de rêveur – puissent la paix et le bon sens l'emporter !

MAÎTRISER SON TIRAILLEMENT INTÉRIEUR ET DONNER L'ENVOL À SON ESPRIT

Ne connaissez-vous jamais de ces instants où une sensation naît de nulle part – un tiraillement dans le ventre qui vous donne envie d'établir une connexion avec quelque chose de plus profond, une espèce d'aspiration mystique à un royaume invisible dont vous avez vaguement le souvenir, mais que vous ne savez pas exactement comment définir ?

Je pose la question parce qu'en m'asseyant pour écrire cette chronique, je me suis soudain retrouvé sous le coup d'un brin de mysticisme. C'est une sensation, je ne sais pourquoi, qui me venait enfant quand je me retrouvais seul à l'école dans le vestiaire après avoir dû abandonner les autres à leur match de rugby dans la boue. En fait, c'était le frisson de la solitude inattendue plutôt que l'ambiance ou l'odeur du vestiaire, au cas où vous vous feriez de drôles d'idées. Accordez-moi tout de même votre indulgence, je ne suis pas en train de m'offrir une séance de thérapie à vos dépens.

Les différents systèmes de yoga de l'Inde, du Tibet et de la Chine enseignent que ces accès de tiraillement intérieur sont des invitations émises par les royaumes invisibles à entrer dans un état de conscience « élargie » ou modifiée.

J'ai mené une étude officieuse au milieu des années 1980, époque où la « spiritualité » et la contemplation intérieure en général n'avaient pas encore le rang de passe-temps légitime (ou à la mode), en demandant pendant un an à tous mes patients s'ils avaient jamais éprouvé ce genre de tiraillement indéfini. Chaque fois que j'ai réussi à faire passer ce que j'entendais par tiraillement, il s'est avéré, sans exception, que la personne l'avait ressenti. L'interroger plus avant révélait que la tendance naturelle en de tels moments était de se lancer (ou simplement d'en avoir envie) dans quelque chose de compulsif comme boire, prendre de la drogue, avoir des relations sexuelles, faire du shopping, s'échiner au travail ou se gaver de nourriture. J'ai cependant découvert que si j'apprenais aux gens intéressés à réagir plutôt par la pratique d'une des nombreuses « techniques » psychospirituelles issues des systèmes susmentionnés, ils parvenaient à maîtriser l'impulsion et à s'en servir comme d'une clé de la zone spirituelle dont l'ouverture les aidait à cesser de perpétuer les vieux schémas de comportement qui les freinaient jusqu'ici dans la vie.

Entrer dans cette zone n'a pas à nous distraire de ce que nous sommes en train de faire « ici-bas » sur Terre. Au contraire, élargir notre spectre de conscience accroît notre efficacité sur le plan local en augmentant notre lucidité, notre sens de la mesure, notre concentration et notre énergie.

Pénétrer dans la zone revient à prendre un bain à remous spirituel, et quelques nanosecondes suffisent à rafraîchir des heures entières. Un taoïste appellerait cela flotter dans le Tao, le grand absolu indifférencié, et considérerait comme un grand luxe de réussir à l'atteindre au bout de plusieurs heures d'activités de transformation mentale (méditation, taï chi, qi gong, pa kua, hsing i, etc.) et de s'y baigner jusqu'à avoir la peau fripée comme un pruneau. Un yogi parlerait de reposer dans le nirvana, un bouddhiste Ten tai d'atteindre la terre pure, un mystique chrétien d'union avec la divinité, et ainsi de suite. Mais les techniques de toutes ces disciplines ont un point commun : elles maintiennent les pieds sur terre pendant que l'esprit s'élève jusqu'aux cieux.

Cela rend capable d'appartenir en même temps à deux univers, d'être dans le monde mais pas du monde, de mettre en œuvre ses désirs sur le plan local avec une grâce véritable tout en en continuant à s'identifier intérieurement à l'universel. D'atteindre l'éveil, autrement dit.

« Un exemple immédiat ? Si l'idée vous tente, installez-vous confortablement sur votre chaise favorite, la colonne vertébrale étirée du coccyx à la nuque, les os du bassin bien en contact avec le siège et les pieds solidement plantés devant vous, les orteils écartés en position optimale. Prenez un moment pour décontracter tous vos muscles. Imaginez-les qui s'affaissent vers le sol, ne laissant que l'épine dorsale pour vous tenir droit(e). Inspirez profondément et dirigez votre conscience sur un point situé à 7 cm au-dessus du sommet de votre tête. Imaginez une petite boule de lumière blanche à cet endroit et psalmodiez d'une voix aussi profonde et résonante que possible ce que les yogis décrivent comme le bruit du moteur de l'univers : "Om".
Faites naître le son du fond de votre pantalon, du plus profond de la région pubienne, et faites-le lentement s'élever le long de votre colonne vertébrale, traverser le sommet de votre crâne et "pénétrer" la boule de lumière au-dessus. Débutez avec les lèvres ouvertes sur un "aou" dont les vibrations remontent le long de votre épine dorsale et emplissent votre torse et votre crâne, et ne fermez la bouche qu'à la fin de votre expiration, quand le son atteint ce point au-dessus de votre tête.

Recommencez au moins trois fois, en allongeant un petit peu la note à chaque fois.
Quand vous avez fini, jouissez du silence pendant quelques minutes, puis reprenez vos activités où vous en étiez. »

Je pourrais vous vendre une liste des effets positifs de grande portée que vous apportera une pratique quotidienne pour le reste de votre vie, mais il sera bien plus gratifiant de le découvrir par vous-même après dégustation. Faites-moi part de vos révélations par courriel ou par lettre.

Je dois maintenant filer. J'entends le bruit strident d'un sifflet et la voix irritée d'un professeur en train de crier : « Barefoot, cesse de jouer au malade dans les vestiaires – reviens immédiatement sur le terrain de jeu ! »

Trouver l'harmonie parfaite avec son environnement

Alors que je me trouvais l'autre jour au pied de l'extrémité méditerranéenne des Pyrénées (ce que vous devriez sérieusement songer à faire aussi un jour), un de ces « moments zen » s'est emparé de moi, comme tombé du ciel. Par « moment zen », j'entends une brusque interruption involontaire du bavardage intérieur emplissant la conscience, tandis qu'une bascule spontanée de la perception provoque l'annulation de la vue devant les yeux, comme si l'on venait de dérégler l'objectif de la caméra. Et pendant un instant béni, ayant oublié tout ego, vous fusionnez avec ce qui vous entoure. Vous ne regardez plus l'arbre (ou le réverbère) devant vous – vous êtes cet arbre (ou ce réverbère, mais préférez l'arbre si vous en avez un sous la main). Vous n'observez plus, vous communiez, ayant momentanément échappé à l'illusion d'une identité distincte, et faites désormais partie, simplement et pourtant mystérieusement, de l'élan universel de création.

Mais, comme je l'ai dit, il s'agit d'un moment. En un rien de temps, le bavardage intérieur est reparti, comme un vieux radoteur s'exclamant : « Oh, regarde-moi en train d'avoir un de ces moments zen, n'est-ce pas génial, et comment faire pour m'y accrocher ? » Et dès que vous l'écoutez, pouf !, l'instant s'est évanoui, dissipé par la cacophonie de milliers de pensées.

En fait, il n'est pas rare, pour des pratiquants fervents du zen, de rester assis en zazen (posture de méditation) plus de deux heures par jour, complètement vides de pensée, et même vides de la conscience de ne pas avoir de pensée, pendant de nombreux moments de ce genre au cours d'une seule séance.

Le taoïsme et le zen partagent une racine commune et dans bien des sens, pourrait-on dire, ils offrent uniquement des résolutions d'écran différentes de la même image. Les deux « systèmes » philosophiques s'adressent à notre capacité à remarquer l'instant quand il se produit spontanément, à identifier la bascule de mode de conscience, et à l'entretenir, ou à lui permettre d'être entretenue, aussi longtemps que possible sans interférence du jacassant « esprit de singe ». Parce que c'est le résultat de tels événements qui nous propulse dans la dimension des dieux (si vous voulez bien me pardonner l'incongruité de la référence culturelle) – cette dimension de l'existence baptisée « nirvana » par les Hindous, et que vous ou moi pourrions juste appeler un tel foutu état d'éveil qu'on en mangerait. En tout cas, les taoïstes ont mis au point un wagon entier de techniques pour tirer parti, et même déclencher, de tels moments. La suivante ne compte pas parmi les moins importantes.

Elle marche mieux en contemplant un paysage naturel, mais si vous n'en avez pas sous la main, la scène devant vous fera l'affaire.

> « Appuyez avec votre pouce sur le point en haut de la nuque où la colonne vertébrale s'accroche à la boîte crânienne, et exercez une pression douce mais suffisante pour créer une "douleur agréable" dans tout l'arrière de la tête. Abandonnez votre cou à la sensation, en détendant mentalement tous les tissus souples, et imaginez que vous avez un œil à cet endroit. Maintenant, comme s'il passait par cet œil, adoucissez votre regard, et au lieu de fixer un objet particulier, portez votre attention sur la vue périphérique et essayez de discerner davantage sur les côtés qu'en temps normal.
>
> Au bout de quelques secondes, tout ce que vous avez en vue commence à devenir flou, comme décrit plus haut. L'astuce consiste maintenant à se retenir d'émettre un commentaire sur l'expérience, ce qui lui nuirait, mais plutôt de s'y abandonner, comme un ivrogne s'abandonnant à la sensation d'uriner. Si vous vous êtes déjà trouvé(e) devant l'une de ces images apparemment abstraites conçues par ordinateur, en train de changer de point focal jusqu'à ce qu'elle se transforme en une scène en trois dimensions, vous reconnaîtrez l'excitation qui en découle. Et, avec un peu de chance, cette excitation vous incitera à recommencer l'expérience une fois par jour, et au bout de seulement trois semaines, vous commencerez à remarquer en vous une augmentation positive du facteur d'éveil.
>
> Si vous êtes plus sensible à l'ouïe, vous pouvez arriver au même résultat en imaginant une oreille à la base de votre crâne et en écoutant le bruit ambiant plutôt qu'un son particulier. »

La clé consiste à ne pas donner d'identité aux objets, mais à les laisser sans étiquette, de simples éléments du champ visuel ou sonore. J'aimerais continuer, mais les touches devant moi deviennent difficiles à distinguer. Téléportation, Scotty ! Ramène-moi au sol, j'ai décollé[1] – qu'as-tu glissé dans cette boisson pyrénéenne que tu m'as servie ?

SEULE LA GUÉRISON COMPTE, PAS LES CHAUSSURES

J'ai eu un jour le plaisir de prendre la parole devant un groupe de distingués praticiens du Service national de santé à Runcorn. Le sujet de ma conférence : l'expérience de thérapeute. J'ai commencé par expliquer que je n'étais pas en croisade pour la médecine alternative, premièrement parce que la croisade n'a jamais été mon truc, et deuxièmement parce que je n'ai jamais considéré mon activité comme une alternative viable à la médecine traditionnelle occidentale, mais plutôt comme un complément. Nous sommes utiles là où les médecins occidentaux sont perdus : face à des nuques raides, des reins douloureux, des tourments affectifs, de la dépression, de l'insomnie, des intestins irritables, du stress, et toutes sortes de choses pour lesquelles la pharmacopée ou la chirurgie se révèlent inefficaces ou inappropriées, ou bien donnent de meilleurs résultats associées à la médecine holistique.

Je ne voulais pas installer une polarité : à mes yeux, nous sommes tous des médecins d'une sorte ou d'une autre, pieds nus ou chaussés. Je ne prétends pas avoir la même formation qu'un médecin occidental, n'ayant jamais découpé un cadavre ni passé d'interminables nuits d'internat à l'hôpital. D'un autre côté, ils n'ont probablement jamais joué de la musique jusqu'au lever du jour avec R. D. Laing (et tous les

1. Référence à la série télévisée *Star Trek. (N. d. T.)*

autres timbrés), le regardant baver sur son cardigan, ni serré dans leurs bras une mourante pendant deux heures alors qu'elle hurlait de souffrance et de terreur, en lui parlant de l'approche taoïste du « passage », ni participé à une cérémonie du peyotl au Nouveau-Mexique pour entrer en contact avec l'esprit qui guérit. Autrement dit, nous avons tous beaucoup à apporter au chevet du malade, et nous pouvons rendre de grands services à nos patients en nous donnant la main pour travailler ensemble.

Fait intéressant, tous les toubibs me soutenaient cette fois, ce qui changeait de ma dernière conférence au même Service national de santé cinq ans plus tôt, ou de la nuit hilarante durant laquelle j'avais disserté devant la Société royale de Médecine il y a vingt ans (ils m'avaient remercié de leur avoir procuré une « soirée formidablement distrayante »). Pas un seul n'a renâclé à l'idée que l'énergie puisse produire des résultats. (Vingt ans auparavant, le seul fait de parler d'énergie m'avait presque valu d'être lynché.)

Un gentleman particulièrement érudit et stylé, qui portait des chaussures extrêmement élégantes, soit dit en passant, a relevé que je ferais mieux d'utiliser une nomenclature différente, car elle nuisait à ma cause auprès des esprits de formation scientifique. Par exemple, quand je parlais d'« énergie des reins », si j'entendais par là de l'énergie produite dans la région du corps qui se trouve abriter les reins, et si je disais que l'« énergie des reins » est comparable à une batterie pour le corps, je devais alors l'appeler « énergie de batterie ». Je suis de tout cœur avec lui sur le principe, mais « énergie de batterie » me fait trop penser à des poulets maltraités, et j'espère donc qu'il comprendra que j'en reste aux noms démodés.

Ils se sont même prêté à l'exercice demandant la participation des spectateurs. Pourtant, conçu pour faire émerger l'enfant intérieur, il ne peut manquer de donner l'impression d'être un peu cloche. En fait, je n'avais pas travaillé avec un aussi bon groupe depuis des mois, et à la fin, tout le monde riait, applaudissait et avait une approche très détendue et très positive des soins à apporter au monde, chacun à sa manière, malgré l'état dans lequel il se trouve. Là où j'ai paru avoir le plus d'impact, c'est en observant que l'efficacité de tout traitement, traditionnel ou holistique, dépendait entièrement de la façon dont le soignant se comporte avec le patient. Traiter une personne avec respect, lui accorder cent pour cent de l'attention qu'elle mérite pendant le temps passé avec elle, que ce soit deux heures ou deux minutes, l'écouter réellement et lui faire savoir que vous vous sentez concerné(e), produit un puissant effet curatif, et elle se débrouillera probablement toute seule pour le reste. Il s'agit d'une circonstance où un être humain donne à un autre un amour inconditionnel, et les toubibs sont profondément entrés en résonance avec cela, bénis soient-ils.

En fait, j'aimerais saisir l'occasion pour féliciter haut et fort les toubibs de l'incroyable travail qu'ils font, confrontés à un système de santé manquant gravement de ressources. Hip hip hip hourra, et je vous souhaite bon courage – nous serions dans un sacré pétrin sans vous ! Imaginez qu'il n'y ait que des marginaux comme moi pour veiller sur la population – une tendance de ce genre, si elle se généralisait, pourrait mettre les marchands de chaussures en faillite.

« En attendant, prenez un moment pour être votre propre médecin. Fermez les yeux (après avoir fini de lire), imaginez que vous êtes le médecin, et demandez-vous ce qui est en train de vous tracasser. Puis écoutez attentivement la réponse. »

Souvent, comme vous le dira tout médecin, le simple fait d'être entendu déclenche un puissant processus curatif. Et c'est ce que je vous souhaite maintenant. Est-ce que le remède a marché ?

Même la crotte de chien témoigne de la grandeur de la vie

Je l'avoue, les lignes qui suivent ne développent pas un concept entièrement original. C'est déjà une notion de réputation notoire, depuis son inclusion dans *Le Guerrier urbain* sous la forme d'une méditation intitulée : « J'aime la crotte de chien sur ma chaussure. » J'ai beau avoir écrit ce livre il y a cinq ans, l'idée reste vivace dans mes narines, et j'ai donc pensé la souffler dans votre direction aujourd'hui.

Elle repose sur le principe que nous bloquons continuellement notre plaisir du moment en faisant inconsciemment passer notre expérience immédiate par une série de filtres dans l'espoir de mettre de l'ordre dans la « réalité ». Ces filtres consistent en un ensemble de préjudices acquis ou hérités et ils nous font froncer le nez devant presque tout ce qui se présente sur notre chemin, alors qu'au plus profond, nous baignons dans le pur ravissement d'être en vie.

Je l'ai remarqué personnellement – traitez-moi d'original si vous y tenez – à un festival en plein air où je me produisais, pieds nus bien entendu, et où je me suis enfoncé dans les buissons pour me soulager. Le soleil brillait, je venais de donner un grand concert, le public était content, les membres de l'équipe se congratulaient mutuellement, et la vessie vide, je n'avais plus le moindre souci. Puis l'événement s'est produit – ponctué d'un giclement froid et d'un petit dérapage. Je suis d'abord entré dans le déni : ce n'est pas arrivé ; c'est bien arrivé, mais c'était juste de la boue. Mais, petit à petit, cette bien trop familière odeur commençant à taquiner le centre olfactif de mon cerveau, il m'a fallu admettre que j'avais affaire, dans toute sa splendeur acide et vulgaire, à de la pure crotte de chien de festival cent pour cent naturelle.

« Merde ! » ai-je marmonné, fidèle à ma tendance à exagérer l'évidence, et je me suis dirigé vers le ruisseau le plus proche en imaginant mon statut de paria social pour le reste de la journée. Le nettoyage d'un pied nu se révèle bien plus aisé que les sottises compliquées qu'imposent des chaussures pareillement souillées, encore que je ne préconise pas de tenter délibérément l'expérience. L'éveil vint des échos olfactifs qui m'assaillirent plus tard. À chaque nouvelle manifestation de l'odeur, je m'aperçus qu'au fond je trouvais l'âcreté et la puanteur assez fascinantes – dégoûtantes mais fascinantes –, comme en longeant sous le vent un champ fraîchement fumé : tous les passagers de la voiture se sentent obligés de dire « Pouah », alors qu'en secret, même d'eux-mêmes, ils apprécient plutôt tous. En secret, même de moi-même, je me suis rendu compte que c'était seulement le filtre auquel je soumettais l'expérience qui me faisait préjuger mauvaise cette odeur naturelle.

D'ailleurs, pour assembler un parfum harmonieux, vous avez besoin d'inclure des ingrédients en tous points aussi nauséabonds que la crotte de chien, sinon l'odeur flotte trop et ne « se pose » pas correctement. Pourtant, discerner ces composants hauts en couleur vous ferait immédiatement crier « Pouah ». J'ai alors étendu la théorie aux gens qui, dans la rue, poussent pour rien des clameurs avinées devant la fenêtre de ma chambre à quatre heures du matin, et j'ai compris que quel que soit le bruit, seuls mes filtres me coupaient de la pure exultation éprouvée à participer au balancement général de l'humanité sur une planète tournant dans l'espace. Vous pouvez étendre la théorie à tous les champs de données sensorielles, et si vous êtes honnête avec vous-même, vous découvrirez qu'en réalité, vous adorez chaque aspect puant, dégoûtant, affreux ou tapageur de l'existence, tout simplement parce que jouir de la vie, dans toutes ses ramifications, est un enchantement. Seul, votre jeu de préconceptions vous empêche de vous détendre et d'en profiter pleinement.

Je ne suis pas en train de vous exhorter à rechercher la douleur et l'inconfort, mais à vous autoriser la pleine jouissance de l'instant – parce que c'est votre instant et qu'il ne faut pas le gaspiller, même s'il a une odeur un peu âcre.

Comme pour un parfum pleinement harmonieux, permettez à l'expérience d'inclure tous les ingrédients nécessaires, et pas juste les plus suaves et les plus onctueux, mais prenez toujours garde où vous mettez les pieds si vous sortez sans chaussures (c'était en fait assez fétide), filtres ou pas filtres.

Guérir par les mains

Cette planète ne manque pas de gens que j'aime profondément, mais peut-être pas aussi profondément que ma grand-tante Rae. Les soirées d'hiver, quand nous lui rendions visite à Manchester pendant mon enfance, elle me caressait le dos pendant des heures devant le feu en me racontant de merveilleuses histoires de sa voix exquisément calme et apaisante. Une femme incroyablement belle en tous points. Je suis convaincu que c'est elle qui m'a transmis le gène du guérisseur – non que je me prétende si bel homme que ça, mais je ne suis pas si mal non plus. J'ai donc éprouvé un choc quand ma mère m'a appelé pour me dire que Rae allait mourir et que nous devions aller la voir avant.

Je vous en parle car ce fut l'un de ces scénarios bizarres par lesquels nous devons tous passer de temps en temps. Elle a autour de quatre-vingt-quinze ans, personne ne sait exactement combien car elle n'a plus dit son âge depuis au moins cinquante ans – elle est à ce point vieille école –, et les toubibs avaient décidé que la diverticulite dont elle semblait souffrir allait l'emporter à tout moment. Elle ne mangeait plus, ne buvait plus, avait horriblement mal et n'allait plus aux toilettes, et ils présumaient qu'elle ne pourrait pas durer longtemps ainsi. Dieu merci, elle était chez elle plutôt qu'à l'hôpital, et recevait de la morphine en goutte-à-goutte. On allait progressivement augmenter le dosage pour contenir la douleur, ce qui l'affaiblirait encore davantage. Tout le monde l'entourait donc en attendant qu'elle meure, quand j'arrivai avec ma mère, mon père et ma sœur (comme dans le temps – c'était chouette, d'une drôle de manière).

Elle était horriblement maigre et pâle, et la douleur faisait trembler sa lèvre inférieure. Je me suis agenouillé à côté du lit et j'ai délicatement posé ma main sur son front, refoulant mes sanglots, des larmes ruisselant déjà sur mes joues. Elle n'a pas remarqué et j'en suis heureux : provoquer un mélodrame était bien la dernière chose que je voulais. J'ai massé doucement son front et elle a paru un peu s'apaiser.

« Les doigts de Stephen, c'est tout ce dont j'ai besoin pour aller mieux, les doigts de Stephen, » a-t-elle murmuré plusieurs fois à voix très basse. Je lui ai demandé si elle voulait que je pose ma main sur la douleur et essaie de l'atténuer, et elle a répondu oui. Je l'ai donc glissée sur son ventre, sous les couvertures. Elle l'a guidée jusqu'à l'épicentre de la souffrance. Je suis resté ainsi environ quarante minutes, au milieu des gens qui entraient et sortaient de la chambre, laissant juste la chaleur pénétrer et parlant à ses intestins par l'intermédiaire de mes paumes. Je n'en faisais pas tout un plat, je n'étais pas en train d'essayer de la guérir ou d'accomplir un miracle. Je ne pouvais tout simplement rien faire d'autre. Bavarder de petites choses de la vie, ou même discuter de la mort, n'aurait pas été approprié. Nous avions tous les deux besoin d'un véritable contact.

De temps en temps, les larmes se remettaient à ruisseler quand des souvenirs revenaient m'envahir. Pour ne rien vous cacher, je suis en train de pleurer pendant que j'écris ces lignes, mais je ne pleurais pas, et ne pleure pas, sur moi-même et le drame que je vivais.

Le moment arriva de partir, de retourner à Londres et à mon emploi du temps insensé sans espace pour une pause – la vie continue. Ce fut bizarre de se dire au revoir, nous savions tous deux que notre prochaine rencontre n'aurait probablement pas lieu sur Terre, et je suis reparti avec ma mère, mon père et ma sœur.

En tout cas, l'étonnant – et je ris maintenant en écrivant – c'est qu'il semble bien que Rae s'est levée sans aide cette nuit-là pour se rendre aux toilettes. Elle a recommencé à manger et à boire, et a demandé le lendemain matin qu'on lui coiffe les cheveux. La douleur a diminué sans apport supplémentaire de morphine, et les toubibs lui ont donné un analgésique beaucoup plus faible à prendre par voie orale. Ils sont tous d'accord pour dire qu'elle n'est plus en train de mourir, pour l'instant.

Cela pour vous montrer ce qu'une simple paume et un peu d'amour peuvent accomplir, et aussi qu'on ne devrait jamais conclure trop vite. Je ne dis pas que c'est un miracle, mais je pourrais.

AUSSI BIEN QUE PUISSENT ALLER LES CHOSES, NOUS NE SOMMES JAMAIS SATISFAITS

Sous un ciel d'un bleu Kodachrome, je descends un sentier qui serpente entre les pins, parmi lesquels se dresse ici et là un palmier, en direction de l'étincelante Méditerranée. Ce pourrait être l'instant parfait où rien ne me manque. En vérité, il ne pourrait pas être plus parfait. Et pourquoi, me demandé-je, ne pourrait-il pas être plus parfait ?

Mon esprit n'arrive pas à permettre à un moment de perfection de durer plus de trois secondes sans jouer des coudes et essayer d'améliorer les choses. Cette insatisfaction et sa conséquence, le désir forcené de réinventer et de perfectionner la réalité, sont le moteur de notre progrès en tant qu'espèce. Il ne rimerait à rien de lutter contre un élément aussi enraciné dans notre nature.

Cependant, notre identification à ce qui, en nous, éprouve l'insatisfaction et se sent tenu de changer les choses, fait naître une souffrance à la mesure de cette identification. Comme aurait pu le dire Bouddha, l'attachement au processus (d'insatisfaction provoquant le besoin de s'en mêler) cause la douleur à l'origine du processus et le perpétue.

Comment savoir que vous subissez cet attachement ? Quand tout ce qui vous passe par la tête vous rend agité(e), le ventre et les tripes subtilement crispés, la respiration superficielle et irrégulière. Et comment savoir que vous êtes dans le mode surhumain de type bouddha ? Quand vous vous contentez de remarquer l'insatisfaction et l'état physique qui l'accompagne, et qu'au lieu de vous sentir obligé(e) d'accomplir ou de changer quelque chose, vous relâchez mentalement la contraction physique, régulez et approfondissez votre respiration, et vous autorisez la décontraction et le bonheur.

Je ne préconise pas de ne jamais essayer de changer les choses, ou de nier ce qui vous chagrine. Au contraire, il s'agit d'être pleinement conscient de ce qui pose un problème. Mais au lieu de vous démener à essayer de modifier les conditions extérieures, hors de votre contrôle, vous commencez par intervenir sur la condition intérieure, qui est sous votre contrôle, en attendant avec le sourire que les circonstances extérieures changent d'elles-mêmes. Autrement dit, la perfection de l'instant ne naît pas de la qualité du bleu du ciel, mais de notre état de décontraction et de notre désir de l'apprécier.

Pour les taoïstes, c'est la rate qui gouverne l'aptitude à être en permanence bien dans sa peau, sans considération pour les conditions extérieures. Une énergie de la rate affaiblie augmente la tendance à se tourner vers l'extérieur pour obtenir du bien-être, ce qui n'apporte toujours qu'un soulagement temporaire. Une fois l'énergie rectifiée, chaque instant nourrit davantage de l'intérieur, et l'on se sent plus satisfait, aussi imparfaites que les choses puissent paraître à l'esprit.

« Observer chaque jour le petit programme suivant contribue à soutenir l'énergie de la rate. Tout d'abord, arrêtez de vous tenir droit(e) et permettez à votre corps de s'avachir un peu. Percevez le poids de vos os et prenez vos aises à l'intérieur de votre peau. Cessez de retenir votre respiration et laissez-la circuler librement. Détendez vos globes oculaires, qu'ils s'enfoncent dans leurs orbites afin de ne pas passer leur temps à pivoter constamment.

Glissez délicatement vos doigts sous vos côtes, du côté gauche, jusqu'à produire un rayonnement perceptible dans l'abdomen, maintenez la pression quelques instants et relâchez lentement. Maintenant, frottez vivement vos paumes l'une contre l'autre pour les chauffer et posez-les sur la zone, laissant la chaleur pénétrer en profondeur. En même temps, imaginez votre rate baignée d'une éclatante lumière jaune et répétez des paroles telles que : "Je suis prêt(e) à profiter au maximum des sensations que m'offre cet instant sans avoir l'impression qu'il me faut changer des choses !" »

Bien, me suis-je dit. Maintenant que c'est écrit, je peux me laisser aller et profiter de la plage. Encore que je serais sûrement beaucoup mieux sur le pont de ce joli petit douze mètres au milieu de la baie.

LES VERTUS THÉRAPEUTIQUES DE… EH BIEN, LA POSITION DEBOUT

Je serai honnête avec vous – et n'y voyez pas une source d'envie, mais d'inspiration – je suis en train d'écrire cette chronique sur une île subtropicale au large du Brésil, où mon ami Mad J. Riley, un producteur de cinéma à la retraite, partage une montagne couverte de jungle avec pratiquement personne ni rien d'autre qu'une armée de singes, de perroquets, de gigantesques papillons turquoise et d'iguanes. Il m'a fait venir en avion pour une semaine afin que je m'occupe de son mal de dos chronique et discute avec lui de la possibilité d'organiser des petites retraites curatives à la Barefoot sur cette île idyllique. Dans la mesure où il ne s'agissait pas d'une version édulcorée à la Club Med', mais du vrai truc avec serpents venimeux et absence d'eau courante sauf après la pluie, nous en sommes arrivés à la conclusion que seuls les plus endurcis envisageraient seulement une visite, et que nous avions aussi vite fait de garder l'endroit secret.

Néanmoins, après avoir dormi sous les étoiles en me recentrant après les trous d'air d'un vol transatlantique riche en émotions, pendant que je faisais mes exercices de taï chi, le centre olfactif inondé par les frangipaniers d'une quantité d'informations dépassant presque ses capacités, je me suis senti tenu de communiquer l'impression de bien-être qui me submergeait, afin que vous puissiez vous imprégner des vibrations et nourrir votre dimanche d'une pointe de paradis sauvage où des cristaux de quartz scintillent à profusion sur le sol.

Toutefois, en petit-déjeunant sur la véranda de bananes tout juste cueillies sur l'arbre, les meilleures que j'ai jamais goûtées, cela m'a paru soudain injuste. Je veux dire, combien sommes-nous à pouvoir décrocher des boulots comme ça ?

Donc, pour garder cet article dans les limites de la décence et lui donner un intérêt pratique dans le contexte général de l'hémisphère nord, j'ai analysé le rapide processus de relaxation dans lequel je venais d'entrer afin de mettre le doigt sur la technique à laquelle je devais principalement de ne pas basculer en surcharge sensorielle.

Ces rusés taoïstes en font grand cas depuis des milliers d'années, affirmant qu'elle rééquilibre même les victimes des plus graves difformités physiques, mentales, affectives ou spirituelles – elle reste d'ailleurs utilisée dans les hôpitaux chinois. Et il s'agit de… la position debout. Oui, à condition de s'y prendre correctement, tous les jours et sur une période suffisante, se tenir simplement debout peut réaliser des merveilles pour l'esprit, le corps et l'âme. Vous pouvez aussi y recourir ponctuellement pour vous accorder une fleur en stimulant l'énergie et la circulation du sang, tout en donnant plus de clarté à votre esprit et une tonalité plus colorée à votre relation avec le monde.

« Pour imiter les taoïstes, placez vos pieds comme s'ils reposaient sur deux rails de chemin de fer, les genoux légèrement pliés dans l'axe des pieds (mais pas vers l'intérieur), le pubis basculé un peu vers l'avant, les épaules larges, la nuque détendue et la colonne vertébrale étirée. Respirant librement et avec fluidité, voyez-vous comme un ange d'une envergure de vingt mètres. Élevez vos ailes (c'est-à-dire vos bras) lentement devant vous comme si vous en poussiez la pointe contre un mur

invisible (à dix mètres). Gardez vos épaules et vos traits détendus, touchez de votre langue la voûte du palais et imaginez-vous en train de pénétrer le centre de la terre à travers vos plantes de pied.
À chaque inspiration, sentez de la force vitale monter du sol jusque dans votre bassin. À chaque expiration, imaginez cette force filant le long de votre colonne vertébrale, de vos omoplates et de l'extérieur de vos bras pour jaillir de vos paumes en deux jets de projectiles dirigés vers le mur invisible.
Six minutes de pratique vont non seulement emplir vos bras de force vitale et votre esprit de calme, et vous donner plus d'équilibre qu'à une balance, mais aussi faire de vous l'ange, féminin ou masculin, le plus magnétique du quartier. »

Un atout dont je viens de tirer parti, ayant tout juste magnétisé ce bon vieux Riley pour qu'il abandonne sa vie de château sur la plage afin d'aller dans la cuisine me préparer une de ces tasses de café noir absolument fabuleuses dont il a le secret.

NOUS RESSEMBLONS À UN LABYRINTHE ET AVONS POUR BUT D'ATTEINDRE SON CENTRE

Ma vie paraît s'être transformée en un incessant périple autour du Royaume-Uni, avec de temps en temps une sortie d'orbite vers des destinations plus éloignées et quelques rares arrêts au quartier général pour refaire mon sac et utiliser ma propre ligne téléphonique. Une fois l'habitude prise, comme vous le dira toute mouche domestique, ce mode de vie crée une dépendance extrême, et, plus utilement, laisse du temps en train, en avion ou en voiture pour méditer sur la promenade le long du « grand boulevard » de la vie. J'ai beaucoup de chance de ce point de vue car, laissé à moi-même, je resterais à la maison à écrire, me tenant tranquille et disparaissant dans mon vaste intestin personnel sans jamais connaître, et donc discrètement revendiquer comme « miennes », ces remarquables petites îles où nous vivons, faisons des rencontres et nous lions d'amitiés avec des autochtones sincèrement merveilleux. Je n'aurais pas non plus un instant pour contempler les grands mystères – et dans la mesure où je gagne ma vie d'une telle contemplation, je perdrais rapidement ma cote.

Mais la petite île du groupe qui a peut-être eu le plus d'impact sur mon psychisme est la mystérieuse et splendide île de Man, où je viens de diriger un atelier sur le « Tao d'être étonnant(e) en tous points ! », un titre ambitieux auquel je n'ai rendu justice que de justesse. Il reposait sur une prémisse : dans toute notre splendeur complexe, nous ressemblons à un labyrinthe, le but (s'il y en a un) étant d'en atteindre le centre. Quand on y arrive, tout ce qu'on y trouve, comme dans un véritable labyrinthe, c'est rien, absolument rien – plus précisément, rien d'autre que de savoir que l'on a réussi à atteindre le centre. Cependant, en se donnant avec douceur l'habitude de rester là à observer sereinement le théâtre de sa vie tout en vaquant à ses activités quotidiennes, on s'identifie progressivement à son essence la plus intime, elle-même apparentée au Tao, la source de toute existence et non-existence. Dans cet état d'identification, la vie commence à surprendre de la manière la plus agréable. Ce ne sont plus les désirs furieux, les pensées effrayantes, les idées fausses et les autres formes d'illusions et de perturbations du cerveau antérieur qui vous mènent. Soudain, comme si quelqu'un avait soulagé vos épaules d'un poids de dix tonnes, vous vous sentez spirituellement léger et alerte, et capable d'accomplir tout ce que vous voulez à la manière d'un petit enfant qui joue innocemment.

Or le Tao, si nous devions le personnifier pour les besoins de l'explication, adore voir jouer innocemment de petits enfants. Il a naturellement envie d'entrer dans le jeu – certainement beaucoup plus que lorsqu'il voit pratiquer les jeux assommants des adultes. Le Tao adore l'innocence, et étant généreux par essence, il vous comblera d'occasions de mettre en œuvre le scénario de vie qui vous plaît – et plus il sera coloré, mieux ce sera.

Zhuangzi, un vieux sage taoïste, a dit qu'une fois trouvée l'immobilité au centre, et si l'on arrive à garder conscience de ce splendide silence tout en se livrant à ses occupations sur cette planète bruyante, même les dieux affluent, pour ne rien dire des simples mortels. Le sens du message, c'est que les opportunités nous viennent presque toutes d'autres personnes, d'où l'importance d'avoir assez de magnétisme pour attirer d'eux-mêmes des gens dans notre orbite.

Mais comment atteindre ce centre ? Eh bien, comme dans un labyrinthe, vous suivez votre nez. Réellement.

« Suivez l'arête de votre nez, en autorisant votre attention à s'élancer depuis la pointe pour plonger dans votre ventre. Maintenant que vous êtes là, plutôt qu'entièrement concentré(e) dans votre cerveau, accordez-vous le luxe de vous étaler dans tous les recoins de l'empire intérieur. Rayonnant depuis le ventre, votre être emplit littéralement votre corps jusqu'à ce que vous soyez en train de revendiquer consciemment chaque doigt et chaque orteil, le moindre os, tendon, muscle, organe, vaisseau sanguin et circuit nerveux – ils sont tout à vous. »

Manifestement, vous ne possédez pas votre corps, comme je ne possède pas les îles britanniques, sinon j'adopterais une politique fiscale avantageuse, comme sur l'île de Man, car l'économie s'en porte mieux, à mon avis, que de ce que nous avons sur la soi-disant « grande île » où tout le monde étouffe sous le poids des impôts – vous ne le possédez pas, mais vous êtes à votre place.

Peut-être n'aurez-vous qu'un aperçu éphémère, de temps en temps, de la sensation viscérale d'être au centre, mais il n'en faut pas plus pour mettre la magie en route, et avec le temps, en plongeant régulièrement depuis votre nez, votre conscience grandira jusqu'à ce que dieux et mortels viennent à vous.

AVOIR FOI EN QUELQUE CHOSE – N'IMPORTE QUOI – FAIT TENIR LE COUP

J'ai reçu un courriel d'un gars m'interrogeant sur un vieil article de l'*Observer Magazine* dans lequel je mentionnais le mythe taoïste des « fils de la lumière réfléchie ». Il me demandait si je connaissais un site Internet – www.lesmythesavecdespincettes.org.

Comme cela arrive parfois, ce message m'a amené à réfléchir sur le respect que nous accordons tous, consciemment ou non, à tel ou tel mythe pour donner du poids à ce que nous croyons, pensons, disons et faisons.

Prenez le mythe de Dieu – et je ne nie pas l'existence de Dieu, au contraire, mais il ne faut pas confondre le mythe de Dieu et Dieu lui-même. Le jeune Georgie Boy Bush, par exemple, invoque l'autorité de « Dieu » pour se sentir dans son droit d'abaisser le seuil nucléaire et de se lancer dans toutes sortes de vilains jeux de guerre qui menacent le monde. Ou prenez un créationniste – et je n'ai rien contre ce que les gens décident de croire, tant qu'ils n'essaient pas de l'imposer de force à d'autres, et à moi en particulier. Les créationnistes s'appuient sur l'autorité de l'Ancien Testament pour affirmer que le monde a seulement six mille ans. Sans l'autorité du livre, la plupart des gens leur riraient au nez.

Les choses étant ce qu'elles sont, la plupart des gens... eh bien leur rient au nez. Même moi, pour rester dans la rigolade, disciple de l'irrévérencieux, informe et créez-la-réalité-de-votre-choix Tao, je pourrais invoquer l'autorité de ces fils de la lumière réfléchie du temps jadis dont on dit qu'ils mesuraient plus de deux mètres, portaient d'étranges vêtements, vivaient en altitude, arrivaient de Dieu sait où en sachant tout de la vie, de la mort, de la conscience et du Tao, et ont disparu sans laisser de trace après avoir gentiment transmis l'information aux autochtones qui prirent le nom de taoïstes. Mais cela ne me viendrait pas à l'esprit. Pourtant, je trouve que l'histoire ne manque pas de pittoresque, et même de poésie. En vérité, c'est une idée parfaitement brillante. Mais, autant que nous le sachions, ce n'est rien de plus qu'une idée, tout comme les autres grands mythes qui nous fascinent.

Alors pourquoi s'en faire ? Le but est certainement d'avoir une vision plus claire, et non le contraire. Je ne voudrais toutefois pas vous priver du mythe – par temps froid, rien ne vaut un bon mythe et un bol de soupe à la tomate brûlante. Que les gens croient aux mythes auxquels ils ont envie de croire, et se sentent libres de changer de croyances aussi souvent qu'ils le désirent : après tout, ce sont leurs propres croyances.

Ce qui compte et possède une valeur réelle (opposée à relative) n'est pas le mythe que vous pourriez avoir la tentation d'utiliser pour vous justifier, mais votre propre autorité en tant que seul et unique auteur de l'histoire de votre vie. Vous n'avez pas besoin de vous référer à une autorité supérieure pour justifier l'histoire que vous écrivez – votre simple présence est une justification en elle-même. Il s'agit simplement pour vous de reconnaître votre autorité dans l'élaboration du déroulement de votre vie. Le cours suivi par ce déroulement dépend clairement du flux naturel des événements, le Tao, et de la manière dont vous vous y accordez. Quand vous vous laissez aller et coulez dans le sens des choses, suivant toujours le chemin de moindre résistance, comme l'eau, tout ce que vous avez toujours voulu vient à vous en son temps, à sa manière et sous sa propre forme. Quelle merveille que de danser ainsi avec son Tao ! Mais pour être dans ce flux, il vous faut être solidement fondé, détendu et équilibré. Voici donc un petit exercice taoïste qui, si vous l'intégrez à vos activités quotidiennes, ne se contentera pas, en quelques jours, d'assouplir et muscler vos hanches et vos fesses, de décontracter vos épaules et de renforcer vos bras, mais équilibrera aussi les deux hémisphères de votre cerveau et, surtout, vous donnera un fondement bien plus solide – littéralement. On l'appelle « marche sur le cul » et de méprisables va-nu-pieds taoïstes comme moi le pratiquent depuis des millénaires.

« Assis(e) sur le sol les jambes tendues, déplacez-vous en avançant une fesse, puis l'autre, tout en donnant de lents coups de poing devant vous avec la main opposée à la fesse la plus avancée. Faites neuf “pas en avant”, puis neuf en arrière. Couchez-vous un moment pour savourer la sensation dans vos hanches, réfléchir à l'histoire que vous désirez et dire : “Ce sont mes oignons et ceux de personne d'autre !”, ou simplement, “Je peux y arriver !” »

Chapitre 2

Créativité

Cultiver sa créativité

Quand vous entendez parler de créativité, pensez-vous automatiquement à une nouvelle tendance dans le marketing ou la gestion de personnel ? Imaginez-vous plutôt des artistes dépenaillés ayant du mal à joindre les deux bouts dans un village perdu ? Peut-être le mot évoque-t-il des séances d'art-thérapie ou des cours de photographie pour amateurs ? En bref, l'idée de créativité suscite-t-elle une réaction du type : « Oh, ça c'est pour des gens qui n'ont rien de plus important à faire » ?

En fait, tout le monde est un artiste, ou un artiste potentiel, d'une sorte ou d'une autre. Vos circuits intègrent la faculté artistique ou créatrice dans un programme de votre ADN. Si vous n'avez pas encore trouvé la bonne commande pour l'activer, ou si vous ne l'avez trouvée que pour la perdre à nouveau, vous le devez probablement à un conditionnement défectueux de la part des responsables de votre éducation.

Les Asiatiques de jadis considéraient l'expression de l'élan créatif, sous forme d'offrande artistique au bénéfice d'autrui, comme vitale pour le bien-être de tout humain, sur les plans non seulement affectif, spirituel et psychologique, mais également physique et énergétique. Ils recommandaient la maîtrise des « cinq excellences » : les arts de la méditation, de l'autodéfense, de la médecine, de la création et de la présentation.

On était considéré comme un individu de haute et bonne éducation quand on était versé dans les cinq. Nul besoin de justifier l'intérêt des trois premiers, mais quels bienfaits, vous demandez-vous probablement, la création et la présentation peuvent-elles apporter à la santé ?

Dans l'idéal, pour créer une œuvre, picturale, cinématographique, sonore, littéraire, scénique ou autre, on entre dans un état proche de la méditation ou de la contemplation. Pour peindre un tableau, par exemple, on contemple la toile vierge jusqu'à ce qu'elle révèle sa forme subliminale, puis, sans avoir d'images préconçues à l'esprit et en déployant son énergie jusqu'à la pointe du pinceau, on interprète simplement cette forme en s'interposant aussi peu que possible. Pour composer un morceau de musique, on laisse l'instrument ou le studio d'enregistrement le révéler, puis on traduit l'information dévoilée en fonction de ses goûts, autorisant la musique à exister d'elle-même. Vous pourriez appeler ça le Tao, ou Sen, de la composition.

Le mécanisme obligatoire de mise en veilleuse de l'ego permet à l'esprit local d'échapper pendant de précieux instants de repos aux pressions des responsabilités quotidiennes, ce qui contribue à ralentir le pouls et améliore le flux général d'énergie, et par extension la réaction immunitaire.

Ce processus implique aussi un certain degré d'union consciente avec la force créative fondamentale et tend donc à approfondir le ressenti instant par instant d'une manière très similaire à la méditation, le yoga ou le taï chi.

Pendant l'exécution ou la présentation de votre œuvre, vous prenez le risque que l'on se moque de vous, ou de votre travail. Risquer le rejet et l'humiliation demande du courage, et poursuivre une entreprise aussi loin en devient valorisant et une source subtile de joie. La démarche sous-entend que vous vous aimez, ou au moins vous appréciez, suffisamment pour consacrer du temps à vous faire du bien.

De plus, c'est pendant ces moments où l'esprit surmené prend de brèves vacances qu'émergent certaines des idées les plus importantes, les plus originales et les plus enrichissantes d'une vie. Les taoïstes de jadis à l'origine du concept des « cinq excellences » ont mis au point des exercices de méditation destinés à renforcer le flux créatif. Pratiqués quotidiennement, ils produiront des effets positifs au bout d'une trentaine de jours.

« Visualisez un tube ou un canal transparent de deux à trois centimètres de diamètre qui part du milieu de votre front, entre vos sourcils, remonte le long de la ligne centrale de la boîte crânienne pour passer au sommet du cerveau et finit par rejoindre le bulbe rachidien au haut de la nuque.
En inspirant, imaginez que vous sentez l'air pénétrer dans le canal par le milieu de votre front et courir le long du cerveau jusqu'à l'arrière de votre tête. À l'expiration, sentez le souffle revenir dans le tube jusqu'au front. Vous pouvez accentuer la portée de l'exercice en imprégnant mentalement le souffle d'une éclatante lumière purificatrice.
Répétez ce cycle neuf fois à chaque séance. Ne prenez pas l'exercice trop au sérieux. Faites-le en regardant la télévision ou dans le train. Non seulement il stimule et développe la créativité, mais il apporte une grande clarté mentale, augmente la capacité de concentration et tend à rendre de meilleure humeur.
Si vous pensez que la créativité vous est impartie par votre muse ou les royaumes divins ou célestes, essayez de vous représenter le sommet de votre tête en train de s'ouvrir pour capter ou télécharger des informations venues d'en haut. »

Il n'existe pas de plus gros blocage à une expression créative saine et bénéfique que de croire à un critique interne imaginaire, posté comme un singe sur une épaule et toujours prêt à dire que ce que nous faisons ne vaut rien. Polémiquer avec le critique ne présente aucun intérêt. Les deux meilleures approches consistent à recourir au fusil paralysant ou à simplement ignorer les messages négatifs qui nous parviennent. Dans les deux cas, neutraliser le critique revêt une importance cruciale non seulement pour réussir à achever des œuvres d'art, mais aussi pour avoir l'esprit tranquille en général.

L'autre blocage à surmonter est l'impatience. Il faut du temps et une application soutenue pour développer un canal créatif fiable et le talent d'interpréter les informations qui nous traversent pour leur donner une forme digne d'être partagée.

Enfin, souvenez-vous que nous pouvons nous montrer créatifs dans tous les aspects de notre vie, y compris les relations que nous entretenons avec nous-même et avec les autres, la manière dont nous organisons nos priorités et les endroits où nous choisissons de passer notre temps. Néanmoins, prenez garde à ne pas vous laisser emporter par l'élan créatif de peur de finir dans le déversement compulsif de contenu comme ce docteur aux pieds nus.

Trouver dans quel sens diriger votre vie vous rend dingue ? Stimulez vos lobes !

Une part importante de mon courrier provient de gens de tous âges et conditions tentant d'y voir clair dans la vie et de trouver quelle voie suivre. En traçant notre route, nous n'avons souvent pas la moindre idée de ce que nous faisons. Nous savons que nous voulons apporter une contribution significative et nous accomplir, dans notre vie professionnelle ou personnelle, mais nous titubons dans le noir en quête d'indices. Au début, nous n'avons que la foi brute pour tenir, puis l'assurance croît au fur et à mesure que s'ouvre le chemin devant nous. Plus nous prenons le risque d'avancer avec audace, plus la lumière devient vive pour nous guider. Comme sur ces escaliers roulants qui ne bougent pas tant que personne n'a posé un pied dessus, il nous faut faire le premier pas pour que le Tao (le mystérieux processus de la destinée) nous prenne au sérieux et commence à donner des preuves irréfutables, dans le monde matériel, que nous progressons dans la bonne direction.

Suivre les indices équivaut à se déplacer en voiture dans une ville inconnue en gardant un œil sur une signalisation qui incite à se demander si les gars de la mairie n'ont pas un sens de l'humour tordu à voir la manière dont les panneaux disparaissent aux endroits cruciaux. D'ailleurs, aussi vigilant soit-on, on se retrouve à tourner à gauche au lieu de prendre à droite, et à rouler trente kilomètres dans la mauvaise direction. Ou peut-être suis-je seulement un idiot. En tout cas, l'image fournit une sympathique analogie à la quête du chemin à suivre dans la vie.

Pour décider de son itinéraire sur le « grand boulevard », connaître la destination aide, même s'il n'est pas indispensable d'avoir tous les détails – l'essentiel, même vague, suffit. Autrement dit, nous n'avons pas besoin de spécifier le type de mobilier et la couleur des murs, mais juste de savoir que nous voulons un domicile répondant à nos besoins. Nous n'avons pas à préciser Brad Pitt ou Penelope Cruz, il nous suffit d'avoir conscience que nous aspirons à une relation compatible, épanouissante et excitante. Inutile de fantasmer sur les conditions de travail, les primes et les avantages offerts par la mutuelle professionnelle, tant que nous comprenons que nous voulons l'emploi en mesure de nous satisfaire à tous niveaux.

Les instructions concrètes pour y parvenir, carrefour après carrefour, de la route A à la route B, etc., nous parviennent exactement comme des panneaux routiers si nous sommes en éveil, alertes et ouverts. Vaquant à nos activités quotidiennes, nous verrons, entendrons, ou même sentirons quelque chose : une annonce sur le flanc d'un camion passant dans la rue, l'odeur rafraîchissante du sapin de montagne (en désodorisant), ou une bribe de chanson saisie du coin de l'oreille. L'information déclenchera le désir de prendre telle ou telle décision. Et pour rester dans le sujet des oreilles, les marins de l'Égypte ancienne se sont mis à y porter un anneau parce qu'ils avaient appris des Chinois avec qui ils commerçaient qu'en tirant régulièrement dessus ils stimulaient un point d'acupuncture situé au beau milieu du lobe, et augmentaient ainsi leurs facultés intuitives en fournissant de l'énergie au « troisième œil » ouvert au centre du cerveau.

« Si vous n'arborez pas un anneau "tiraillable", pincez rapidement le centre du lobe dix-huit fois entre le pouce et le coin de l'ongle de l'index. Recommencez immédiatement de l'autre côté pour lancer la stimulation de vos facultés psychiques. Répétez cela tous les jours pendant au moins trois semaines et vous constaterez de vous-même combien cela aidait les marins à naviguer quand les nuages cachaient les étoiles. »

D'ailleurs, si vous pratiquez avec zèle et assiduité, vous finirez peut-être par ouvrir votre propre officine de voyance, éclipsant madame Soleil, par devenir un espion russe ou par trouver pour votre vie une direction complètement originale que vous n'aviez jamais envisagée. En tout cas, vous vous en sortirez mieux que moi, assis ici à stimuler mes lobes. J'en ai bien besoin, voyez-vous. J'ai rédigé tout cet article sur mon gadget portable, coincé dans un gigantesque embouteillage sur la route de Manchester alors que si j'avais tourné à gauche à l'embranchement plutôt qu'à droite, je me trouverais maintenant au plus profond du Cheshire.

ÉCOUTER SES DÉMONS INTÉRIEURS BLOQUE LA CRÉATIVITÉ

Une discussion avec un ami écrivain, un romancier à succès qui se plaignait d'une angoisse paralysante de la page blanche, m'a fait penser à ma chance de ne pas connaître cette souffrance. Je me suis alors installé avec l'envie de rédiger un article et j'en suis arrivé à me demander sur quoi écrire. L'ai-je attrapé ? me suis-je inquiété un instant.

Je traverse un assez long processus avant de m'asseoir devant le clavier. Je me raconte mentalement la chronique en faisant du taï chi ou en prenant une douche – parfois pendant des jours –, puis soudain, sans avertissement, je suis en train de l'écrire et elle sort en un long jet continu – sous une forme, je l'espère à chaque fois, qui apportera une amélioration sensible à votre vie. J'éprouve une profonde affection pour chacun de vous (même si je ne sais même pas à quoi vous ressemblez), pour l'humanité en général et pour l'équipe rédactionnelle de l'*Observer Magazine,* que je remercie de m'accorder cette plate-forme – quel privilège !

Pourtant, comme mon ami, tellement anxieux à l'idée que son prochain livre soit jugé inférieur au précédent que ses doigts avaient des spasmes au-dessus des touches, je m'inquiète de ce que vous pensez de moi. Mais même si la question me tourmente parfois, je possède un moyen de surmonter de telles considérations, sinon cette page serait blanche, et je le crois digne de mériter d'être partagé car il s'applique à tout projet que vous pourriez entreprendre dans votre propre vie.

Nous sommes tous victimes du critique interne, celui qui rabâche : « Non, ça ne vaut rien, personne n'aimera, ils vont penser que tu es ci, ils vont penser que tu es ça… ». Il en va ainsi pour rédiger un article, prendre la parole à une réunion ou même commander un verre dans un bar surpeuplé. Il faut à chaque fois de la confiance en soi (littéralement la foi en son être le plus basique) pour passer au-dessus du négatif et dire, faire ou écrire ce que dans ses tripes l'on sent juste, même au risque de se rendre complètement ridicule.

Ma manière d'y arriver est vraiment puérile : j'imagine le critique assis dans ce grand cinéma intérieur, regardant (d'un œil sévère) le film de mon existence se dérouler dans mon cerveau antérieur. Je m'approche alors de lui avec autorité et l'entraîne à l'arrière de la maison. Là, le plaquant contre le mur, je lui colle un soufflet à la manière d'un aristocrate de l'Ancien Régime provoquant en duel, et je lui ordonne fermement de se taire. Il a le droit de revenir assister au film, mais il doit garder ses pensées pour lui. Pas particulièrement démocratique, mais efficace. Il retourne à sa place, regarde le film et garde ses pensées pour lui, me laissant libre d'écrire. Dans votre cas, il vous laissera libre d'accomplir la tâche devant laquelle vous reculiez par peur d'une humiliation.

« Se lancer quotidiennement des défis physiques aide aussi à cet égard. Par exemple, si vous n'arrivez pas à enchaîner trois pompes, fixez-vous pour but d'y parvenir. Si vous réussissez à en faire trois, visez les neuf, et ainsi de suite. À l'évidence, n'importe quel exercice de votre choix peut remplacer les pompes. Là où je veux en venir, c'est que si vous pouvez suffisamment surmonter la résistance mentale pour répondre au défi physique, vous être capable de vaincre la résistance à tout autre projet. »

Ces temps-ci, tout autre sujet de discussion que les gros titres des journaux paraît dérisoire. De même, il est difficile de mener quoi que ce soit à bien avec la tête pleine de gros titres. Il ne rime pourtant à rien de permettre aux nouvelles de vous empêcher de tirer le meilleur de votre créativité. En fait, je dirais qu'il est de votre devoir, à jamais, de donner en permanence le meilleur de vous-même dans ce domaine. Sinon, où est l'intérêt d'être ici ?

Donc, demandez à votre critique d'avoir l'amabilité de sortir, giflez-le respectueusement, dites-lui de la fermer, rentrez, faites quelques pompes (plus que vous ne vous en pensiez capable) et créez une œuvre prodigieuse.

Nous connaissons déjà la réponse, il nous reste à apprendre à poser la question

Quand augmentent la pression et l'agitation, que se multiplient les soucis, qu'il faut prendre des décisions rapides sur toutes sortes de sujets, du détail futile comme, disons, le choix d'une chemise, jusqu'au plus grand dilemme, par exemple le sens à donner à sa vie, il devient encore plus important d'avoir accès à la part intuitive de l'esprit. Bien entendu, une question se pose immédiatement : pouvons-nous vraiment faire confiance à notre intuition ? Ne devrions-nous pas utiliser des processus logiques et rationnels pour aboutir à nos décisions ?

Pas selon Einstein, arrivé à sa plus grande contribution par l'intuition, ni de l'avis des anciens taoïstes pour qui l'étincelle créative, celle qui fournit les réponses et jaillit le ciel sait d'où (mais appelons cette origine le Tao), s'atteint depuis cette couche de l'être fondue audit Tao, le « centre du cœur » situé au plus profond de la poitrine. Elle n'est cependant disponible qu'à condition de se détacher des machinations de l'intellect calculateur, ou esprit rationnel. Cependant, quand l'étincelle créative porteuse de réponse a jailli, il revient à l'intellect de s'intéresser au meilleur moyen d'exécuter le plan d'action approprié.

J'ai déjà parlé de l'importance de l'intuition dans la recherche des données pertinentes à une prise de décision, mais c'est un sujet essentiel – bien qu'en vérité, j'ai aujourd'hui été inspiré par un coup de téléphone de mon agente adorée, l'Ombre d'Argent, appelant pour me demander où se trouvait la voiture qu'on venait de lui voler. Elle ne se tournait pas vers moi parce qu'elle me soupçonnait du larcin, mais parce qu'elle a confiance dans mon intuition, méthodiquement entraînée il y a de nombreuses années pendant que j'étudiais la médecine taoïste dans les montagnes.

J'ai donc vidé mon esprit, relâché ma poitrine, et avant d'avoir le temps de dire Christopher Robbins, la réponse, ou plutôt l'image, a surgi dans ma tête. « Elle est au sud-ouest de ta maison, dans une rue dont le nom commence par "D" ». Et si vous voulez tout savoir, elle est tout de suite sortie, a marché en direction du sud-ouest et, deux pâtés de maisons plus loin, dans une rue au nom commençant par « D », elle l'a trouvée, sans une trace d'éraflure ou de serrure forcée. J'en fus remercié en m'entendant dire que je lui faisais peur, mais l'anecdote a néanmoins rallumé mon enthousiasme pour le développement de l'intuition. Il demande de la pratique : nous possédons tous cette faculté naturelle, mais il faut apprendre à reconnaître l'information intuitive quand elle se présente et acquérir une assurance suffisante pour la suivre.

J'ai également remarqué de bons résultats avec les chiffres. En négociant une affaire, par exemple, demandez-vous quel pourcentage l'autre partie espère en tirer, faites glisser vos pensées dans la corbeille, videz le bureau de votre esprit et regardez le montant apparaître dans votre cerveau antérieur. Posez alors la question, mais juste avant qu'on vous donne la réponse, prenez les devants en indiquant le montant. Le plus souvent, vous tomberez juste. Ces choses sont déterminées : elles existent déjà dans l'univers non encore formé, le royaume latent, et il suffit de les découvrir. Mais savoir autoriser ce processus demande de l'entraînement.

Donc, la prochaine fois que votre portable sonne, faites taire momentanément vos pensées, décontractez votre poitrine et voyez si un visage ou un nom se manifeste dans votre esprit. Puis regardez l'écran pour vérifier. Ne vous découragez pas si vous tombez à côté les premières fois : comme un muscle, votre intuition a besoin de travailler pour devenir pleinement active.

> « Vous pouvez lui faciliter la tâche, sur le plan énergétique, en frottant vivement et fermement la région de la fossette marquant le point de contact du biceps et du deltoïde, le muscle couvrant l'épaule. Un bras après l'autre, avec le pouce, massez de haut en bas suffisamment longtemps pour générer une chaleur perceptible, puis pressez fortement la fossette pendant quelques secondes. Ce point, baptisé l. i. 14 dans les cercles de l'acupuncture, est célèbre pour son efficacité dans la stimulation de l'intuition, mais ne manquez pas non plus d'aider votre poitrine à se décontracter en posant une main sur votre sternum et en tournant lentement dans le sens des aiguilles d'une montre jusqu'à sentir la tension s'évanouir. Enfin, entraînez-vous à vider votre esprit – fermez les yeux de temps en temps pour vous concentrer… sur rien. »

Maintenant, dites-moi où j'ai laissé mes clés – la première personne à donner la réponse gagne un traitement.

UNE VIE AUSSI BELLE QU'AU CINÉMA

Regarder un film revient en fait à regarder une succession de plans fixes dont le défilement au rythme de vingt-quatre images par seconde, juste assez rapide pour tromper l'œil (et le cerveau), donne l'illusion d'une action continue. De l'avis d'un taoïste, si vous le lui demandiez, contemplée d'un point de vue éveillé, cette prétendue existence réelle que nous sommes tous si occupés à vivre et à défendre n'a elle-même pas plus de solidité ou de validité qu'un film. Elle n'est, dirait-il, qu'un simple effet de lumière : une série d'images fixes ou d'états mentaux momentanés défilant assez vite pour donner à l'œil (et au cerveau) l'illusion d'une continuité. Si vous prenez la peine de vous lancer dans les calculs rudimentaires nécessaires (je suis allé au bout des capacités de mémoire de mon téléphone portable) pour multiplier vingt-quatre images par seconde par l'espérance de vie moyenne de, disons, soixante-dix ans, vous arrivez au résultat de cinquante-trois milliards d'images. Faites tourner ce résultat dans votre cerveau un moment : cinquante- trois milliards d'images, à un ou deux milliards près. Imaginez le chiffre en euros, ou même en dollars. La somme ne vous emplit-elle pas d'une immense sensation d'abondance ?

Même en supposant que vous en ayez déjà claqué vingt à trente milliards, il vous reste toujours une fabuleuse richesse – certainement assez pour assurer vos vieux jours. Je dis richesse parce qu'au bout du compte, il n'existe pas d'autres mesures de la véritable richesse que la quantité et la qualité des images à notre disposition.

Vous voilà au courant, qu'allez-vous faire de ce pactole ? De quelle sorte de film avez-vous envie à partir de maintenant ? Pensez au ton, au grain, à la coloration, à l'intrigue, au rythme, au style des autres vedettes et des personnages secondaires, aux décors, à l'éclairage, au placement de la caméra, à la philosophie, aux degrés de tension, au type de fin, à l'humour, au suspense, aux niveaux de mysticisme et de violence, aux chaussures, aux costumes, aux coiffures et à tout ce genre de choses.

Comme tout bodhisattva en herbe vous le dira, la question se pose parce que la forme de réalité que vous habitez dépend entièrement de vous. En tant qu'individu, vous créez votre propre réalité en fonction des croyances que vous choisissez de suivre. Elle se manifeste quand vous arrivez à l'imaginer avec suffisamment de force. Depuis le début des temps, c'est le principe de base de toute religion, de tout système occulte et de tout chemin spirituel. Le monde qui vous entoure finira par refléter votre vision en « sensorama » avec Dolby et tout le tralala.

Ceci inclut même le fait que la planète soit en paix ou en guerre. L'affreuse destruction dont nous sommes témoins ces dernières années est la pire vision d'Hollywood rendue manifeste. Alors, que diriez-vous d'une vision où la totalité de l'espèce humaine transcenderait enfin l'engrenage de la violence et des représailles, dépassant ce besoin infantile d'avoir toujours raison et, plus important encore, de toujours donner l'impression d'avoir raison ? Et oui, je sais, Bertrand Russell[1] nous a assuré que nous n'atteindrions jamais un tel état, mais peut-être n'était-il en fait qu'un vieux croûton négatif à la pensée issue d'une époque négative. Alors, débarrassons-nous maintenant de toutes les limitations à notre imagination collective pour envisager un monde où tous les membres de chaque culture, nation et foi ont évolué au-delà du stade du singe dérangé. Chacun devra peut-être apprendre le taï chi ou une autre forme d'art

1. Mathématicien et philosophe britannique (1872-1970), il fut l'un des créateurs de la logique moderne. *(N. d. T.)*

martial pacifique à partir de l'enfance. Peut-être devrons-nous saupoudrer tous les êtres humains d'ecstasy super concentrée pour qu'ils se jettent dans les bras l'un de l'autre avant de rentrer à la maison retrouver leurs esprits (la version hippie de la guerre chimique). Mais peut-être, juste peut-être, que si nous sommes assez nombreux à nourrir avec persévérance la vision d'une espèce entière que ne gouverne pas le besoin constant de donner l'impression d'avoir raison, une espèce davantage concernée par la générosité que par la violence et l'envie, et une espèce susceptible de discuter, de négocier, et, avant tout, d'avoir la maturité d'accepter de ne pas être d'accord avec les défenseurs d'opinions différentes, cette vision se matérialisera ici, sur la Terre, à temps pour empêcher l'actuelle vague de ténèbres de l'emporter et de mettre un terme prématuré à notre destinée collective.

Nous avons une planète étonnante. Notre existence ici est un pur miracle. La gaspiller et gaspiller les vies d'autres personnes au nom d'une idéologie représente ce que l'espèce humaine a fait de plus idiot depuis qu'elle a accepté de croire aux religions. Laissons le passé et la vénération du passé là où ils ont leur place : dans le passé. Libérons-nous de cette révérence absurde pour les paroles d'hommes morts depuis longtemps, aussi inspirés qu'ils aient pu être il y a huit cents ou deux mille ans. Beaucoup d'images ont coulé sous les ponts depuis. Lâchons le passé et repartons à zéro avec un scénario reposant sur des idées de notre propre création. Et incluons dans ces idées la tolérance, la sagesse, la générosité et la conscience planétaire. Passez le pop-corn, s'il vous plaît.

Chapitre 3

Pouvoir mental et affirmations

VOIR LES CHOSES DU BON CÔTÉ

Il n'existe rien de tel qu'une pensée neutre. À tout moment – celui-ci par exemple –, vous avez le choix entre réagir négativement ou positivement à tout nouvel afflux d'informations, quelle que soit sa forme (comme cet article). Et vous avez le droit d'exercer ce choix.

Pendant notre petite enfance, nous intériorisons les aspects à la fois négatifs et positifs des impressions reçues de nos parents, de nos pairs et de nos enseignants ; autrement dit, nous en tirons des personnages (imaginaires) dont nous peuplons le monde intérieur de nos psychés. Sans nous en rendre compte, nous avons tendance à nous induire faussement à croire que ces personnages ont la maîtrise de nos pensées. La démarche nous est favorable quand les qualités intériorisées sont positives, et elle nous est nuisible quand elles sont négatives. Les enfances « parfaites » étant extrêmement rares, nos esprits, laissés à eux-mêmes, réagissent en général plutôt négativement à de nouvelles informations. D'ailleurs, quand on a habituellement des réactions négatives depuis des années, décider soudain de penser positivement donne la sensation d'être victime d'une arnaque qui a pour but d'entraîner à réagir positivement à tout ce que la vie engendre.

Et c'est bien le cas. Il s'agit de se jouer un tour à soi-même, et le succès de l'opération impose d'exercer sa confiance en soi : il en sera comme je le crois.

L'astuce est utilisée avec efficacité depuis des lustres. Tous les chemins spirituels du bouddhisme au New Age, dont le christianisme, l'enseignent comme un savoir fondamental d'autoconservation. Jésus s'est servi délibérément du pouvoir de la pensée positive pour soigner, comme dans « Prends ton grabat et marche. » Le patient, momentanément empreint de l'esprit positif du thérapeute, en tira une telle conviction qu'il prit son grabat et marcha (si vous adhérez à la version chinoise des faits.)

Nous choisissons la façon dont notre esprit réagit à la réalité, et la réalité, de son côté, a tendance à réagir à la manière dont l'esprit réagit : « quand tu souris, le monde entier sourit avec toi[1] », etc. Lorsque les « choses » semblent nous être hostiles, et que nous faisons l'effort de fixer notre attention sur les bénéfices de la situation, aussi minces soient-ils, notre désir de nous montrer positifs nous rend d'une compagnie plus agréable à nous-même et aux autres, et tend de surcroît à inciter les événements à tourner plus vite en notre faveur.

Manifestement, même avec la plus grande discipline, personne ne peut rester exclusivement positif, ce serait un défi aux lois de la physique. Bouddha lui-même avait ses mauvais jours. Selon le principe fondamental du yin et du yang – ce qui monte doit descendre –, on ne peut pas connaître la positivité sans connaître son contraire. L'idée est d'atteindre un équilibre entre les deux qui penche au moins à 51 % du côté positif la majeure partie du temps. Le meilleur moyen d'y parvenir ne consiste pas à se concentrer sur l'élimination du négatif – l'objet de l'attention tend à gagner en influence – mais à acquérir plus de positif et à le faire fructifier davantage. Le négatif diminuera alors naturellement de lui-même.

1. Titre d'un grand succès de Louis Armstrong. *(N. d. T.)*

« La méthode de re-programmation la plus rapide utilise des ordres, souvent appelés “affirmations d’action”, que l’on se donne à soi-même en les écrivant chacun au moins six fois. (On a découvert qu’il fallait un minimum de six répétitions pour marquer pleinement l’inconscient.) À l’évidence, il ne nuit pas de les mettre aussi à défiler sur son écran d’ordinateur, de les fixer à la porte du réfrigérateur avec un aimant, de les répéter mentalement ou à haute voix dans un embouteillage, ou même de les clamer à tue-tête depuis un toit quand on s’en sent capable. Par la répétition, on cherche à introduire dans ses circuits des pensées positives qui supplanteront les négatives.
Vous avez le libre choix du vocabulaire tant que vous vous en tenez au positif. L’inconscient ne reconnaît que la partie positive d’une instruction donnée. Si je disais « Ne soyez pas heureu(x/se) maintenant », votre esprit enregistrerait seulement : “Soyez heureu(x/se) maintenant”.
Imaginons que vous ayez un délai à respecter. Vous êtes en train de parler dans un téléphone, l’autre appareil sonne et les quatre-vingts courriels auxquels vous venez de répondre ont suscité autant de réponses auxquelles s’ajoutent soixante-neuf autres nouveaux messages. Si vous prenez un instant pour écrire six fois “En détendant mon esprit et mon corps, en respirant et en restant concentré(e) sur une seule chose à la fois, je peux abattre un boulot surhumain aisément et sans effort (et même miraculeusement)”, vous risquez d’être surpris(e) de la facilité avec laquelle le travail avance. »

Les rayons d’autothérapie croulent sous les livres sur le sujet, et je ne vous ennuierai pas avec des explications plus détaillées, si ce n’est pour ajouter que l’affirmation la plus directe et la plus puissante est « oui ». Dites « oui » à la vie et à tout ce qu'elle jette dans vos jambes. Dites « oui » à une expérience de la vie optimale, en toutes circonstances. En guise d'exercice, essayez tout de suite : quand je demande « Est-ce que vous n'avez pas meilleur moral après avoir lu ça ? », vous répondez…

Penser positif

La pensée positive est largement reconnue pour ses vertus sur la santé et l'humeur, et comme moyen d'atteindre plus facilement ses buts. Néanmoins, en bons destructeurs mal embouchés que nous sommes, pour acquérir l'habitude de penser positivement, nous devons nous l'inculquer, et il n'existe pas plus efficace que de recourir aux « affirmations positives », selon l'appellation la plus répandue depuis l'apparition du « mouvement du potentiel humain » en Californie dans les années 1970.

Une affirmation fonctionne selon un principe proche de celui d'une punition de cent lignes en retenue. « Je ne dois pas bavarder en classe ! » par exemple. Cette phrase a un inconvénient : l'inconscient n'enregistre que la partie positive d'une instruction, ici « Je dois bavarder en classe ! », et les lignes recopiées ne feront qu'entretenir la fréquentation de la salle de retenue.

On doit obligatoirement exprimer l'instruction d'une affirmation positive dans le mode positif. (Je dis « instruction », car les affirmations ne sont rien de plus que de l'autosuggestion : vous donnez à votre inconscient une directive positive.) La formulation de l'instruction n'a pas d'importance tant que l'élément crucial et actif reste positif.

Il ne sert toutefois à rien de vous leurrer. Si vous souffrez de dépression chronique, vous pourrez le répéter aussi souvent que vous voudrez, jamais votre esprit ne réagira de manière coopérative à des sentiments comme : « Je nage maintenant dans le bonheur. » Il ne s'agit pas de se laver le cerveau. Il s'agit d'accepter sa situation actuelle et de se remémorer qu'on a la possibilité de la modifier. Votre esprit acceptera beaucoup plus facilement : « Grâce à cette dépression, j'apprends à me confronter à mon côté obscur. En me confrontant à l'obscurité et en l'acceptant, je grandis, et dans cette croissance, je trouve la paix de l'esprit. » Ou dit plus simplement : « De cette obscurité sortira une grande lumière ! »

Nous ne parlons pas de déni. Si vous avez des problèmes de liquidités – pas un sou en poche, autrement dit –, vous ne tromperez pas votre esprit en répétant « Je suis riche, je suis riche ! ». Affirmez plutôt : « Ne pas avoir d'argent m'apprend que je peux survivre avec très peu. Le savoir contribue à me rendre plus à l'aise avec la question générale du matériel et de la survie. Plus j'ai d'aisance dans le domaine du matériel, et plus je peux agir efficacement dessus. » Vous ordonnez ainsi à votre esprit de voir le côté positif de votre situation actuelle et de s'ouvrir à la possibilité d'une amélioration. Cependant, si vous penchez pour une approche plus magique de l'existence, vous pouvez affirmer : « L'argent est en train de m'arriver en sommes énormes de toutes les directions à la fois ! » (La formule marche souvent, au fait, et je prends seulement 10 % de commission.)

Il y a toutefois plus important : les affirmations qui ont pour but de modifier votre mode de réaction à la vie en développant vos qualités positives. Si vous essayez l'affirmation financière depuis trois semaines et que vous n'avez toujours pas vu de pactole atterrir sur vos genoux, vous risquez de souhaiter gagner en patience et en confiance. Vous pourriez essayer : « Je suis capable de faire preuve d'une patience et d'une confiance sans limites dans la bienveillance de la vie », ou simplement : « Je dispose d'une patience et d'une confiance infinies quand l'envie me prend d'y puiser. »

« Le moyen le plus efficace d'amener ces affirmations à se loger dans votre inconscient et vous permettre ainsi de surmonter le négatif est de les écrire au moins six fois chacune (l'infiltration des circuits cérébraux exige au moins six répétitions). Il n'existe pas de méthode plus simple pour fixer l'idée que de l'écrire, mais cela ne signifie pas que répéter les affirmations à haute voix, ou même les chanter, n'est pas également très efficace.
Les meilleurs moments pour "pratiquer" vos affirmations sont ceux où vous gaspilleriez votre temps et votre énergie à vous ronger les sangs ou à broyer du noir. Profitez plutôt de ce temps et de cette énergie pour vous entraîner à la positivité. Les autres moments utiles comprennent ceux passés dans les trains, les bus, les bateaux et les avions, ou ceux consacrés sur le lieu de travail au griffonnage, à l'envoi de courriels idiots et aux jeux informatiques – à tourner en rond, autrement dit. »

Il faut compter en moyenne trois semaines de pratique quotidienne de l'affirmation pour constater des résultats. Mais, sans tenir compte des surprises qui surviennent naturellement, plus l'affirmation vise haut, et plus il faut attendre en général. Mais vous pouvez toujours affirmer : « Plus je vise haut, et plus les choses vont vite pour moi ! »

Avec le temps, vous pouvez en fait modifier radicalement toute la structure de la réalité à l'aide des affirmations (choisissez donc avec prudence). Néanmoins, conformément au vieil aphorisme « taoïste » écossais « Ce qui est pour toi ne te loupera pas, et ce qui te passe à côté n'était pas pour toi », les affirmations ne font que rendre plus claires nos véritables aspirations, accélérant le processus par cette clarification.

Laissez-moi vous quitter en suggérant une affirmation pour la semaine à venir : « Grâce aux rigueurs de la vie moderne, des pénuries de pétrole, du caractère imprévisible du climat et des horaires ferroviaires, je prends conscience avec exaltation de l'expérience grandiose que peut offrir la vie ! »

DIRIGER LE POUVOIR DE L'ESPRIT

Selon une découverte scientifique récente du Dr John Gabrieli de l'université de Stanford en Californie, certaines personnes semblent avoir des cerveaux privés de l'aptitude physique de réagir à des influx agréables, ce qui rend ces personnes incapables d'adopter une attitude positive, quoi qu'il arrive (elles n'y peuvent rien, autrement dit, et devraient donc arrêter d'essayer). Je considère cette conclusion défaitiste, et j'aimerais accourir à la rescousse avec quelques idées personnelles de tendance holistique.

Je crois qu'en s'imposant la discipline de penser positivement ou avec optimisme, on peut modifier le fonctionnement de son cerveau de manière à ce qu'il allume les centres « émotionnels » appropriés à chaque pensée positive, et ce, quelle que soit sa disposition naturelle à la mauvaise humeur.

En théorie comme en pratique, le pouvoir de l'esprit possède une importance primordiale pour la médecine holistique. Les taoïstes de jadis ont mis au point les techniques nécessaires au développement et à la maîtrise du pouvoir de l'esprit au service de sa propre santé et de celle des autres. Ils ont découvert qu'en parvenant à rassembler sa conscience en une « boule » dense fixée au centre du cerveau, on pouvait effectuer des changements profonds et radicaux dans la structure physique du corps lui-même. Ce sont d'ailleurs des explorateurs psychiques qui se sont auto-administrés les premiers traitements d'acupuncture sous la forme d'une série de schémas dits de « transe » impliquant l'insertion de trente-six aiguilles d'or en différents endroits du crâne. Concrètement, ces schémas agissaient en inhibiteurs de l'activité du cerveau antérieur, le site du dialogue interne qui barrerait sinon l'accès à la clarté intérieure indispensable à l'autothérapie. Depuis ce point de vue privilégié au centre du cerveau, ils se retrouvaient capables de commander aux cellules de leurs corps.

Les taoïstes se sont aussi aperçus qu'assujettir l'esprit à la respiration augmentait grandement son pouvoir. Ainsi, unir l'esprit et la respiration génère une forme d'énergie physiquement chargée qu'ils appellent « chi » ou lumière. Par exemple, si vous envoyez une pensée à votre main droite, tout en expirant et en imaginant le souffle en train de courir dans votre bras jusqu'à la paume, vous envoyez du « chi », ou de la lumière, à la main. Vous pouvez appliquer le principe avec toute partie du corps de votre choix. Envoyer du chi est l'essence de toutes les techniques de soin orientales, dont l'acupuncture, le shiatsu (digitopuncture) et le qi gong. Même l'herbologie vise principalement à dégager les canaux empruntés par le chi. Quand vous envoyez du chi à un endroit particulier de votre corps, des transformations physiques presque miraculeuses peuvent se produire (je l'ai vu maintes fois dans ma propre pratique). Donc, selon ces taoïstes, réaménager la structure des centres émotionnels du cerveau est certainement possible, à condition d'être prêt à consacrer un peu de temps tous les jours à se concentrer dessus.

Comme l'inconscient, à moins de recevoir d'autres instructions, a tendance à se mettre par défaut en mode négatif, il est également très important d'accompagner le chi d'ordres positifs car cela aiguise le pouvoir mental. Vous souhaiterez peut-être vous dicter intérieurement des sentiments tels que : « Je suis en train de restructurer mes cellules cérébrales à un niveau atomique pour pouvoir réagir plus facilement à des influx positifs. » Vous pouvez aussi, plus simplement, dire quelque chose comme : « Guérissez, petites coquines ! » Tout dépend du genre de relation que vous entretenez avec vous-même.

« En fait, tout l'art de la pensée positive, en particulier dans le cadre de l'autothérapie, repose sur l'établissement d'une relation respectueuse, chaude et aimante avec son esprit et son corps. En gardant cela en tête, pensez à une partie de votre corps (elles peuvent toutes faire l'affaire) ayant besoin d'attention. La conscience rassemblée au centre de votre cerveau, expirez et sentez le souffle, accompagné de l'ordre de guérir, cheminer de centre-cerveau à partie-du-corps. »

Adopter l'approche holistique impose de choisir entre se considérer comme une victime des circonstances ou comme un co-créateur proactif de sa propre réalité. Une victime dit : « Je suis né ainsi. Ma constitution cérébrale est telle que je suis une personne naturellement négative et pessimiste. » Un co-créateur proactif dit : « Tout ce qui se produit à l'intérieur de mon corps est sous le commandement direct d'une partie de mon esprit, aussi inaccessible qu'elle paraisse, et donc susceptible d'obéir à la suggestion. » Il est maintenant clair pour tout le monde que lorsqu'on s'entraîne à aborder le monde avec une attitude positive, le monde vous traite d'une manière bien plus magnanime, et qu'aux moments où il ne le fait pas, on se débrouille mieux de toute façon.

Réciproquement, quand vous abordez le monde avec une attitude négative, vous obtenez un résultat négatif. C'est pourquoi il est tellement important le matin, avant même de songer à aller au-devant du monde, de s'accorder au moins le minimum de temps nécessaire à réajuster son attitude vers le positif.

Dites à votre esprit : « La journée m'appartient, et j'ai l'intention d'en profiter quelles que soient les circonstances extérieures ! » (Et voilà !)

Connaître sa vraie valeur

Une idée dingue me trotte dans le crâne. Si une personne ayant un penchant pour de telles choses hissait un éléphant au-dessus de votre tête et vous proposait cinq mille euros pour avoir l'autorisation de vous le laisser tomber dessus, est-ce que vous accepteriez ? Cinquante mille euros ? Cinq millions ? Cinquante milliards ? Vous refuseriez, bien sûr. (J'ai dit que c'était dingue.) Mais quel indicateur efficace (bien que simpliste) de ce que vous estimez vraiment valoir – cinquante milliards est une somme importante, après tout.

« Où veut-il en venir ? » vous demandez-vous. Eh bien, j'ai l'impression que le mal a toujours pour racine le manque d'estime de soi. Pas l'argent, pas même l'avidité, qui ne sont que des conséquences.

Car il ne fait aucun doute (et je vous demande de me suivre, là), que si vous avez fondamentalement conscience de valoir plus de cinquante milliards (en dollars, euros ou la monnaie de votre choix), vous vous traitez différemment. Ou, plus précisément, dans la mesure où vous avez conscience de votre vraie valeur, vous vous traitez – et par extension vous traitez les autres – différemment. Ce qui, à son tour, amène les autres, la vie autrement dit, à vous traiter différemment.

En acceptant l'idée que nos opinions façonnent la réalité que nous percevons, et que notre perception de la réalité (intérieure) affecte directement la manière dont les autres nous perçoivent, quand nous connaissons notre valeur, les autres nous perçoivent comme digne de valeur. Une personne considérée de valeur (ou de vertu selon la formulation des taoïstes d'antan) rencontre beaucoup moins de problèmes que monsieur ou madame Tout-le-monde sans vertu.

Selon les taoïstes, quand vous estimez sincèrement valoir plus de cinquante milliards, la richesse vous vient aisément et d'elle-même. Non seulement la richesse, mais aussi le respect, le statut social, le renom, l'amour et toutes les autres gâteries du fourre-tout temporel de la vie. Il y a une raison : lorsque vous connaissez votre valeur, votre ego est complet. Rien en vous ne cherche une confirmation extérieure. Aucune accroche publicitaire ne peut subtiliser votre portefeuille. Vous êtes complet tel quel. Vous n'avez plus besoin de vous identifier à la marque d'un autre (promesse de complétude) pour vous sentir entier. Votre ego, cette grincheuse sensation de « je » toujours en demande de nourriture, est assouvie et donc transcendée. Le pinaillage interne cesse.

Et parce que vous êtes maintenant si vide et si paisible, même les dieux et les esprits viennent à vous, alors imaginez les simples mortels (que les puristes présents me pardonnent de paraphraser si grossièrement Zhuangzi). Et avec eux les opportunités nécessaires pour finir de grandir harmonieusement et atteindre la plénitude absolue.

Manifestation de la peur de ne pas réussir à obtenir ce dont vous avez besoin (au cas où vous ne le mériteriez pas), l'avidité n'a plus de raison d'être. Les crises de rage sur la route, au bureau, au lit ou ailleurs, n'ont pas plus de raison d'être, car vous ne prenez plus jamais pour vous l'indifférence distraite des autres.

Avec un ego complet, plus besoin de courir après l'approbation, la confirmation ou l'épanouissement – sur le plan professionnel, social ou personnel. Imaginez le changement dans vos relations.

Mais, direz-vous, cet état bienheureux ne peut manquer de conduire à la suffisance et à la paresse : sans le besoin harcelant de s'affirmer « aux yeux du monde », on perd toute motivation.

Non, car la présence de tous ces dieux et esprits venant profiter de votre environnement intérieur spacieux, paisible et satisfait, vous submerge d'élans créateurs adaptés à votre champ d'action et qui ne demandent qu'à s'exprimer. Il vous faudra leur obéir ou devenir dingue. Pas de souci, donc, à se faire à ce sujet.

Voilà qui est parfait si on a eu la chance de posséder des parents, des frères et sœurs et des enseignants suffisamment pleins de sagesse et de compassion pour nous éduquer sans rien laisser de côté. Parfait pour cette infime minorité, dans notre culture, d'êtres ayant atteint naturellement la perfection. (Une minorité si infime que je n'en ai jamais rencontré un, ni entendu parler d'un.)

Mais pour l'immense majorité d'entre nous, avec chacun nos fissures, nos bizarreries et nos marottes ? Comment pouvons-nous commencer le processus de guérison de l'ego, et augmenter ainsi suffisamment l'estime que nous nous portons pour valoir nos cinquante milliards ?

> « Essayez ce hors-d'œuvre : imaginez que vous avez dans la poitrine une petite créature (genre Tom Pouce), un petit être parfait – le "vous" que vous seriez si vous aviez bénéficié pendant l'enfance d'une éducation parfaite, le "vous" sans défaut. Tout en inspirant et en expirant doucement, imaginez cet être en train de grandir. Voyez-le s'étendre au-delà des limites de votre corps, puis de celles de la pièce, du bâtiment, de la ville, du département, du pays, du continent, de la planète, du système solaire, et grandir encore jusqu'à "contenir" l'univers entier dans son ventre. Maintenant, dans cet état subtil de conscience élargie, suggérez-vous des sentiments proches de : "J'abrite l'univers tout entier – il est tout à moi – voilà ce que je vaux !". Imaginez ensuite la créature en train de rapetisser jusqu'à retrouver sa place confortable dans votre poitrine – et poursuivez simplement votre vie. »

Ce n'est qu'un début, et si une pratique quotidienne ne produit pas des résultats extérieurs tangibles en environ trois semaines, il reste toujours l'option de l'éléphant. Franchement, je serais tenté d'empocher les cinquante milliards et de filer comme une flèche.

SE SOUVENIR DE RESTER CENTRÉ

Tous les matins, je consacre deux heures dans le jardin à un rituel d'exercices d'échauffement taoïstes, un entraînement au taï chi, au hsing i et au pa kua (des formes taoïstes de boxe interne), suivi d'un moment de méditation debout ou assis.

Quand j'ai fini, j'ai l'esprit limpide et l'agilité d'un danseur, et je suis prêt à l'action. Puis, je retourne dans la maison. À peine franchie la porte de la cuisine, je donne un coup de pied dans la pelle à poussière et la balayette, renverse le balai, passe trop près de la pile de lessive et la mets par terre, et m'éclabousse avec l'eau qui rebondit de la bouilloire quand j'ouvre le robinet trop fort pour la remplir.

Maintenant, comment est-ce qu'une personne aussi totalement centrée et affûtée pour la journée à venir peut soudain se métamorphoser en un idiot aussi balourd ?

C'est facile. Il suffit d'un instant d'inadvertance, quelque part sur le chemin entre le jardin et la porte. Et pendant cet instant où vous oubliez de rester centré, des pensées distraient et submergent instantanément votre esprit, vous quittez votre corps pour votre tête, et alors, aussi centré que vous ayez pu être quelques secondes plus tôt, c'est le fracas et l'inondation partout dans la cuisine, et vous êtes en train de perdre de précieuses nanosecondes matinales à remettre de l'ordre au lieu de vous préparer à travailler.

Je me regarde alors comme je regarderais un clown au cirque et je ris, mais je m'interroge du coup sur la continuité. Je me demande comment conserver un fil ininterrompu de conscience « ici et maintenant » de manière à tout transformer en taï chi, depuis laver la vaisselle jusqu'à frimer à la télé. Mais avant tout, j'étudie le processus en quête d'indices à transmettre, car c'est mon boulot. Je suis toujours en quête de nouvelles perspectives permettant d'expliquer plus clairement la sagesse ancienne.

J'ai remarqué une chose : quand je me souviens de garder à l'esprit « Je choisis de poursuivre ce fil de conscience ininterrompu pendant toute la journée comme un collier de perles fines », j'arrive à négocier le retour dans la cuisine sans incident.

Autrement dit, si l'on se rappelle de rester attentif, attentif l'on reste. Mais dès que nous oublions et nous perdons, des jours peuvent s'écouler avant que nous ne retournions à nous-même, ayant éparpillé dans notre sillage qui sait combien de piles de linge renversées.

Je propose bien évidemment mon exemple de l'idiot-balourd-dans-la-cuisine comme une métaphore. Vous avez votre propre version, j'en suis sûr, où le balai et la lessive sont des gens que vous avez laissés tomber par inadvertance, par exemple, ou des échéances négligées. Mais à moins de vous souvenir, comment voulez-vous ancrer votre esprit dans votre corps afin de ne pas perdre de vue l'intrigue plus profonde pendant que vous vaquez à vos activités quotidiennes ?

Bien entendu, pratiquer quotidiennement une discipline psychophysique comme le taï chi, le yoga, la méthode Pilates, etc., déclenche automatiquement avec le temps un flux constant de conscience qui, comme un bon anti-transpirant, tient toute la journée et est fortement recommandé.

« Mais, avec ou sans une telle pratique, pour augmenter la composante anti-balourdise, il est essentiel de ralentir sa respiration et de lui donner un rythme posé en régulant la longueur des inspirations et des expirations.
En fait, il n'existe pas de moyen plus efficace d'avoir prise sur son tempo mental. Quand celui-ci dépasse un calme 80 battements par minute, il tend à attirer l'énergie et la chaleur du corps dans la tête, stimulant encore davantage l'activité mentale et diminuant la conscience synesthétique (perception physique globale). Ralentir votre respiration jusqu'à faire durer chaque inspiration et chaque expiration environ cinq secondes rendra à votre esprit une vitesse gérable et vous donnera une conscience plus affirmée de votre corps, ce qui vous permettra de laisser debout la plupart des balais (de la vie).
Enfin, passez un instant le matin et le soir à presser le centre de chaque talon. Cette pression attire l'énergie et la chaleur vers le bas, et dirige la conscience sur le talon, où vous pourrez visualiser une petite ouverture par laquelle vous imaginez respirer. »

Essayez, et en inspirant et en expirant lentement, dites-vous : « En respirant ainsi par mes talons, je renforce mon sentiment d'enracinement et peux vaquer à mes occupations sans me comporter en idiot(e) balourd(e) comme (disons) Barefoot Doctor. (Mais si l'idiot[e] balourd[e] revient quand même, je me le pardonnerai.) »

NOUS AVONS MAINTENANT SIX ANS : ÉVITER L'AUTO-APITOIEMENT

Avez-vous remarqué comment, alors que les années passent, la question de savoir à quoi correspond l'état d'adulte continue à refaire surface avec une certaine régularité ? Une chose est sûre, il n'y a pas de rapport avec l'âge. J'ai quarante-neuf ans, et je me joins encore au débat comme un imposteur de six ans, surpris que toutes les grandes personnes autour de la table se montrent si polies avec moi, un simple enfant. Puis je me souviens qu'elles ont beau ressembler à mon ancien directeur d'école ou aux mamans de mes copains, elles sont toutes plus jeunes que moi d'au minimum cinq ans.

L'un des repères sur lesquels je m'appuie est la composante auto-apitoiement, plus précisément, l'auto-apitoiement non revendiqué. On ne peut le nier, gémir un bon coup sur l'épaule d'un ami ou d'un conjoint offre de temps en temps une excellente thérapie, et ne diminue en rien notre qualité d'adulte si nous sortons de la plainte fortifié(e) et redressons ensuite affectivement la tête.

Mais quand nous passons par défaut en mode auto-apitoiement sans en avoir conscience, nous pouvons lui donner l'emballage ou la justification que nous voulons, nous nous égarons dans le rôle d'un enfant geignard.

Chaque fois que nous assumons nos responsabilités sans nous plaindre, parvenus à un stade de développement personnel où nous avons appris à chérir la vie et tout ce qu'elle apporte, nous accédons à l'« état de grâce ». Les taoïstes appellent une personne marchant en état de grâce une personne de vraie vertu, ou « te ». Les gens *te* sont les héros du monde.

Mais personne n'est en permanence en état de vertu. Pour un oui ou pour un non, nous basculons d'un état à un autre, du héros au roquet, de l'adulte à la petite peste trop gâtée.

L'art – et voici le deuxième repère – consiste à rester attentif en passant de l'un à l'autre. Nous y gagnons de la cohérence, à la fois dans le dialogue intérieur et dans le dialogue avec les autres. Pas une cohérence de comportement, la hantise des classes moyennes, mais une cohérence de présence du soi mis en œuvre dans l'instant, à n'importe quel instant et en toute compagnie.

L'auto-apitoiement a tendance à se manifester en cas de faiblesse du chi (énergie) de la rate. Celui-ci, tout comme il gouverne notre capacité à transformer la nourriture et à l'utiliser à notre avantage, provoquant notre satisfaction quand nous sommes rassasiés, gouverne aussi l'efficacité avec laquelle notre intellect traite l'information de manière à atteindre un état de satisfaction psychoaffective.

L'auto-apitoiement est insidieux. Il se déguise comme un virus, s'attachant à nos pensées, au corps de l'hôte, pour leur donner à notre insu une coloration négative, et avant d'avoir compris ce qui se passe, nous avons succombé et dégringolé (une fois de plus) de l'état de grâce.

Il existe un grand signe révélateur : s'apercevoir qu'on a perdu le plaisir alors que rien d'affreux ne s'est produit et que la situation n'a guère changé depuis le moment, une heure plus tôt, où l'on en prenait. Ainsi, chaque fois que vous vous surprenez à gémir et à vous plaindre, par exemple de la dureté de la vie, de votre fatigue et de toutes ces tâches à accomplir sans jamais avoir le temps de recharger les accus, cela indique que vous avez glissé de la planche à roulettes, perdu pied, et que vous souffrez d'une faiblesse du chi de la rate, qui est associé à l'élément « terre ».

De plus, la constance d'attention (le deuxième repère) dépend elle aussi du chi de la rate, dont on dit qu'il « abrite » les facultés intellectuelles, donc de discrimination.

(Veuillez noter, s'il vous plaît, que la médecine asiatique traditionnelle attribue à la rate elle-même ces fonctions, mais comme cela susciterait automatiquement des piles de lettres de protestation de la part de membres bien intentionnés de la profession médicale, j'utilise le terme « chi de la rate ». Comment pourrait-on se dresser contre un « chi » ?

Ce serait comme de chercher des noises à un panda – ou au moins un demi-panda.) À l'inverse, quand nous avons un chi de la rate fort, nous sommes bien plus disposés, d'un point de vue énergétique, à assumer notre fardeau sans nous plaindre et à garder conscience de nous-même dans les balancements du pendule entre les modes héroïsme et auto-apitoiement.

> « Enfoncer trois fois par jour vos doigts sous vos côtes, devant et sur les côtés, jusqu'à provoquer une agréable sensation d'essoufflement pendant trente secondes ne suffira pas à vous prémunir ou à vous guérir de l'auto-apitoiement, vous transformant ainsi en personne de vraie vertu, mais contribuera à créer les conditions énergétiques propices à la remise de votre esprit sur des rails plus naturellement héroïques.
> Faites-le tout de suite, si vous le souhaitez, et en relâchant la pression, suggérez à votre inconscient : “Rien de grand n'a jamais été accompli en s'abandonnant à l'auto-apitoiement. Je choisis maintenant de prendre ma place parmi les adultes et d'assumer mon fardeau avec grâce et aplomb !” »

Je me sens maintenant plutôt las, la vie est dure, j'ai beaucoup trop à faire et je manque de temps pour me reposer et recharger les accus. Je crois donc que je vais aller un peu sucer mon pouce.

La vie ressemble parfois à des montagnes russes… prenez-y plaisir !

Je ne sais pas pour vous, mais je déteste sincèrement les attractions foraines effrayantes, où tourner sur la grande roue, être balancé dans des virages impossibles et dévaler les pentes invraisemblables des montagnes russes donnent l'impression d'avoir laissé son estomac en arrière pendant que l'on prie que le personnel payé pour entretenir le matériel ait fait correctement son travail. Je déteste tellement que j'ai fait vœu il y a des années d'éviter de telles activités, et de garder mon énergie pour me lancer plus pleinement dans cette plus grande attraction qu'est la vie elle-même.

D'où ma surprise, l'autre jour, de me retrouver au sommet du Tibidabo, cette haute colline dominant Barcelone, juste en dessous de cette immense statue de Jésus bénissant, bras écartés, les habitants de la ville qui s'étend à ses pieds. Inexplicablement, je venais de me sangler de mon plein gré dans une vieille balançoire branlante suspendue par deux chaînes de vingt mètres à l'un de ces manèges très rapides dont les axes télescopiques s'allongent et raccourcissent avec l'accélération, intensifiant tellement la sensation de force centrifuge que l'on se demande si son ventre ne va pas se désolidariser complètement du torse.

Pour ajouter à mes émotions, pendant que le dispositif prenait de la vitesse et de la hauteur, les trois quarts de la trajectoire orbitale de la balançoire me faisaient passer à l'horizontale au-dessus d'un à-pic dominant la ville d'environ cinq cents mètres. Si l'un de ses vieux maillons de chaîne rouillés cédait, je serais catapulté dans l'azur hivernal comme un magnifique obus humain sans chaussures pour aller au bout du compte m'écraser ignominieusement parmi les mimes et les promeneurs qui se croisaient sur les lointaines Ramblas en cette fin d'après-midi.

Traitez-moi de gros bêta d'en faire toute une histoire, mais nourrissant un certain scepticisme sur les standards locaux de maintenance – même s'ils sont sans doute bien plus élevés que ceux des chemins de fer britanniques – et me persuadant que l'usure doit bien finir par agir, je me suis agrippé aux chaînes, j'ai imploré la statue au-dessus de me sauver, j'ai fermé les yeux et j'ai prétendu que j'étais ailleurs.

Je voulais que le tour finisse, et quand c'est enfin arrivé, je me suis éloigné en titubant, sidéré de voir mon ami Nico Rhamodda, membre fondateur du groupe de trapézistes des Flying Dudes, rester pour une deuxième virée. Pendant que la machine prenait de la vitesse, il a écarté les bras dans un style christique d'âge postmoderne et, sans un frisson de peur, il a volé littéralement au-dessus de la ville comme un oiseau.

« T'as un sacré courage, » ai-je dit, quand il m'a rejoint plus tard au café. « Non, j'adore juste ça, » a-t-il répondu. « Mais la maison hantée m'a collé une trouille bleue ! » Pourtant, la maison hantée, même avec des acteurs en chair et en os et les plus brillants effets destinés à vous glacer le sang, n'était pour moi qu'un enfantillage idiot.

Nous avons tous des peurs aux visages différents, mais, comme je l'ai éprouvé viscéralement sur la balançoire, craindre pour sa vie, selon la compréhension asiatique des échanges énergétiques, perturbe l'énergie des reins, donnant la sensation d'un ventre en train de tomber. Réciproquement, une perturbation ou un affaiblissement de l'énergie des reins provoqués par la maladie, le stress ou l'abus d'alcool, par exemple, nous font craindre consciemment ou inconsciemment pour notre vie (ce qui à son tour affaiblit encore l'énergie des reins).

C'est de l'énergie des reins que sont supposés dépendre le système immunitaire, la solidité des os, le système reproductif et la volonté de survivre, entre autres ; aussi, dans l'intérêt de sa santé et de son bien-être, il vaut mieux tout faire pour la renforcer, en prévention d'une éventuelle perturbation – par exemple se retrouver en train de prier sur une attraction de fête foraine ou de trembler dans une maison hantée –, mais aussi pour perdre de sa timidité en général.

« À cette fin, commencez par poser le pouce sur la zone qui se trouve juste derrière l'os intérieur de la cheville, et exercez une pression suffisante pour provoquer une douleur vive sans être déplaisante. À chaque pied, cherchez les endroits les plus sensibles et abandonnez- vous à la sensation pendant environ une minute. Cette stimulation des points "source" du méridien des reins encourage ces derniers à tirer davantage d'énergie de leur "élément source", l'eau, ou l'humidité imprégnant l'air ambiant.
Ensuite, placez les doigts serrés des deux mains au milieu de votre poitrine, et caressez légèrement, en descendant lentement, l'axe de votre torse jusqu'au sommet du pubis. Écartez les mains, les doigts frôlant le bas de votre abdomen et remontant sur les côtés du torse pour passer sur les tétons et se rejoindre au centre de la poitrine pour un nouveau cycle. Recommencez dix-huit fois, expirant quand vos doigts descendent, et inspirant quand ils remontent. Cette technique porte le nom d'"harmonisation du feu et de l'eau" et elle possède une myriade d'applications autothérapeutiques allant de la prévention et la guérison de l'indigestion à la stimulation de la libido (raison pour laquelle vous la verrez sans aucun doute apparaître de temps en temps dans cette chronique). »

En tout cas, rien ne la dépasse pour vous remettre l'estomac en place après un violent tour de manège, ou même si vous éprouvez simplement une sensation de bouleversement.

Et tant que nous parlons de Nico Rhamodda et des Flying Dudes, vous pourriez avoir envie de clore la séance (qui devrait être répétée tous les jours pendant trois semaines pour avoir des résultats durables) avec la posture de qi gong de la « grue blanche » : en les levant de part et d'autre de votre corps, paumes vers le bas, battez doucement des deux bras au ralenti comme des ailes d'un immense oiseau sous sédatif. Suggérez-vous en même temps : « Je suis en sécurité, je suis en sécurité, je suis en sécurité ! »

UNE OCCASION DE NE PENSER À RIEN

Il règne une atmosphère de tension collective en partie due aux grondements du tumulte planétaire. Pour couronner le tout, nous sentons les plaques de la tectonique socio-économique bouger sous nos pieds, ce qui nous rend naturellement inquiets. Dans des périodes de ce genre, nous avons tous besoin d'un lieu où réfléchir – où nous regrouper intérieurement – quelque part loin de la foule exaspérante et à l'abri du tapage des médias, un endroit où pouvoir retrouver une perspective équilibrée afin de replonger dans la mêlée remis à neuf, prêts à l'action et à tout ce que le Tao peut apporter – ou prendre.

Je me trouve justement dans l'endroit où je viens réfléchir. Pas le petit coin, mais un site que j'appelle Daisy's Rock. Au bord d'une crique catalane, il se perche discrètement sur un affleurement rocheux à la tête couverte d'une pinède évoquant une coiffure indisciplinée de hippie, qui se penche vers la Méditerranée pour offrir ses joues aux gifles vigoureuses des vagues turquoise qui les battent implacablement de leurs crêtes blanches.

Je viens ici dès que la moindre chance se présente. Je ne suis pas en train de frimer – de radoter peut-être – et il n'y a d'ailleurs rien de bluffant à poireauter à cinq heures trente du matin à l'aéroport de Luton pour prendre un vol à bas prix pour Barcelone comme je l'ai fait aujourd'hui. Mais en réalité, dire que je viens ici réfléchir n'est pas parfaitement vrai. Je viens plus exactement ne pas penser, ce qui est le concept dont je vais vous parler aujourd'hui.

Imaginez-vous contraint(e) de courir à chaque instant de votre temps d'éveil jusqu'à la fin de votre vie. Imaginez vos pauvres jambes, l'irritation au point de contact de vos cuisses, l'effort exigé de vos rotules, les ampoules à vos pieds, sans même parler des aigreurs d'estomac causées par l'ingestion nocturne et à la verticale de kebabs et autres en-cas, ni de l'usure générale de votre système. Eh bien, pour la plupart, c'est exactement ce que nous infligeons à nos esprits : penser, penser, jusqu'à l'épuisement mental, et donc physique. Même le coureur le plus en forme a besoin de pauses : on ne peut pas courir un marathon après l'autre sans s'effondrer, du moins pas sans repos entre deux (en dépit du remarquable exploit de Sir Ranulph Fiennes[1]). Il en va de même de l'esprit. Comme tout grand penseur vous le dira, si vous voulez avoir des idées réellement capitales, vous devez, comme Einstein, les laissez venir à vous spontanément, d'elles-mêmes, ce qui leur est impossible dans un esprit plein à ras bord du bavardage intérieur habituel : elles n'auraient tout simplement pas de place où accoster.

> « Donc, si l'envie vous prend d'en mettre un bon coup cérébral, la première chose à faire est d'arrêter de penser, ce que les taoïstes appellent “dompter l'esprit de singe” ou “serrer la bride au cheval au galop de l'intellect”. Pour y parvenir, concentrez la totalité de votre attention au centre de votre tête, comme un petit bouddha assis en tailleur pour faire retraite au milieu de la boîte crânienne, et observez les pensées qui traversent le cerveau antérieur

1. À l'âge de cinquante-neuf ans et après un double pontage coronarien, cet explorateur britannique a couru, en 2003, sept marathons en sept jours. *(N. d. T.)*

(devant votre point de conscience) en se déplaçant généralement de droite à gauche (mais il n'y a pas de règle fixe).
L'astuce consiste à ne suivre aucune pensée particulière, aussi visuellement attirante soit-elle, mais à laisser chacune passer comme un nuage de plus dans le ciel de son esprit. Gardez patience, et comme cela finit toujours par se produire, même au Royaume-Uni, tous les nuages disparaîtront pour révéler un azur infini et sans tache s'étendant majestueusement devant vous. Pour faciliter le processus, conservez un rythme de respiration lent et régulier.
Pour commencer, et afin de donner un répit aux jambes de votre esprit, pratiquez assis(e) au calme, les yeux fermés, pendant au moins trois minutes tous les jours. Avec le temps, vous deviendrez capable d'obtenir le même résultat les yeux ouverts pendant que vous menez vos affaires, même au cœur de la journée la plus stressante. Votre énergie mentale, et donc physique, sera alors absolument sans limites, vous rendant bien plus adroit(e) dans la gestion de ce que la vie jette sur votre chemin. »

Et je le jure, tout cela est venu de ne pas penser une seule pensée.

POUR TROUVER SON CHEMIN DANS LA VIE, UNE BONNE CARTE SUFFIT

J'ai récemment remarqué dans mon orbite immédiate une nette augmentation du nombre de gens plongés dans des monologues à haute voix où ils adressent vociférations, marmonnements et insultes à des fantômes sans la moindre conscience du monde autour d'eux. Des âmes perdues, peut-être, mais pensez au dialogue intérieur perpétuellement en cours dans votre esprit. Songez aux rives les plus déchiquetées de ce dialogue, les pensées plus sombres que vous ne partageriez avec personne hormis un thérapeute ou un prêtre formés à cet effet, et vous vous en rendrez vite compte, la frontière qui sépare la plaie pour la communauté du pilier de la société n'est au mieux qu'un voile diaphane.

Qu'est-ce donc qui distingue l'équilibré du déséquilibré ? L'orientation. Nous pourrions entièrement le réduire à cela : savoir où l'on est, et donc avoir une bonne carte et une bonne maîtrise de la lecture des cartes. Cela s'applique au monde physique comme à l'univers psychoaffectif. Pour trouver son chemin dans une ville inconnue, savoir où se trouvent le nord, le sud, l'est et l'ouest aide énormément : on peut se situer et s'épargner ainsi l'angoisse de s'égarer dans des petites rues.

Il en va de même du monde intérieur. Si vous souhaitez éviter de vous y perdre comme dans un labyrinthe, il vous faut une carte cosmologique fiable, des capacités dans la lecture des cartes (de la perspicacité) et un bon sens de l'orientation. La plupart d'entre nous grandissons en acquérant suffisamment de fragments de carte pour trouver notre chemin parmi presque toutes les rues de l'âme, mais souvent, en cas de brusques changements du paysage intérieur – tremblements de terre, éruptions volcaniques ou raz-de-marée provoqués par, disons, un décès, une séparation, la maladie, un licenciement ou la faillite – la carte nous apparaît inexacte, périmée et inadéquate. Sans instruments de cartographie, les choix se résument alors à craquer, à entrer dans un rêve éveillé où parler à haute voix à des fantômes, aux antidépresseurs, à la psychothérapie, à la religion ou à l'insensibilisation par comportement obsessionnel-compulsif : alcool, drogues, sexe ou shopping.

Pour éviter d'en arriver là, ou à défaut atténuer le problème, se procurer une carte fiable est essentiel, et on l'obtient par la méditation. Fondamentalement, méditer signifie apaiser son esprit pensant de manière à percevoir viscéralement, la conscience claire, où l'on est et ce que l'on est en train de faire. Cela n'a pas l'air de grand-chose, mais une pratique quotidienne vous rassemble en un unique morceau que ne peuvent ébranler les événements extérieurs, aussi déchaînés soient-ils. Il existe des milliers d'écoles de méditation, et des essais, ou le destin, vous guideront vers celle qui vous convient.

La forme la plus populaire est peut-être la méditation transcendantale rendue célèbre par la relation entre les Beatles et le Maharishi (le gourou, pas la marque de vêtements). Elle implique de répéter intérieurement, pendant vingt minutes matin et soir, son mantra, ou son sacré, reçu lors d'un rituel d'initiation. On a vu en état de lévitation des pratiquants chevronnés.

À l'autre extrême, il y a le zen, où vous ne faites jamais plus que de compter vos respirations jusqu'à neuf et de recommencer, à l'infini, en vous laissant balayer l'esprit de temps en temps par des koan, des abstractions impossibles comme le célèbre applaudissement d'une seule main. La plupart du temps, vous restez simplement assis à ne penser absolument à rien et à recevoir sur le dos des coups de baguette assénés par le roshi, ou maître, chaque fois qu'il vous surprend en train de sombrer dans la somnolence.

Donnez-moi quelques pages et je vous régalerai des descriptions de beaucoup d'autres, mais en attendant, essayez ce petit bijou bouddho-taoïste. C'est court, simple et vous vous sentirez aussi limpide qu'un diamant.

> « Pendant les six minutes suivantes, *grosso modo*, visualisez, dans la sombre caverne de votre crâne, un magnifique diamant éclairé par magie de l'intérieur et en train de tourner lentement au centre de votre cerveau. »

Sur ce, je vous quitte pour aller marmonner devant des moulins à prières.

Nul besoin de se dénuder le ventre pour changer sa vie

Traitez-moi de lorgneur de nombril, mais j'ai vu beaucoup de ventres en circulation récemment. Les avez-vous remarqués, vous aussi ? D'un bout à l'autre du pays, des femmes exposent fièrement à l'air le milieu de leur anatomie. Et pas seulement les détentrices d'abdominaux en tablette de chocolat, mais des femmes de toutes sortes, et même des femmes enceintes.

Il est rassurant, et stimulant, de voir que l'emprise des fascistes corporels appartient peut-être au passé. Des femmes, certaines aussi voluptueuses que des peintures de Rubens, dévoilent crânement leur partie la plus vulnérable sans souci des canons conventionnels du soi-disant physique parfait. D'un point de vue sociologique, cela révèle une meilleure acceptation de soi-même, et donc des autres. En fait, je viens de donner des cours au pays de Galles dans le cadre d'un camp de taï chi où une participante qui, de son propre aveu, n'est pas Twiggy, nous a offert spontanément une démonstration de danse du ventre si gracieuse et ondoyante qu'elle m'a donné envie d'écrire cet article. Elle laisse penser qu'en Occident, notre compréhension de notre relation au corps est en train de lentement changer dans une direction plus orientale.

Selon la sagesse taoïste, notre ventre, et en particulier sa partie inférieure, est le centre non seulement de notre corps, mais de tout notre univers physique. Le taï chi et la plupart des autres arts martiaux apprennent à évoluer depuis le bas de l'abdomen afin d'obtenir des mouvements possédant grâce et puissance. Si vos maintenez en permanence quelques degrés d'attention juste en dessous du nombril – au travail, au repos ou au jeu –, vos paroles et vos actes sonneront plus vrais, vous vous sentirez mentalement et physiquement plus en équilibre, et votre volonté de réussir dans vos entreprises augmentera.

En outre, comme garder de l'attention à cet endroit contribue à stimuler l'énergie des reins, qui gouverne la sexualité, vous vous sentirez beaucoup plus sexy, et le serez. Au début, il paraît bizarre, et même légèrement polisson, de se préoccuper du bas de son ventre, car nous avons été habitués à nous situer, pour ainsi dire, dans la tête et la poitrine, mais une fois que l'on commence à se centrer plus bas, on se rend compte à quel point c'est naturel.

Ce point du corps par lequel le réel spirituel, ou Tao, trouve à s'exprimer en nous, les taoïstes l'appellent notre *tantien,* ce qui signifie, littéralement, le champ céleste. Le garder détendu pour que l'énergie circule est considéré comme la clé de la santé, de la longévité et de l'éveil, et sur un plan pratique réduit l'inconfort provoqué par toutes sortes de problèmes intestinaux.

« Pour aider votre esprit à descendre au bon endroit, six ou sept fois par jour, posez un doigt 5 cm en dessous du nombril et appuyez délicatement mais fermement pour produire une "douleur agréable" mais marquée, qui rayonne dans tout le ventre. Restez ainsi environ une minute en respirant naturellement et dites-vous : "En pressant ici, je libère un torrent de chi (énergie) et deviens immédiatement dix fois plus puissant(e), efficace et en tout cas sacrément sexy !" (ou une formule dans ce sens). Visualisez maintenant un canal partant de la pointe de votre colonne vertébrale et courant jusqu'au sommet de votre tête avant de descendre sur le devant du corps pour former une boucle. Inspirez très doucement en imaginant le souffle en train de remonter le canal postérieur

jusqu'au sommet de la tête. En expirant, sentez le souffle descendre la partie avant du canal et s'accumuler, en exerçant une certaine pression, dans la région du *tantien.* Recommencez huit fois.
Pensez-vous bougeant depuis ce point, parlant depuis ce point, faisant l'amour depuis ce point, vivant en général depuis ce point. Laissez les cieux animer votre abdomen. Mettez-vous même à la danse du ventre ou au taï chi pour cimenter la relation. Un petit avertissement cependant : n'exposez votre *tantien* que par temps chaud, ou vous risqueriez d'attraper une maladie. En hiver, beaucoup d'Asiatiques se ceignent la taille d'une large ceinture en soie pour conserver la chaleur, alors doucement sur les jeans taille basse à l'approche de l'automne. »

En attendant, je prédis un retour des formes à la Rubens, et un gros retour (pardonnez la plaisanterie). Vous avez la primeur de l'info.

LES MÉDICAMENTS NE SONT PAS LE SEUL MOYEN D'ENRAYER LA DOULEUR

J'étais donc en train de me tordre sur le lit, la gencive vrillée par la douleur à l'endroit où, vingt ans plus tôt, un dentiste douteux m'avait fait un traitement de canal raté qui s'était apparemment infecté. La souffrance a empiré au cours de la nuit jusqu'à ce que sonnent neuf heures – Alléluia ! – et que je franchisse l'angle de la rue d'un pas mal assuré pour aller voir mon copain Frederik, le dentiste éclairé. Vous vous en souvenez peut-être : il y a environ un an, je vous ai parlé de lui, du dynamique duo dentaire qu'il forme avec Janice et du plaisir que j'ai toujours à leur rendre visite. J'ai encore pu compter sur lui.

Le pur plaisir de l'anesthésique engourdissant ma bouche fut indescriptible, et l'extraction ressembla au grattement d'une démangeaison de proportions apocalyptiques.

Cependant, l'effet des anesthésiques finit par s'estomper, et comme vous le savez si l'on vous a déjà arraché une dent, la douleur post-opératoire provoque pendant plusieurs jours un incessant et assez fort bourdonnement de gêne marquée qui, si près du cerveau, donne un point de vue déformé sur tout.

Par chance, toutefois, elle m'a aussi fourni une occasion concrète de tester quelques stratégies taoïstes de contrôle de la douleur, et de vous informer des plus efficaces dans l'espoir qu'elles aideront certains des lecteurs qui m'écrivent pour se plaindre de douleurs chroniques.

« Pénétrez au cœur de la douleur au moyen de toute votre attention intellectuelle, et si vous parvenez à rester là suffisamment longtemps, la souffrance disparaîtra complètement aussi longtemps que vous réussirez à maintenir votre concentration.

Poussez la douleur dans un coin de votre esprit, pour ainsi dire, de manière à pouvoir poursuivre vos activités : vous en avez toujours conscience, mais vous êtes maintenant plus grand(e) qu'elle.

Dispersez la douleur avec le souffle de votre expiration, comme une femme en train d'accoucher se soulage des contractions en respirant.

Imaginez la souffrance comme une amie (une amie terrible, disons comme Attila le hun) qui est venue vous apprendre quelque chose d'important, peut-être vous rappeler votre mortalité et vous aider à porter un regard plus clair sur votre vie. Acceptez-la sans vous apitoyer sur votre sort, mais comme une occasion d'endurcir votre âme.

Résistez à la tentation de céder à la panique, car cela épuise l'énergie des reins, ce qui affaiblit la réaction immunitaire et la volonté. Continuez plutôt de respirer avec autant de régularité, de lenteur et de détermination que possible.

Évitez les gémissements, ils perturbent la respiration, l'énergie et l'esprit, et au final dispersent l'attention mentale. Grognez plutôt – mais sur un mode musical, en partant d'un ton aigu pour descendre jusqu'à la note la plus grave que vous pouvez atteindre, afin que le grognement vous détende. Attention, s'il est désagréable à l'oreille, il rend malheureux, ce qui affaiblit.

Décontractez toutes les parties de votre corps qui y consentent, y compris, dans l'idéal, celle qui souffre. Surveillez toute accumulation de tension dans les zones non affectées. Si, disons, vous avez mal au ventre, assurez-vous que les épaules et le cou ne sont pas en train de se crisper par solidarité. Plus on est relaxé, plus le sang et l'énergie circulent librement, ce qui apaise et soigne.

Massez régulièrement vos reins (au creux du dos) en dessinant des cercles avec vos poings, dix-huit dans chaque sens. Vous renforcez ainsi l'énergie des reins, cela va contribuer à donner un coup de fouet aux niveaux des réactions immunitaires et de volonté (et il en faut des seaux pour venir à bout de la douleur).

Frottez vos paumes l'une contre l'autre pour produire de la chaleur et posez-les à l'endroit affecté. Imaginez la chaleur en train de pénétrer et de dissiper la douleur.

Ne l'appelez pas douleur, appelez-la sensation.

Si vous devez prendre des analgésiques pour vous aider à vous détendre, sachez que leurs hauts degrés de toxicité sapent l'énergie des reins, réduisant ainsi la réaction immunitaire et la volonté. »

Les propositions ci-dessus ne prétendent pas être un antidote désinvolte à l'affreuse souffrance endurée par des millions de gens, mais si elles apportent ne serait-ce qu'à une personne un soulagement au moins temporaire, j'aurais le sentiment que ma défunte dent y a contribué modestement.

NOTRE CONSCIENCE INUTILISÉE CONNAÎT NOS PENSÉES

J'ai passé l'autre soir un merveilleux moment à diriger un atelier au College of Psychic Studies, auguste établissement de South Kensington fondé en 1874 et qui eut Sir Arthur Conan Doyle pour président. Ses solides racines victoriennes ne le rendent pas pour autant vieux jeu, loin de là : il serait difficile de trouver une équipe plus dynamique et contemporaine d'esprit.

J'enseignais l'approche taoïste du développement du pouvoir parapsychique, qui m'a permis toutes sortes d'intéressantes prémonitions au cours des ans. Pour les premiers taoïstes, qui avaient pour motivation centrale l'épanouissement personnel ou l'illumination, cultiver une capacité parapsychique n'était jamais une fin en soit, mais un effet secondaire bienvenu de la pratique assidue de la méditation. On y gagne en efficacité pour prendre des décisions ou aider d'autres à le faire – un truc sympa pour briller en société et même parfois une source de revenus.

L'approche est simple : la psyché, âme ou inconscient, connaît tout ce qui fut, est et sera jamais. Le conscient, ou esprit local, filtre ensuite ce panorama infini de manière à permettre de mener à bien ses activités quotidiennes sans surcharge. Accroître sa conscience parapsychique revient donc simplement à élargir le filtre, tout en se détachant suffisamment du bavardage intérieur pour percevoir ce qui est en train d'être présenté.

Ce champ infini de connaissance peut être atteint « physiquement » à l'arrière du cerveau, tandis que le dialogue intérieur (Est-ce que je devrais changer de chemise ? Est-ce que je plais à untel ou une telle ? J'ai faim, etc.) se tient dans le cerveau antérieur.

> « La première chose à faire consiste donc à se "reloger", pour ainsi dire, à l'arrière de sa tête.
> Vous savez que vous y êtes arrivé quand l'arrière du crâne commence à chatouiller. Aidez-vous en plaçant le pouce dans la dépression à la base de votre boîte crânienne, au point de jonction avec la colonne vertébrale, et en appuyant légèrement, mais fermement, pendant trente secondes.
> Pour calmer l'activité du cerveau antérieur, pressez d'un doigt, également pendant trente secondes, un point situé légèrement au-dessus de la ligne des sourcils, dans l'axe de l'arête du nez.
> Pour fournir de l'énergie à l'arrière de votre cerveau et l'encourager à délivrer librement les informations, contractez le périnée, le muscle entre vos jambes, en le soulevant doucement de l'intérieur, et gardez-le contracté jusqu'à ce qu'une sensation de frissonnement remonte votre colonne vertébrale et atteigne votre boîte crânienne. Vous pouvez la renforcer en appuyant en même temps votre langue contre votre palais et en roulant légèrement des yeux comme si vous regardiez à travers le sommet de votre tête.
> Enfin, pliez le coude comme pour un bras de fer, et enfoncez un doigt dans le creux qui se trouve au contact du deltoïde (muscle de l'épaule) et du biceps afin de produire une douleur marquée mais agréable. Pratiquer cet exercice trois fois par jour, a-t-on remarqué, augmente la

perception parapsychique d'au moins 30 %. Après s'y être soumis, cent vingt participants s'associèrent deux par deux. Assis ou debout, l'un des membres de chaque paire se mit de côté pour poser ses mains sur le front et l'arrière du crâne de son partenaire, puis il attendit, l'esprit vide, qu'une image, une couleur, une odeur, un mot ou une forme surgisse.

Pour plus de la moitié, ce fut un succès. Par exemple, un homme vit des cubes d'enfants dont les lettres formaient des mots contenant souvent des fautes d'orthographe. Il s'avéra que son partenaire était un éducateur spécialisé dans la dyslexie.

Faites régulièrement vibrer votre énergie grâce à la méthode ci-dessus, et au bout d'un mois, vous serez tellement impressionné(e) de la manière dont elle élargit votre conscience au quotidien et vous fournit une vision plus profonde de vos motivations et de celles des autres que vous envisagerez une carrière dans la voyance !

En attendant, je vais maintenant vous envoyer un message télépathique, et vous devrez me dire de quoi il s'agit. Répondez par courriel, s'il vous plaît. »

Apprendre à contenir ses pulsions primaires

Aujourd'hui, je n'ai rien à dire.

J'éprouve une assez forte envie de laisser le reste de la page blanche, même si je sais que je ne peux pas m'en tirer comme ça. Elle me reviendrait barrée à l'encre rouge d'un : « Écrivez un article, feignant de Barefoot ! » Bon d'accord, on me paie pour dire quelque chose. Mais est-ce une raison suffisante pour écrire des mots vides de substance ? Bien sûr que non. Je creuse donc un peu plus profond et tombe sur une couche de résistance, sous laquelle un véritable maelström de conversation attend de jaillir à la surface, une épaisseur formée de pulsions primaires, de passions et de peurs inarticulées. Et en l'entrevoyant, je perçois une envie presque irrésistible de communiquer avec vous à ce niveau – de parler avec la partie de vous, qui, sous votre propre couche de résistance, meurt d'envie que l'on communique avec elle.

En temps normal, un procédé habile me jaillit à l'esprit, une tactique d'entrée en matière d'où me lancer dans une rationalisation néo-taoïste, de quoi effacer toute trace de blues qui pourrait entacher votre dimanche, et introduire un remède confirmé quelconque. Mais pas aujourd'hui. Aujourd'hui, aucun procédé ne fera l'affaire, aucune rationalisation facile ne suffira, et aucune autothérapie instantanée ne fournira un antidote pratique. Pour commencer, parce qu'il n'y a rien à guérir.

La soupe existentielle qui bouillonne dans les tréfonds de votre esprit n'est pas une maladie, même si la refouler ou mal la gérer peut conduire à toutes sortes de maux, aussi bien physiques que mentaux. Au contraire, ce marais intérieur primaire est la source de votre créativité, de votre pouvoir générateur et de votre motivation à réussir dans la vie.

La question qui se pose, c'est comment exploiter sa puissance sans partir dans une vrille kaléidoscopique. Comment canaliser les profondes et sombres peurs d'anéantissement, par la maladie comme par le terrorisme, la douloureuse aspiration à l'amour, romantique ou autre, la soif de respect au travail ou à la maison, l'envie de s'accomplir dans sa profession et dans la vie en général, ainsi que d'autres attentes primaires en train de hurler dans votre âme pour être reconnues. Comment canaliser tout cela en une configuration suffisamment ordonnée pour pouvoir simplement l'aborder ?

Vous m'avez maintenant compris. C'est la raison pour laquelle je dis que je n'ai rien à dire. Parce qu'à l'instant, le thérapeute et professeur d'autothérapie le plus impertinent et peut-être le plus bavard de la nation ne possède pas de réponse. Non que l'angoisse existentielle soit en train de me submerger – loin de là. Comme je l'ai dit, ma couche de résistance me procure un bouclier bien modelé qui me permet de tenir le cap comme si rien ne se passait – comme c'est le cas pour la plupart d'entre nous dans le cours de nos vies bien remplies. Bien entendu, il y a la tentation d'affirmer que sentir les cris du marais sur le point d'envahir notre esprit au détriment de notre capacité à nous montrer efficaces révèle à chaque fois une déficience de l'énergie du cœur, à laquelle nous pouvons remédier en mangeant beaucoup de radis, en prenant de la teinture d'aubépine et en pressant fermement un point du méridien du cœur appelé la « porte de l'esprit » et situé à l'intérieur du poignet, dans le prolongement du petit doigt. Et je ne mentirais pas, je fournirais même une information diablement utile.

Mais ce n'est pas où je veux en venir, je ne veux même pas vous suggérer d'essayer de changer quoi que ce soit. Nous sommes toujours en train d'essayer de changer les choses dès qu'elles créent une petite gêne pendant une seconde. Ce qui m'intéresse davantage ici, et vous aussi j'en suis sûr, c'est comment vivre avec la bouillie existentielle primitive qui gargouille en nous, riche de nos pires terreurs, faims et quêtes fondamentales ; comment éviter de retenir notre souffle et de nous crisper pour nous en protéger, et comment nous abreuver plutôt à ses sucs, pour ainsi dire, afin que leur pouvoir primitif nous rafraîchisse et nous redonne de la motivation, de quoi mettre la gomme pendant la semaine à venir. Mais à part vous conseiller de respirer, de vous détendre et de laisser venir sans essayer de commenter, je ne vois rien à ajouter. Comme je l'ai dit, aujourd'hui, je n'ai rien à dire.

DÉCIDEZ-VOUS !

Choix, choix – voix, voix.

Est-ce que cela ne semble pas être la substance de votre réalité ces temps-ci : avoir constamment des décisions à prendre – aller de ce côté, ou plutôt de celui-ci –, une voix disant une chose, une autre le contraire ? Regardez sous la surface de votre dialogue interne et vous verrez qu'à chaque nanoseconde, vous effectuez inconsciemment un choix, depuis détendre le muscle de votre main ou le garder contracté, tourner les yeux à droite ou à gauche, retenir votre souffle ou expirer, etc., jusqu'aux décisions apparemment majeures concernant vos relations, votre travail, votre mode de vie et les questions morales. Plus la décision est importante, plus elle devient consciente, bien entendu, mais le même mécanisme les sous-tend toutes, qu'il s'agisse du plus infime tremblement d'un muscle ou d'inviter votre partenaire, votre patron ou toute autre personne comptant pour vous à aller (ou non) se faire voir.

Selon les docteurs taoïstes de jadis, la capacité de prendre des décisions, en plus de dépendre d'un intellect développé par l'éducation, l'expérience et tous les autres aspects subtils d'une psyché harmonieuse, repose sur l'énergie de la vésicule biliaire. Quand la vésicule biliaire, ce dépôt de détergent naturel poliment assis sur le foie, à droite sous les côtes, tourne rond, opter pour ceci plutôt que cela devient facile comme bonjour, comme si nos pensées avaient des ailes pour les transporter sans effort jusqu'à la bonne décision : nous avons une vue claire du panorama, les voix à l'intérieur chantent toutes en harmonie et les choix ne demandent pas d'effort. Toutefois, quand la vésicule biliaire entre en surchauffe, à cause d'une mauvaise gestion de la nourriture, de la boisson, ou d'autres substances, nous devenons, selon les cas, impétueux, sujets à des illusions, troublés ou apeurés, et donc incapables d'éclaircir tout dilemme qui se présente à nous.

À ce stade, plutôt que d'essayer d'arriver à une conclusion, il peut se révéler plus sage de se détourner mentalement du sujet en cours afin de concentrer ses pensées sur le fait d'ordonner à l'air brûlant contenu dans la tête de se tempérer.

« Air brûlant » est une description assez exacte ; en effet lorsque votre vésicule biliaire surchauffe parce que ses fonctions digestives lui imposent un excès de travail, cette chaleur emprunte un méridien (canal d'énergie) passant des deux côtés du corps par les épaules, le cou, la base du crâne et le sommet de la tête et monte sous forme d'énergie perturbatrice jusque dans le cerveau antérieur (lieu de tout le bavardage), où la buée qu'elle provoque ne permet plus de penser correctement.

« Pour la faire redescendre, on donne des signaux manuels au méridien en stimulant délicatement une série de points de digitopuncture. Commencez sur le front à environ un centimètre au-dessus des sourcils, juste au-dessus de chaque pupille. Maintenez la pression un instant. Passez ensuite aux jonctions entre la base de votre crâne et les bandes de muscle encadrant la colonne vertébrale. Appuyez maintenant, un côté après l'autre, sur les points de tension surnommés "balles de golf karmiques" et situés sur la crête de vos épaules. Descendant le méridien pour drainer la chaleur hors des parties supérieures, pressez maintenant les creux existant entre l'os du pied (métatarsien) tenant chaque petit orteil et son voisin. Enfin, posez vos mains au haut de votre abdomen, un peu sur la droite, imaginez une brume rafraîchissante bleu clair imprégnant vos viscères, et adressez-vous respectueusement à votre vésicule biliaire : "Du sang-froid, ma petite !" »

Les effets devraient se manifester au bout d'environ une heure, et vous pourrez alors retourner à votre dilemme avec un enthousiasme et une clarté d'esprit accrus, et vous retrouver sans aucun doute à décider aisément quelle voie suivre.

À l'évidence, mieux vaut maintenir sa vésicule biliaire à bonne température : ne forcez pas sur les aliments riches, l'alcool et les drogues. En général, une vésicule biliaire n'a pas besoin d'autre excitant qu'un demi-citron pressé dans un verre d'eau tiède midi et soir, et voyant que je n'arrive vraiment pas à décider de la fin à donner à cet article, je crois que je vais aller en boire un sur le champ. À moins que…

POUR GAGNER EN ASSURANCE, NE MANQUEZ PAS DE VOUS RASER LA TÊTE

J'ai donc été convoqué chez le patron parce que certains de mes plus grands fans s'inquiétaient d'une légère baisse de qualité de cette page survenue quelque temps auparavant, et il voulait s'assurer que j'avais toujours suffisamment de flamme intérieure pour remonter la pente. J'étais déjà au courant. Pendant quelques semaines, malgré tous mes efforts, je n'étais simplement pas parvenu à faire couler la magie de mes doigts.

On pourrait accuser la guerre, qui avait indéniablement entamé ma confiance en moi – que des gens usent de violence les uns envers les autres, quelle que soit la raison, me fait toujours cet effet. On pourrait accuser le livre que j'étais en train d'écrire tout en arrivant au terme d'un travail de dix-huit mois sur l'enregistrement d'un album, et mon incapacité à passer en mode chronique de presse avec assez de dextérité. On pourrait accuser le ruisseau sans fin de lettres de protestation que je suscite (à ma grande surprise) : ayant atteint une masse critique, il m'intimidait soudain par son poids. On pourrait aussi accuser l'agonie douloureuse d'une relation de quatre ans dans laquelle je me débattais à l'époque. Ou l'on pourrait juste dire que c'était dû au cycle normal et naturel du yin et du yang, de l'obscurité et de la lumière. Sans aucun doute, il s'agissait d'une combinaison de tous ces facteurs et de beaucoup d'autres.

Mais il y avait derrière, comme il y a toujours, le combat que je livre avec moi-même pour être authentique, ici et maintenant, avec vous, dans l'instant. C'est bien beau de savoir construire des phrases habiles et semer ici et là un gag pour vous distraire et provoquer vos rires, et on ne peut que louer l'explication facile à comprendre de vieilles techniques de développement personnel et de soulagement de la douleur, mais si j'en profite pour me cacher derrière, la transmission restera superficielle.

J'ai donc expliqué tous les facteurs susmentionnés, et le patron a eu pour réponse : « Faites-vous davantage confiance, Barefoot ! » J'adore ça quand quelqu'un fait un marteau-clou-tête, comme dirait mon copain Mad J. Riley, et tranche dans les âneries qui encombrent mon cerveau antérieur. Ayez davantage confiance en qui vous êtes, et ce que vous apporterez au mélange sera plus authentique. Mais comment manifester instantanément davantage d'assurance ?

« Au terme d'un processus souvent douloureux, je dirais que l'on commence par remarquer quelles zones de sa personnalité manquent d'assurance – quelles zones, en langage thérapeutique, ont été dissociées, ou reniées, à cause d'un sentiment de honte. L'étape suivante semble être de s'adoucir envers ces parties de nous-même, de dissiper la honte en acceptant et en pardonnant, d'assumer ces horreurs et de se montrer désireux de progresser à partir de là, en n'étant peut-être pas aussi joli qu'on l'imaginait auparavant, mais en étant certainement plus à partir de là, en n'étant peut-être pas aussi joli qu'on l'imaginait auparavant, mais en étant certainement plus complet, donc plus naturel, et donc sans doute plus beau. Pour ce dernier point, je fus obligé de me faire raser la tête deux jours avant de passer sur scène à un festival de jazz à Banyuls-sur-Mer. Annoncé, sans que j'y sois pour rien, comme “Barefoot Doctor, Damn Sexy Worldwide Healer[1], Londres”, je ressemblais plutôt à Nosferatu, le Dracula chauve, mais avec un visage au bronzage incongru – très yin et yang – et très laid (croyez-moi). Pour soutenir ma confiance en moi, j'achetai un chapeau.

Ensuite, remontez-vous le moral avec des pensées positives comme “Je suis utile à ma culture – ce que j'apporte au mélange est unique et valable – je suis valable parce que je le crois, et j'ai maintenant toutes les raisons d'avoir confiance en moi.” Il est recommandé de les répéter avec une grande fréquence pendant au moins une journée.

Enfin, ajoutez de nouveaux défis à votre dose quotidienne d'exercice physique : nagez cinquante longueurs, adoptez un grand nombre de positions de yoga jamais essayées auparavant ou restez debout vingt minutes dans une posture de qi gong de votre choix. Plus vous avez confiance en votre corps, et plus votre confiance en votre être plus profond augmente. »

Et pourquoi se raser la tête ? Parce que quand les cheveux repoussent, votre assurance pousse avec eux. Et ça marche. Mon cuir chevelu arbore déjà un duvet discernable et je me sens de minute en minute plus sûr de moi et authentique. Est-ce que ça se voit déjà ?

1. « Barefoot Doctor, thérapeute mondial sacrément sexy. » *(N. d. T.)*

Chapitre 4

Amour, sexe et questions personnelles

La santé par le flirt

« Parfois, il suffit du sourire d'une femme pour remplir votre journée », chantait Jerry Jeff Walker, le dévoyé de la country music rendu célèbre par *Mr Bojangles.* À des fins politiquement correctes, sentez-vous libre de remplacer « femme » par « homme », car c'est du sujet des rapports quotidiens entre nous que je souhaite disserter aujourd'hui, ou du moins de leur aspect si joliment cultivé par nos cousins de l'autre bout du tunnel sous la Manche : le flirt. Les Français ont maîtrisé cet art au point d'en faire presque une institution culturelle nationale. Mais pourquoi en parler, pourriez-vous demander, dans le contexte de la médecine alternative ? Je pourrais pontifier sur les vertus de ces autres fleurons hexagonaux que sont le vin rouge et l'ail sans craindre votre méfiance, mais si j'avance l'opinion que le flirt est d'une valeur inestimable pour l'estime de soi, et donc pour le bien-être général et par extension le système immunitaire, je me demande si l'un de vos sourcils n'est pas en train de trépigner d'envie de se hausser.

Nous autres, indigènes des îles Britanniques, ne sommes habituellement pas à l'aise avec le flirt. La vie insulaire engendre peut-être le repli sur soi et une inquiétude fondamentale sur les frontières personnelles, ce qui nous rend difficile l'échange de regards, monnaie de base du flirt. Peut-être restons-nous involontairement retenus en otages par la pudibonderie victorienne. Ou peut-être est-ce juste le climat qui nous rend timides et réticents à établir un contact depuis nos âmes avec des inconnus dans la rue ou un café. Car, il faut l'admettre, sans le soutien de l'alcool, nous avons tendance à former une bande socialement timide. Non que je sois en train de critiquer : je trouve notre gaucherie tout à fait charmante et je ne m'y complais moi-même que trop souvent.

Intrinsèquement, nous voulons tous être reconnus. Tous ces accès de rage à la mode auxquels nous sommes supposés nous adonner sur la route, en avion ou dans les transports en commun résultent d'un sentiment de manque de reconnaissance. Comme tout moniteur d'auto-école vous le dira, il est possible d'éviter une grande part de ces violences en commençant par établir un contact oculaire, car l'échange de regards met les âmes en relation et l'on se sent reconnu. Quand nous nous sentons reconnus, notre sens fondamental des convenances s'exprime et il nous devient difficile de nous mettre en colère.

Ne souhaitant toutefois pas m'égarer ici en territoire négatif, je vous prie de me laisser revenir à mon thème, à savoir les vertus du flirt pour le système immunitaire. Comme l'atteste l'importance des sommes d'argent dépensées chaque année au Royaume-Uni, par ces messieurs comme par ces dames, en cosmétiques, produits de toilette, vêtements, soins de beauté, et même voitures, décoration d'intérieur et autres accoutrements du quotidien, l'aspect de notre personne que nous souhaitons le plus voir reconnu – consciemment ou non – est notre capacité à inspirer du désir, ainsi, bien entendu, que notre statut social... Ce qui ramène encore à notre potentiel de séduction.

Et en dehors de la célébrité, qui consomme des quantités démesurées de précieuse énergie, quel meilleur moyen d'obtenir sa dose quotidienne de reconnaissance qu'un peu de flirt inoffensif ? Je ne suis nullement en train de recommander des coucheries à tout va ou une nouvelle révolution sexuelle, juste de vous suggérer de vous montrer prêt(e) à échanger de temps en temps un regard ou un sourire pour remplir votre journée et celle de l'autre.

Flirter est l'expression de la part sexy de notre caractère, et ne transforme pas en traînée ou en libertin. Il existe une nette distinction entre la drague et un bref contact d'âme à âme par le regard, l'expression du visage et le langage corporel général. Il en revient évidemment à chacun de fixer ses limites, mais ce n'est pas la question. J'ai parfaitement conscience qu'une mauvaise interprétation de « signaux de flirt » peut ouvrir la voie à des ennuis, pour lesquels je recommande vivement un entraînement approprié à l'autodéfense, mais les avantages justifient tout de même le risque à mon avis.

La beauté d'un bon flirt vient de ce qu'il n'a pas besoin de conduire quelque part. Quand vous souriez et battez des cils, vous n'êtes pas en train de tromper votre partenaire, ni d'aller contre ce que vous souffle votre bon sens. Vous faites simplement rebondir entre deux personnes un peu d'inoffensive énergie sexuelle qui vous aidera tous deux à vous sentir mieux dans votre peau, comme une forme d'art vivante si vous voulez, et à pimenter tous vos rapports humains. Les couples monogames au long cours ont aussi tout intérêt à flirter, mettant en contact aussi souvent que possible, par des échanges de regard (sincères), leurs êtres érotiques.

Les Français, dont nous avons beaucoup à apprendre dans ces domaines, sont suffisamment sophistiqués pour flirter sans gêne, pudibonderie ou coquetterie, même (et souvent tout particulièrement) en présence de leur partenaire, qui ne semble jamais manifester de jalousie. Comme le bon vin, l'ail et peut-être les crèmes pour la peau, c'est bon pour la santé et ils l'acceptent simplement. Maintenant, si ma suggestion vous paraît un tant soit peu scandaleuse, ne lisez pas la suite, car elle décrit une vieille méthode taoïste de déplacement de l'énergie interne destinée à augmenter le magnétisme sexuel. Pratiquée quotidiennement pendant environ trois mois, elle hissera votre facteur personnel de flirt à des niveaux presque parisiens.

> « Imaginez-vous capable d'inspirer par la plante des pieds, le souffle remontant à l'intérieur des jambes et pénétrant, entre elles, dans le périnée, pour rejoindre le fond de l'utérus ou la pointe du pénis. Expirez maintenant depuis cet endroit, le souffle retraversant le périnée, courant au sommet des cuisses et redescendant par l'extérieur des jambes jusqu'à la plante des pieds. Recommencez huit fois, esprit et respiration à l'unisson. En complément, ajoutez un peu d'autosuggestion basique sur le thème de "Je suis sexy !", "Je suis tellement sexy !" ou même "Oh Seigneur, comme je suis sexy !" »

Et s'il vous plaît, n'oubliez pas que tout le monde peut se sentir sexy et désirable, comme le confirme l'image conservée par d'augustes personnalités comme Sir Sean Connery ou Catherine Deneuve. En conclusion, j'ajouterai que par correction, et simple souci esthétique, il convient d'éviter le clin d'œil, quand on arrive déjà à le faire.

Lier plaisir sensuel et spiritualité

La lumière au-dehors me rappelle une journée vécue il y a bien des années. C'était en janvier 1968. J'avais quatorze ans, j'étais dingue d'une fille que je venais de rencontrer en vacances, et je donnais pour elle dans ma chambre une démonstration privée de mes talents de disc-jockey. Pour gagner son cœur, j'ai commencé par *Interstellar Overdrive* des Pink Floyd, et passé ensuite *Forever Changes* des Love, *Crossroad* des Cream et, parce qu'elle avait un faible pour la soul, *Cold Sweat* de James Brown. J'ai alors glissé dans la session le crescendo de l'*Ouverture 1812* de Tchaïkovsky. « Pourquoi t'écoute une merde pareille ? » a-t-elle demandé avec cette innocence propre aux jeunes gens de quatorze ans, et j'ai compris que j'étais sur le point de la perdre au profit de cet autre gars branché sur Smokey Robinson and the Miracles.

J'ai goûté pour la première fois à la sensation d'être en léger décalage par rapport au courant dominant, et Smokey ayant beau être « géant » (dans un genre rétro et kitsch), je me suis dit que ma place ne se trouvait pas au centre de l'action et je me suis culturellement installé dans un heureux remous latéral.

Quand je suis tombé par hasard sur le taoïsme, pour en devenir accro peu après, c'était juste une de ces excentricités que mes pairs en étaient venus à attendre de moi, et vous pouvez donc imaginer ma surprise, quelque trente ans plus tard, de me retrouver avec une chronique dans le meilleur journal de la planète, balançant des conseils taoïstes à gauche, à droite et au centre. Puis j'ai songé à tous ces gens qui n'ont sans doute pas la moindre idée de ce qu'est le taoïsme et qui peuvent se demander si je ne les ai pas fait adhérer, à un niveau subliminal, à un culte secret ou pire. J'ai donc pensé qu'il valait mieux mettre les choses au clair.

Philosophie apparue en Chine avant que Bouddha ou Confucius n'apposent leur marque sur la culture, le taoïsme offre un modèle si efficace pour réussir sa vie qu'il a survécu à la transition d'Orient en Occident, et au passage des temps anciens à l'époque postmoderne, pour devenir du dernier cri (dans un sens philosophique) en Europe, en Amérique et même dans nos petites îles sauvages et embrumées. Il n'est pas une religion, mais procure un système d'exploitation personnel dont l'installation sur le disque dur du corps-esprit passe par la pratique régulière d'exercices psychophysiques dont l'éventail comprend le taï chi et les autres formes de boxe interne, le qi gong, la méditation et l'« alchimie » interne, et s'étend jusqu'à l'observation du feng shui à la maison comme sur le lieu de travail, le dégagement des méridiens grâce à l'acupuncture ou le shiatsu, et même la façon de faire l'amour.

Les religions, tout en fournissant une carte cosmologique, dictent des normes morales en instituant des règles et des menaces de châtiment divin ou temporel. Il n'existe pas de règles ou de morale à suivre dans le taoïsme. Il nous informe seulement que notre corps est un temple, et donc une porte sur les royaumes divins, accessibles en générant une version psychiquement chargée de notre énergie physique, ou « chi ». Mettre le chi en circulation dans son corps et son environnement apaise et stimule à la fois. On se sent équilibré et en union avec sa vraie nature et la réalité extérieure. Notre vraie nature est une nature de vertu, ou « te », et elle nous fait traiter les autres et notre propre personne avec empathie et respect, nous rendant beaucoup moins susceptibles de causer volontairement des torts. Les règles et la morale deviennent donc superflues. Plutôt que de vous ligoter dans des nœuds moraux, vous pratiquez simplement les techniques tous les jours.

Une fois activé, le chi donne santé et énergie et permet d'en transmettre aux autres. Il a aussi la réputation de rendre sacrément sexy. Que votre corps soit votre temple ne l'empêche pas d'être également votre boîte de nuit. D'ailleurs, de nombreuses techniques servent à amplifier le plaisir des sens. D'un point de vue taoïste, le plaisir sensuel n'est ni mauvais ni bon. Il est, tout simplement – si vous le laissez être. Et plus vous pouvez recevoir (et donner), mieux c'est, à condition de ne pas forcer le flux et nuire. En règle générale, nous sommes les seuls, en Occident, à considérer qu'il faut séparer le plaisir sensuel et la spiritualité. La voie taoïste est de marier les deux et de trouver l'éveil dans cette union.

> « Peut-être aimeriez-vous y goûter tout de suite ? Commencez par joindre les mains devant votre poitrine, puis écartez-les et rapprochez-les au ralenti comme si vous jouiez d'un concertina. Au bout d'environ dix-huit allers-retours, vous ressentirez une accumulation de chi entre vos paumes, comme si l'air était soudain devenu beaucoup plus dense et chaud.
> Posez maintenant vos paumes au bas de votre abdomen, les doigts tournés vers le bas de part et d'autre de votre sexe. Affûtez votre sensibilité pour percevoir le chi en train de se propager dans votre pubis comme un mélange tiède et parfumé qui apaise, stimule et donne l'impression d'être sacrément sexy.
> Vous pourriez même avoir envie de renforcer consciemment l'effet en affirmant avec un enthousiasme contrôlé : "Ça alors, je me sens (et pas qu'un peu) détendu(e), stimulé(e) et sacrément sexy !" »

(Voilà ce que j'aurais dû essayer plutôt que la *1812.*)

PRENDRE SOIN DU FONDEMENT DE SON ÊTRE

Courant d'un bout à l'autre du Royaume-Uni pour la promotion d'un livre, j'ai été pendant trois semaines traité aux petits soins, tel un grand enfant gâté, sur près de cinq mille kilomètres effectués en avion, en train et en automobile. En mission de propagation de l'amour universel dans les librairies et lieux apparentés de la nation, d'une côte à l'autre, des magiques confins occidentaux du pays de Galles à la riche atmosphère écossaise de Glasgow, avant de redescendre parmi les braves gens de Liverpool, Manchester, Leeds, Birmingham, Southampton, Bristol, Brighton, Canterbury et finalement Londres, j'ai découvert avec surprise et ravissement une volonté manifeste et générale de partager cet amour.

Tout cela semble un peu baba cool ? Absolument pas. J'ai fait face à tous les publics, ouvert et vulnérable, sans la moindre idée de ce qui sortirait de ma bouche en saisissant le micro. Certaines personnes pratiquent la chute libre, mon sport extrême consiste à parler en public sans savoir ce que je vais dire. Et comme je leur expliquais, même si ma présence avait pour raison apparente la promotion d'un livre, j'étais en réalité là pour partager de l'amour. Le savoir, et en faire une intention, amène les mots à se déverser exactement comme il faut pour toucher le cœur des gens (information méritant d'être gardée à l'esprit avant tout discours).

Vous pouvez aussi vous en servir dans des situations sociales normales. Au lieu de vous laisser abuser par le motif superficiel d'une réunion, creusez jusqu'au message sous-jacent, qui est toujours, au fond, que les gens se donnent des prétextes de se réunir uniquement par besoin de se retrouver ensemble. L'amour en est la raison. Et nous le partageons par le biais d'informations – la monnaie de l'amour. L'information est tactile s'il s'agit d'amour charnel, elle peut être de toute nature en cas d'amour universel, de la musique au vaudeville.

> « Pour réussir à dégager de l'amour de manière à provoquer une réaction merveilleuse dans le public, il faut décontracter sa poitrine et s'exprimer avec chaleur en regardant les gens dans les yeux.
> On peut renforcer cette capacité en pressant fermement les points des "stigmates" qui se trouvent aux creux des paumes sur le méridien "du maître du cœur". Appuyer quelques instants au creux de chaque paume plusieurs fois par jour rendra votre esprit plus généreux et plus réceptif à la générosité des autres, tout en donnant à votre aura un surcroît d'éclat, comme si vous vous déplaciez avec votre propre projecteur. »

Cependant, pour rayonner de charisme et d'amour au point que les gens le sentent, il faut puiser l'énergie au plus profond de soi. Nos hanches sont le fondement de notre être, d'un point de vue physique car elles supportent le torse, mais aussi psychoaffectif, existentiel et spirituel. Le complexe multidimensionnel que nous percevons comme notre personne a besoin de fonctionner comme une unité pour que nous soyons dans une forme optimale. Sans un bon ancrage à vos hanches, l'énergie du cœur ou de l'amour circulant en trop grande quantité vous videra de votre vitalité, affaiblira votre esprit et vous laissera sur les genoux à la fin de la soirée.

« Très agréable pour retrouver le calme après une journée frénétique, un moyen hautement efficace de prévenir une telle éventualité (et de renforcer le bas du dos) consiste à se coucher à plat ventre sur la moquette, le front posé dans le creux des mains de manière à respirer librement par le nez tout en ayant la colonne vertébrale droite. Pliez les jambes pour avoir les pieds en l'air, les genoux écartés de cinquante centimètres. Croisez les mollets dans un sens, puis l'autre, comme s'ils formaient une paire de ciseaux coupant l'air, le pied gauche, puis le droit, se trouvant tour à tour du côté de vos fesses. Gardez les pieds et les chevilles détendus et libres de ballotter. Au bout d'un moment, le mouvement prend de lui-même de la vitesse et vous entrez dans une transe décontractante, proche de ces états de conscience altérée familiers de la petite enfance. Compter en même temps contribue à apaiser l'esprit, sentez-vous donc libre de dénombrer mille huit mouvements de ciseaux. »

Mille huit bénédictions sur tous les habitants du Royaume-Uni – que notre vie soit longue et prospère !

Vanté comme le meilleur ami de l'homme, le Viagra est-il bien nécessaire ?

Toute cette consommation de Viagra m'inquiète. Je n'ai jamais essayé et je doute de le faire jamais. Pas parce qu'à l'âge tendre et innocent de quarante-neuf ans je suis devenu trop rigide (pardonnez le jeu de mots), en fait, je suis en temps normal trop occupé à enseigner au monde à se détendre pour ne serait-ce qu'envisager de telles choses (d'ailleurs, je ne suis pas loin de vivre en moine en ce moment), mais parce que m'imaginer dépendant d'une pilule pour jouir de la sexualité me fait peur.

Pourtant, cet emploi semble tellement endémique aujourd'hui qu'il suffit d'évoquer la question devant un ami bien intentionné pour qu'il vous propose la dose de secours gardée à portée de main.

Pendant de nombreuses années, j'ai traité les victimes de dysfonctionnement sexuel dans la tradition à la fois des docteurs taoïstes et de Wilhelm Reich, pour qui ce dysfonctionnement se trouvait au cœur de tous les troubles physiques, affectifs et psychologiques. Quand il n'y a pas d'entrave physique, ai-je constaté, les problèmes d'érection et leurs équivalents féminins, y compris des troubles allant du désintérêt au vaginisme, peuvent habituellement être réglés par une combinaison de psychothérapie et de travail sur l'énergie incluant la prise d'herbes médicinales et la stimulation de points.

La discussion peut paraître partiale et mettre l'accent sur les garçons – le résultat, peut-être, de la récente nuée de symboles phalliques traversant nos écrans de télévision avant d'exploser dans les angles –, mais le sujet revêt la même importance pour les deux sexes. Mes conversations avec de nombreux hommes m'ont laissé l'impression que le fait de se sentir nerveux quant à sa capacité à avoir et conserver une pleine érection est répandu. L'indépendance financière et l'aisance en société acquises par les femmes, qui les rendent sexuellement plus prédatrices, mettent peut-être les mâles en déséquilibre, dans le doute sur la stratégie à suivre, pesant ainsi sur leur assurance sexuelle. En outre, le stress d'une époque moderne déchirée par la guerre, économiquement incertaine et écologiquement chancelante, ainsi que les longues heures d'effort nécessaires pour ne pas finir sur la touche, drainent l'énergie des reins qui contrôle l'intensité de la libido. À tout cela s'ajoute la confusion sur le comportement masculin politiquement correct : jusqu'à quel point laisser sa virilité éclater au grand jour ou jouer l'« homme nouveau », sans parler de devoir se montrer à la hauteur des attentes multi-orgasmiques de la femme moderne nourrie au biberon des médias.

Donc, Popaul est nerveux mais à court de Viagra – que faire ? Aucun raccourci ne permet d'accéder aux raisons profondes des schémas de manque d'estime personnelle qui sapent votre assurance sexuelle, ou de vous débarrasser de la honte latente qui vous inhibe – il vous faut pour cela un thérapeute compétent –, mais vous pouvez certainement faire un premier pas grâce aux affirmations.

« Rabâchez : "Je suis un être sexuel sain et pleinement fonctionnel, capable tout au long du rapport d'exprimer au plus haut degré ma sexualité la plus intime !" Repérez les pensées négatives émises en réaction par votre esprit, par exemple : "Faux, je suis toujours trop fatigué(e)", ou "Non, je suis trop gros(se)." Le simple fait de remarquer les opinions dévalorisantes que vous entretenez à votre sujet contribue à remettre le modèle en question. Répétée constamment, l'affirmation, en infiltrant lentement votre inconscient, renforcera peu à peu votre assurance

sexuelle. Pratiquez quotidiennement pendant trois mois pour de bons résultats.
Quant aux herbes médicinales, j'ai essayé au fil des ans la plupart des remèdes sexuels connus, et celui qui semble le plus efficace est l'écorce de catuaba, un arbre de la forêt pluviale brésilienne, en écoagriculture. Prendre deux à six capsules par jour pendant trois mois renforce le stimulus sexuel des hommes comme des femmes. Le produit a aussi un effet calmant car il influe sur l'énergie des reins, qui ne se contente pas de fournir la sève nécessaire aux ébats amoureux, mais contrôle aussi les nerfs.
Enfin, pour déclencher une circulation d'énergie des reins à même d'améliorer votre sexualité, massez votre périnée, le muscle situé entre le sexe et l'anus, deux fois par jour pendant trois mois. En appuyant délicatement, mais fermement, avec tous les doigts d'une main, dessinez quatre-vingt-un cercles dans le sens des aiguilles d'une montre. »

J'espère que vous ne m'avez pas trouvé trop raide sur ce sujet.

En cas de rupture, tombez d'abord amoureu(x/se) de vous

« Quel serait votre conseil contre le supplice d'un cœur brisé ?

En plus de la douleur affective, je souffre d'une sensation d'intense claustrophobie à l'idée de ne plus jamais parler à mon ancien partenaire. S'il vous plaît, aidez-moi, Linda. »

Des milliers de courriels arrivent chaque semaine, mais celui-ci m'arrêta parce que le traitement des cœurs brisés est l'une de mes spécialités. Étudiant en médecine asiatique, je me souviens de ma stupéfaction lorsque je vis mon professeur en guérir un grâce à l'acupuncture.

C'était la preuve qu'ajuster les niveaux d'énergie des organes vitaux peut avoir un effet positif sur l'état mental et affectif. Mais, comme le démontre l'expression « cœur brisé », ce n'est pas uniquement un concept oriental.

En réalité, notre cœur ne peut pas se briser – ce qui se produit vraiment, d'un point de vue énergétique au moins, c'est une perturbation majeure de la circulation de l'énergie dite « du maître du cœur ». Selon l'approche taoïste, il s'agit d'un bouclier énergétique entourant le cœur, similaire au péricarde de la pensée médicale occidentale. Il est là pour le protéger d'informations pénibles, comme en provoque l'obligation de se séparer définitivement d'une personne profondément aimée.

Le cœur est considéré comme le support de l'esprit, ou conscience, qu'il retient dans le corps. Quand un traumatisme ou un choc entrave temporairement l'énergie du maître du cœur, l'énergie du cœur elle-même est très affaiblie et elle perd contrôle de la conscience, qui remonte hors du corps dans le cerveau où elle se retrouve prise dans une boucle claustrophobe d'autoflagellation.

« Je ne retrouverai jamais personne qui m'aimera ou que j'aimerai ; je ne sers à rien, ne vaut rien et ne mérite pas qu'on s'intéresse à moi ; ma vie (qui allait probablement tout à fait bien avant que je le ou la rencontre) va s'écrouler maintenant ; ma vie n'a plus de sens ; elle a perdu sa lumière ; je préférerais être mort(e) » – voici des pensées parfaitement compréhensibles pour quelqu'un dont l'esprit, la source de la vie elle-même, a pris la tangente.

En réalité, ce n'est pas le départ de l'autre personne, mais celui de votre esprit qui provoque ces sentiments, et sitôt réparée la brèche dans l'énergie du maître du cœur et votre esprit retourné dans votre corps, ces idées et ces sentiments affreux s'évanouissent.

« Voici un moyen d'y arriver : commencez par consacrer cinquante ou cent euros à un massage de qualité car il vous tirera immédiatement de votre tête pour vous remettre dans votre corps. Puis passez quelques instants, en gros six fois par jour, à presser assez fortement un point situé à une distance d'environ trois bracelets de montre des plis du poignet, entre les deux tendons courant à l'intérieur de l'avant-bras. Quand vous êtes exactement dessus, votre main paraît agréablement paralysée. Stimulez ce point (sur le méridien du maître du cœur) pendant trois jours comme indiqué ci-dessus et l'énergie retrouvera d'elle-même son intégrité.
Il y a toutefois plus important : considérez cette période comme une occasion de renouer avec vous-même. Car après tout, c'est en votre compagnie que vous avez fait vos débuts sur cette Terre, c'est en votre compagnie que vous vivez tous les hauts et les bas de l'existence, et c'est en votre compagnie que vous quitterez un jour la planète quand arrivera la fin de l'histoire. Autrement dit, vous êtes l'être avec qui vous entretenez votre relation première, aussi distrait(e) que vous ayez pu en être par des relations secondaires avec d'autres personnes. Prenez donc le temps de retomber amoureu(x/se) de vous-même. Puis secouez-vous, donnez-vous un coup de brosse, enfilez vos plus beaux atours et allez danser (métaphoriquement et littéralement). »

Avant peu, les prétendant(e)s tambourineront de nouveau à votre porte et vous pourrez remonter dans le manège qui fait tourbillonner le cœur.

Chapitre 5
Le corps

Un peu de tenue pour m'écouter !

Cesse de te vautrer et redresse-toi ! À ces mots, est-ce que vous avez le réflexe de rentrer le ventre, de gonfler la poitrine, de tendre le cou et de contracter la région des reins dans une imitation inconfortable de posture correcte ?

Peu d'entre nous ont appris dès leur plus jeune âge à trouver l'attitude corporelle optimale en fonction de l'espace et de la gravité, c'est-à-dire une bonne posture. Nous n'avons donc qu'une faible idée de ce qu'elle est, du moyen de l'atteindre ou des bienfaits qu'elle confère. D'ailleurs, le plus souvent, prendre une bonne posture nous intéresse seulement quand son absence cause une souffrance insupportable à notre dos, notre nuque ou nos épaules.

Notre culture d'orientation technologique nous fait rester assis pendant de longues périodes, courbés sur des claviers, tassés dans des sièges de voiture et vautrés sur des canapés. Si l'on se tourne vers le yoga indien, les arts martiaux asiatiques ou le travail des pionniers de la rééducation posturale comme F. M. Alexander, Moshé Feldspathides et Ida Rolf, il devient vite évident que la réaction réflexe provoquée chez la plupart d'entre nous par le rappel à se tenir le dos droit n'est pas la meilleure manière de nous servir de notre corps.

Une posture optimale nous fait respirer plus librement (condition première à la décontraction et au contrôle du stress), penser plus clairement (la tête repose légèrement sur le corps) et nous sentir plus enjoués (les organes disposent d'un espace adéquat où fonctionner). Mais nous devons d'abord développer notre perception proprioceptive – la capacité de ressentir depuis l'intérieur. Prendre la posture « vraie et vertueuse » des taoïstes exige de se penser dans la conformation voulue, plutôt que de forcer ses muscles à la produire.

« En position assise, prenez conscience de votre bassin, et plus particulièrement des os du "siège" à l'intérieur de vos fesses. Attenti(f/ve) à votre respiration, imaginez-les en train de se déployer latéralement. Ayant mentalement élargi votre base, visualisez votre colonne vertébrale en train de grandir depuis vos hanches, créant l'impression que le sommet de votre tête grimpe vers les étoiles. Imaginez votre crâne comme une espèce de ballon gonflé à l'hélium qui étire votre épine dorsale, ou bien un fil d'argent dont un bout est attaché au plafond et l'autre au sommet de votre tête où il exerce une légère traction. Pour favoriser cette sensation d'élongation, basculez un peu en avant le sacrum, l'os triangulaire à la base de la colonne vertébrale. Faites particulièrement attention à étirer (mentalement) votre nuque. Imaginez maintenant les épaules et le haut du dos en train de s'élargir, et laissez un peu tomber le menton. »

Si vous avez réussi à suivre la description, vous devriez vous retrouver assis(e) dans une posture optimale, et peut-être même éprouver déjà l'impression d'avoir gagné en légèreté, en décontraction et en clarté d'esprit. Remarquez le soulagement de vos trapèzes, les muscles qui travaillent si dur à soutenir le poids de votre tête. Notez aussi que vos poumons fonctionnent plus librement et que vos organes digestifs sont bien moins à l'étroit.

En plus des avantages manifestes représentés par une augmentation de la circulation du sang et du liquide céphalo-rachidien, et une amélioration des fonctions cardio-vasculaires, respiratoires et digestives, s'accorder une posture optimale possède un intérêt psychoaffectif moins évident. En ayant la tête haute et la poitrine soulevée, mais détendue et soutenue par un large dos, il est difficile de se sentir autrement que positif et plein d'assurance. Les pensées négatives tirent littéralement vers le bas. Un manque d'estime de soi donne envie de se recroqueviller et de devenir invisible. En inversant l'effet par un ajustement de la posture, on inverse aussi la cause psychoaffective.

En outre, nous nous tassons avec l'âge. Succombant à l'attraction de la gravité, la colonne vertébrale s'affaisse et le torse se creuse. Ajuster sa posture permet d'avoir un certain contrôle sur le processus de vieillissement. Une seule séance, si on peut utiliser le terme, ne suffira pas. Aucun changement qui en vaille la peine ne survient du jour au lendemain. Une transformation durable demande une mise en œuvre assidue des principes énoncés ci-dessus.

De nombreux chemins très empruntés fournissent une carte ou un encadrement fiable pour vous aider à atteindre ce but. La technique Alexander est peut-être la démarche la plus complète de rééducation posturale. Massage des tissus conjonctifs, le Rolfing relâche les fascias qui tiennent ensemble la structure. Le taï chi (qui repose sur les mêmes principes que la technique Alexander) offre un moyen efficace de traduire une bonne posture en mouvement, enfin le yoga, mère indiscutée de toute forme d'exercice, fournit le medium parfait à une autocorrection.

Je parie que vous êtes déjà en train de recommencer à vous tasser dans votre siège, alors permettez-moi de vous quitter en laissant résonner dans vos oreilles ces mots familiers : « Cesse de te vautrer et redresse-toi ! » (Mais, maintenant, vous savez comment le faire.)

ÉVITER LE TOUR DE REINS

Je ne sais pas si vous vous êtes déjà « coincé le dos » – si vous y avez échappé, j'espère que cela ne vous arrivera jamais, et sinon que cela ne se reproduira pas. Je ne m'apprête pas à parler de mal de dos chronique. Il s'agit de la variété subite, le coup de l'articulation sacro-iliaque de travers qui semble presque surgir de nulle part : en se penchant sur l'évier, ou même en s'étirant avant d'aller au lit. Le genre qui vous fait marcher plié(e) en deux et complètement de guingois, émettant un assortiment de grognements et de hurlements étouffés chaque fois que vous tentez avec vaillance la transition terriblement douloureuse entre une position et une autre.

Vous optez d'abord pour le déni. Vous n'avez pas réellement fait ce mouvement. Cette douleur n'est pas vraiment là. Elle est purement mentale. Si vous vous étirez dans ce sens, ou comme ça, elle passera dans un moment. Puis vous prenez conscience qu'elle n'a rien d'imaginaire et commencez à réfléchir à votre emploi du temps des prochains jours et aux moyens de le réconcilier avec votre état physique actuel. Le déni cède la place à la colère.

« Comment cela peut-il m'arriver maintenant ? » Vous cognez du poing l'objet le plus proche, et vous avez maintenant mal à la main, en plus. Après quelques instants futiles passés à balancer des jouets hors du landau, la colère cède la place à l'auto-apitoiement. Vous vous sentez impuissant(e) et avez envie de pleurer comme un enfant. Vous reprenez alors conscience de vos engagements et vous vous mettez à prendre des décisions pratiques. Avez-vous le temps d'aller chez l'ostéopathe ? Mais la souffrance gagne en intensité à chaque minuscule mouvement, et faire vite devient une priorité. Bossu(e) et la queue entre les jambes, vous vous traînez donc jusqu'au téléphone pour implorer d'une voix vibrante un rendez-vous en urgence.

Par observation, palpation ou radiographie, l'ostéopathe détermine qu'il ne s'agit pas d'un problème de disque, simplement du sacrum (os triangulaire à la base de l'épine dorsale) qui a pris un angle rebelle et provoque des spasmes musculaires autour des articulations sacro-iliaques (jonctions avec les hanches). Allongé(e) sur la table de soin, désormais à la merci des dieux, vous abandonnez votre corps à une série de « clac » dignes de provoquer un arrêt cardiaque, puis vous vous rhabillez, payez et sortez en clopinant avec l'espoir d'une guérison complète d'ici un jour ou deux.

Cependant, si vous regardez en arrière, vous risquez de vous apercevoir que la crise n'est pas tombée du ciel. Il y a eu des signes : peut-être une raideur des épaules et des douleurs insidieuses au milieu du dos, des migraines, des aigreurs d'estomac ou des troubles intestinaux ou rénaux la semaine précédente. Peut-être étiez-vous extrêmement sous pression au travail, ou perturbé(e) ou insatisfait(e) à la maison, ou les deux. Peut-être aviez-vous des soucis d'argent. Presque certainement, vous en faisiez plus qu'il n'est raisonnable.

Dans ce monde de vitesse et de surexcitation, il est difficile d'accepter que l'on n'est pas surhumain. Parfois, notre être intérieur en train de se démener pour tenir le rythme n'a pas d'autre choix que de nous donner des signaux de ralentissement impossibles à ignorer.

« En cas de crise aiguë, l'ostéopathie (ou la chiropraxie) offre sans doute le moyen le plus efficace de rendre aux os leur bon alignement. L'acupuncture ou la digitopuncture (shiatsu) peuvent contribuer à soulager les spasmes musculaires. En revanche, les massages normaux ont tendance à aggraver le mal quand il est à son paroxysme, et l'on devrait vraiment attendre la disparition des symptômes pour y avoir recours, ou les réserver ensuite à la prévention. Prenez des analgésiques, si vous en éprouvez le besoin – associer soins naturels et allopathiques n'a rien d'un crime – leur effet décontractant peut favoriser la guérison. »

Bien entendu, si vous ne pensez pas les praticiens alternatifs assez fiables pour diagnostiquer correctement le problème, consultez un médecin généraliste et un spécialiste du dos, mais n'acceptez pas trop rapidement une intervention chirurgicale. Apportez plutôt le diagnostic médical à un ostéopathe ou un chiropracteur renommé ou conseillé. Leur art remonte aux rebouteux de l'Inde et de la Chine anciennes et leurs « clac » vous remettront en place de manière naturelle.

Surtout, profitez de l'occasion pour voir comment vous pourriez restructurer votre vie et votre emploi du temps, aussi peu que ce soit, pour vous rendre dorénavant l'aventure légèrement plus facile. Vous le méritez.

VIEILLIR AVEC GRÂCE

Quiconque a dépassé vingt-neuf ans doit connaître ces journées où la vue d'un cheveu blanc ou d'une nouvelle ride déclenche une « crise de l'âge ». Nous savons tous, intellectuellement, que nous vieillissons à chaque respiration et que nous finirons par mourir, mais nous réussissons, peut-être heureusement, à ignorer le processus la plupart du temps et à poursuivre cahin-caha l'entreprise qu'est vivre. Mais ces jours-là, où vous n'arrivez pas à chasser les preuves de la sénescence malgré vos grimaces devant le miroir, le processus ne se laisse plus oublier.

La crise n'a pas la vanité pour seul déclencheur. Un régime déséquilibré ou trop généreux réveille des gênes ou des douleurs résiduelles, ou pire, et au lieu de se sentir en train de faire un avec son enfant intérieur, on se sent faire un avec son vieux ridé intérieur. Naturellement, il en résulte de l'anxiété. L'anxiété provoque une augmentation des investissements en teintures capillaires, en lotions faciales bonnes pour le moral et en vitamines. Elle conduit même, de temps en temps, à prendre la résolution de changer d'habitudes alimentaires, de se mettre au yoga, de s'inscrire à un club de gymnastique ou d'aller travailler à vélo.

Mais pourquoi attendre de trembler d'une peur mortelle dans vos bottes pour effectuer le changement ? C'est comme se retrouver dans une situation financière empirant depuis longtemps, et fermer les yeux jusqu'à ce que la banque bloque la ligne de crédit. Comme pour un compte en banque en bonne santé, la question n'est pas tant d'être toujours créditeur que de maintenir une circulation régulière de liquidités, et d'essayer d'éviter le découvert la majeure partie du temps. Les banquiers adorent les comptes qui tournent.

Il en va de même de notre personne. Pour ne pas dégénérer, stagner ou se retrouver complètement à court de fonds, elle a besoin en permanence d'un haut niveau d'entrée/sortie – physiquement, mentalement, affectivement et spirituellement.

« Pour prévenir l'atrophie, stimulez tous les jours votre esprit en étudiant (aussi souplement que vous le souhaitez) quelque chose qui fait bourdonner votre cerveau d'excitation intellectuelle. Évitez de vous ennuyer, et de devenir ennuyeux. Gardez un œil alerte sur les tendances culturelles et passez régulièrement du temps à avoir des relations avec des gens plus jeunes. Apprenez à vos modes de pensée à fonctionner sur des choix positifs. Que vous croyiez ou non au contrôle de l'esprit sur les pouvoirs de régénération du corps, vous ne risquez rien à augmenter vos chances avec cette autosuggestion : "Je choisis la santé. Je choisis la longévité. Je choisis de reprogrammer mentalement toutes mes cellules pour la santé et la longévité."

Stimulez votre corps et tous ses sous-systèmes en le gâtant d'une séance quotidienne d'exercice intelligent, c'est-à-dire de mouvements effectués de manière à permettre à votre intelligence naturelle de se déplacer simultanément dans toutes les parties et tous les sous-systèmes de l'organisme, comme avec le taï chi et le yoga par exemple, mais également avec la course à pied ou les haltères s'ils sont abordés correctement. Un champion olympique vous dirait que la médaille n'est pas remportée par les muscles, mais par l'esprit qui les anime. Il faut pour cela respirer efficacement et relaxer les muscles afin d'ouvrir les articulations et de laisser circuler le sang et le chi (énergie). Dans la pensée orientale, négliger ses exercices physiques quotidiens équivaut à ne pas se laver, alors faites travailler intelligemment votre corps au moins vingt minutes par jour.

Essayez d'avoir des nuits régulières de sept heures, en vous endormant de préférence avant minuit, ou peu après, et faites-en plus pour vous interdire consciemment de stresser à propos de tout et n'importe quoi.

Pour empêcher vos émotions de s'aigrir ou de s'engourdir avec l'âge, évitez d'étouffer vos sentiments sous la croyance erronée que vous connaissez toutes les réponses. Soyez ouvert(e), soyez vulnérable. Aimez ceux qui vous entourent comme vous l'auriez fait avant la maternelle. Aimez tout le monde davantage, même et particulièrement vous. Autorisez-vous la douleur de l'amour – l'exercice garde au cœur sa jeunesse. Trouvez une forme de méditation quotidienne, ne serait-ce que quelques minutes par jour, afin de disposer d'un accès immédiat aux royaumes intérieurs plus calmes, et de donner, si l'on peut dire, un bain à votre esprit. »

Aucune de ces recommandations, ni d'ailleurs aucune intervention de thérapeute, médecin, généticien, nutritionniste, pharmacien ou compagnie d'assurance-vie, ne peut vous garantir d'échapper à l'infirmité et à la mort. Mais prendre l'affaire en main risque de vous rapporter d'incommensurables bénéfices à long terme.

En attendant, voici un secret soigneusement gardé de longévité taoïste : une importante consommation quotidienne de thym, un puissant antioxydant et, pour certains, l'« élixir de jouvence » mystique lui-même. Que votre vie soit longue et prospère.

Comment gérer le SPM

Tout homme conviendra dans une certaine mesure de l'importance d'avoir quelques lumières sur l'état communément appelé SPM (syndrome prémenstruel). Averti et préparé, il sera plus à même de comprendre et d'apporter éventuellement une aide utile. En pouvant justifier qu'elle devient d'une humeur de chien une fois par mois, une femme se sentira davantage maîtresse de la situation – car l'impression de perte de contrôle est le nœud du problème.

Les règles obéissent à un processus complexe impliquant trois organes majeurs et inextricablement liés. Le premier, selon les docteurs chinois de jadis, est la rate (située sous les côtes à droite), intégralement connectée à l'hypophyse, le commutateur principal du système endocrinien qui régule l'appétit (en particulier pour le sucré), la mémoire à court terme, les sensations de contentement immédiat et, plus important encore, la production générale de sang. Pendant les quelques jours précédant les règles, la rate doit travailler deux fois plus dur pour fournir le sang qui remplacera celui qui sera perdu. C'est la raison pour laquelle vous avez davantage envie de vous gaver de sucreries, n'arrivez pas à vous souvenir de l'endroit où vous avez posé les clés et trouvez à redire à tout ce que quiconque peut dire ou faire.

Le deuxième, le foie, responsable du stockage du sang, de sa purification et de sa libération à la demande, a aussi la charge de votre « âme animale » : l'âme sauvage intérieure, avec tout son potentiel de chaos émotionnel effréné, y compris et notamment l'expression de la fureur. Juste avant les règles, quand le foie s'attelle aux heures supplémentaires nécessitées par le surcroît de sang, il force, surchauffe et perd le contrôle de la femme sauvage. D'où les soudaines bouffées de colère sans motif et les sensations de frustration, dans les relations personnelles comme dans le travail. L'association à la rate peut donner un résultat incendiaire.

Enfin, les reins s'occupent de l'entretien global de la matrice et du système reproducteur, ainsi que de l'élimination des déchets (par l'urine), de la régulation des liquides organiques, du maintien de la température corporelle, de la stabilité du paysage émotionnel en général et de l'écoulement des larmes en particulier, et du sentiment d'être en sécurité dans le monde. Avec l'aide de la rate et du foie, les reins ont la tâche de fournir, faire circuler et régénérer le yin de tout l'organisme, l'énergie féminine intimement liée à toutes les fonctions internes, et tout spécialement le processus 100 % non masculin des règles.

Juste avant leur début, les reins, surmenés, ont tendance à subir une perte d'énergie qui risque de vous laisser larmoyante, bouffie, capricieuse, anxieuse, parfois boutonneuse, moite, sujette à des chauds et froids, tendue et incapable d'assurer. Donc, quand vous intégrez un manque d'énergie des reins à l'équation, vous obtenez la pleine horreur tridimensionnelle d'un SPM à grande échelle avec son lot d'angoisse, d'assiettes volantes et de conflit nucléaire à domicile.

Suggérer un remède universel est aussi impossible que de décider quelle couleur de T-shirt irait à tout le monde au Royaume-Uni. Tout dépend de l'état structurel du foie, de la rate, des reins, du système reproducteur, des taux d'hormones et du tempérament de l'individu.

« Il est toutefois fondé de dire qu'*agnus castus* peut faire des merveilles dans la réduction de la rétention d'eau et, souvent, de tous les autres symptômes. Le complexe Mega B, avec un apport de vitamine B6, contribuera à soulager le foie. Le don quai (angélique chinoise) renforce les reins et apporte un soutien à l'énergie yin de l'ensemble de l'organisme. Manger des betteraves crues favorise l'action de la rate et l'enrichissement du sang. L'acupuncture et la thérapie crânio-sacrale donnent de bons résultats chez certaines personnes, comme en fait la plupart des méthodes alternatives visant à rééquilibrer la circulation d'énergie. Mais pour toutes ces suggestions, il importe de se souvenir qu'un rééquilibrage demande du temps – peut-être de nombreux cycles menstruels – et donc de la patience. »

Quant aux hommes, il nous revient de reconnaître les signes aussitôt que possible, et d'avoir la volonté de ne pas prendre les choses personnellement. Comme vous l'avez sans aucun doute entendu dire à d'innombrables reprises, face à un tir de barrage hormonal, il n'y a rien de mieux à faire que d'ignorer les missiles et la mitraille et d'aller la serrer dans vos bras avec amour et tendresse. N'espérez pas une récompense, c'est tout.

Dénouer la voie spinale

Je suis sur le point de chanter les louanges des avantages qu'il y a à se coucher par terre avec un bon livre sous la tête. Donc, si vous éprouvez de l'aversion pour le sol, la position allongée, les bons livres, ou les trois, arrêtez de lire tout de suite. Cependant, si vous portez le moindre intérêt aux immenses bienfaits de cette activité récréative des plus simples, ou même si vous savez déjà tout sur elle mais auriez l'usage d'un peu de propagande pour vous remettre à l'esprit son inestimable valeur, permettez-moi de démêler le fil de ma pensée. Car démêler est le but premier de cet exercice. Démêler l'accumulation de stress qui accompagne tout scénario de vie. Démêler les idées fausses sur l'existence qui causent un chagrin inutile. Mais principalement démêler les nœuds autour de votre colonne vertébrale, afin que vous puissiez marcher, être assis, courir, danser, et même sautiller, bondir et faire du ski si l'envie vous en prend, avec une aisance et une liberté de mouvement plus grande.

Adoptée par les adeptes de la technique Alexander comme moyen d'éprouver pleinement les avantages d'une colonne vertébrale étirée et d'un torse élargi, la posture consistant à s'étendre sur le dos a été mise au point, il y a au moins cinq mille ans, par les gens qui pratiquaient le hatha yoga en Inde et le nei kung (travail de développement interne) taoïste en Chine. Bien entendu, elle existe dans sa forme brute depuis le début de l'histoire humaine et ne possède rien d'extraordinaire en elle-même. Elle devient extraordinaire quand on la pratique avec conscience. Le yoga l'appelle la posture du « cadavre » et recommande d'étendre les jambes, talons joints et sans livre sous la tête.

Les taoïstes l'ont baptisée « prendre du repos » et s'installent avec les genoux pliés, les pieds dans le prolongement des épaules, parallèles et à plat sur le sol comme sur deux rails de chemin de fer, la tête soulevée par un exemplaire d'une œuvre de l'importance (physique) de, disons, *La Mandoline du capitaine Corelli* ou même *Libérez-vous !* si vous parvenez à le fermer. À l'origine, c'était un support en bambou qui soulevait la tête afin d'éviter qu'une courbure de la nuque n'entrave l'irrigation du cerveau. Les genoux pliés imitent la manière dont on se tient debout dans le qi gong et le taï chi, et permettent au creux des reins de s'enfoncer comme il convient « dans » le sol.

L'idée est de se rendre totalement inerte, comme dans la mort, en dehors, bien sûr, des mouvements de l'abdomen provoqués par la respiration (lente et régulière).

« Donc, ayant convenablement installé votre enveloppe physique, à l'abri de la sécheresse comme de l'humidité, utilisez votre esprit pour étendre, "défroisser" votre colonne vertébrale du sacrum (à la base) jusqu'à l'arrière du crâne. En même temps, élargissez mentalement votre torse au niveau des hanches, du milieu du dos et des omoplates. Laissez vos bras reposer naturellement sur les côtés, paumes vers le ciel, et autorisez vos organes génitaux, votre ventre, votre poitrine, votre gorge et votre visage à se décontracter. À chaque nouveau cycle d'inspiration et d'expiration, sentez votre corps s'enfoncer de plus en plus profondément dans le sol, comme attiré vers le noyau terrestre. Centrez votre attention sur votre colonne vertébrale, et en remontant de la base jusqu'à la tête, imaginez-vous en train de démêler mentalement tous les petits nœuds qui se sont accumulés le long de votre voie spinale.

Quand vous vous sentez pleinement décontracté(e) et enfoncé(e) au maximum, concentrez-vous sur votre respiration, qui devrait avoir maintenant considérablement décéléré, l'air entrant et sortant sans effort par les deux narines dans un silence absolu. Vous augmentez ainsi votre joie de vivre naturelle et accordez à votre esprit la liberté d'apprécier le miracle d'exister instant après instant.

Si vous avez du mal à y croire, essayez cette méditation taoïste. En inspirant, imaginez que tout votre être se dissout pour ne rien laisser d'autre que cette pure conscience sans passé ni futur qui se contente de regarder. Si elle pense la moindre chose, c'est : "Je suis dissoute !" À l'inverse, à chaque expiration, imaginez-vous déversant l'essence unique de votre vie, passé et avenir compris, dans le monde autour de vous pour lui insuffler une énergie nouvelle. »

En suivant ces recommandations quotidiennement pendant, disons, trente jours, vous vous mettrez à respirer dans un espace dont l'expression « vie éternelle » donne la description la plus exacte, ce qui peut être très rassurant. Et maintenant, je vais aller un peu « prendre du repos ».

Mettre au point un régime d'exercice quotidien

Discutant l'autre jour de l'état du monde avec Nico Rhamodda, membre du groupe de trapézistes des Flying Dudes, je fus impressionné par sa solution pour acquérir équilibre personnel, courage, calme et capacité de « rayonner » dans une époque de l'histoire humaine offrant des perspectives aussi sombres et incertaines. À son avis, nous devons redoubler d'efforts en tant que guerriers et augmenter l'entraînement quotidien déjà suivi afin d'affermir notre âme, notre corps et notre esprit, et les préparer à affronter avec grâce ce que le sort nous réserve.

J'ai du coup réalisé qu'adopter un entraînement quotidien ne vient pas naturellement à beaucoup de gens, et j'ai pris note de vous rappeler combien il est important, pour la paix de l'esprit comme pour la santé du corps, de choisir une forme d'exercice psychophysique et de s'y tenir tous les jours.

Avant de partir au combat, les très craints guerriers des hordes mongoles de Gengis Khan restaient assis toute la nuit à pratiquer un mode de massage intense appelé « churka », où un petit instrument leur servait à se pétrir systématiquement tout le corps, ou à le faire pétrir par un compagnon. Nous décririons normalement la sensation extrême provoquée comme parfaitement douloureuse, mais c'est la placer dans une perspective négative, car la douleur n'est qu'une opinion et ce genre de douleur est hautement bénéfique, ayant pour origine la libération de l'énergie stagnante et de la tension des muscles. En endurant cette souffrance, chaque guerrier devenait sans peur, et donc presque invincible.

Pour la plupart, heureusement, nous n'avons pas à livrer directement bataille à nos « ennemis », mais notre câblage bio-affectif continue de réagir aux événements planétaires comme si c'était le cas, au moins à un niveau inconscient. Et même s'il serait probablement un tantinet excessif de passer la nuit à nous pétrir à en hurler, nous avons certainement tous intérêt à nous lever une heure ou deux plus tôt pour consacrer cette période matinale privilégiée, avant que le monde se réveille, à nous accorder une séance d'endurcissement. Au bout de seulement quelques jours, on y gagne une vigilance, une perspicacité, une clarté d'esprit et une stabilité émotionnelle accrues, ainsi qu'une réduction de la tendance à s'inquiéter.

Le fait de se sentir physiquement prêt à affronter ce que le sort nous réserve apporte un bénéfice psychologique si tangible qu'il vaut bien l'effort nécessaire pour se rendre accro à un entraînement quotidien. Comme d'autres accoutumances, l'exercice modifie notre état de perception, mais contrairement aux substances psychotropes qui finissent par triompher de nous, cette forme de toxicomanie (pratiquée avec bon sens) fait du bien. Considérez-la comme votre réunion matinale avec les forces armées de l'intérieur, un moment où vous concentrer sur le genre de journée dont vous avez envie.

Quelle que soit la forme d'exercice choisie, mieux vaut ne pas perdre de vue certains facteurs pendant toute la séance. Gardez la respiration aussi lente, profonde et régulière que possible. Maintenez relâchés tous les muscles qui ne sont pas directement utilisés et étirez la colonne vertébrale, en particulier au niveau de la nuque et des reins. Centrez entièrement votre attention sur ce que vous êtes en train de faire plutôt que sur les tâches à venir (rien n'interdit d'avoir un carnet à portée de main pour noter toute idée géniale qui surgirait).

Personnellement, je ne connais rien de plus efficace que les arts martiaux pour un entraînement personnel complet, et parmi ceux-ci, aucun qui n'égale les variantes internes taoïstes du taï chi, du pa kua et du hsing i, mais je suis partial, et nombreux sont ceux qui ne jurent que par le karaté, le taekwondo ou la capoeira. Cependant, si investir en temps, en énergie et en argent pour vous initier à l'un d'eux présente une difficulté, peut-être souhaiterez-vous essayer ces « pompes taoïstes ». Outre assouplir les hanches et les épaules, et muscler les bras, elles augmentent la stabilité émotionnelle. Tout le monde, quelle que soit sa force, peut les pratiquer, mais si vous craignez de souffrir d'une faiblesse cardio-vasculaire, consultez d'abord un médecin.

« Debout, jambes écartées du double de la largeur de vos épaules, courbez-vous à la taille et posez les paumes sur le sol à environ un mètre devant vous.
En inspirant, pliez les coudes, et depuis un point situé juste en dessous de votre nombril, déplacez-vous vers le bas, en avant et en diagonale, jusqu'à avoir la poitrine à quelques centimètres du sol entre vos mains. Expirez, et tendant vos bras, remontez en arrière et en diagonale depuis ce même point sous le nombril pour reprendre la position initiale. Commencez par faire trois fois le mouvement et augmentez progressivement jusqu'à dix-huit d'affilée, en conservant en permanence une parfaite décontraction. »

Cet exercice complètera utilement tout entraînement quotidien, mais même effectué seul, il remontera vos niveaux de force et de stabilité et vous rendra plus apte à voir les événements planétaires sur le plan latéral, là où se produisent les soi-disant miracles ou d'incroyables surprises comme la déclaration mondiale de paix et de prospérité dont nous avons tous tellement besoin actuellement.

TRANSCENDER LA RÉALITÉ QUOTIDIENNE EST POSSIBLE

J'ai récemment commencé la journée de la manière la plus merveilleuse en me rendant pour un détartrage chez Frederick et Janice, le duo dentaire le plus distrayant de la planète. En plus de manier avec dextérité la roulette et tous les autres ustensiles métalliques aux usages obscurs du monde de la dentisterie, Frederick possède un merveilleux sens de l'humour qui fonctionne en synergie avec celui de son assistante Janice : ils vous font mourir de rire avec leurs blagues dingues et le dialogue surréaliste qui crépite en permanence au-dessus de votre visage sur un fond sonore de chansons loufoques passant à un niveau bien trop élevé pour l'étiquette normalement respectée dans ce genre d'endroit. S'il était possible à quelqu'un de glisser une caméra dans sa bouche, il aurait immédiatement en perspective une commande de Channel 4 : un feuilleton de télé-réalité filmé en caméra cachée (du genre *Vu des papilles avec Jan et Fred ?*)

Comme tous les grands comédiens, Frederick possède une sagesse innée. Il fait remarquer qu'être couché là, bouche offerte, revient à céder le contrôle pendant à peu près vingt minutes – une chose que nous n'aimons pas faire. Selon lui, s'accrocher au contrôle (et la région orale est l'un de nos « composants » les plus contrôlés) prive de la disponibilité à recevoir un véritable enseignement des événements survenant autour de nous. Mais nous relâcher nous donne invariablement droit à la portion suivante d'illumination prévue sur notre chemin.

Il a commencé avec le grattoir métallique qui démultiplie la sensibilité des nerfs de vos dents, et pour engourdir la sensation (j'expliquerai plus loin), j'ai pressé le « grand éliminateur », un point entre le pouce et l'index de la main opposée au côté où il travaillait. Pris d'un petit rire quand Frederick m'a dit « Fais danser ce petit bidon et laisse le souffle aller et venir ! », je me suis concentré sur ma respiration et l'ai ralentie, expirant avec force, comme une femme en train d'accoucher (mais en moins joli), chaque fois que la sensation approchait du rouge sur le dolorimètre interne. En trois respirations, j'avais réussi à modifier ma relation à la douleur au point d'amener celle-ci à complètement disparaître. Aidé par les incontrôlables et incongrus éclats de rire provoqués par chaque blague volant entre Jan et Fred au-dessus de mon visage, j'étais maintenant libre de profiter de la méditation.

Je dis méditation parce que si vous vous soumettez à une « force supérieure », en l'occurrence personnifiée par Frederick, cessant ainsi de vous identifier à votre « moi de tous les jours », et si vous apaisez votre respiration et centrez votre conscience dans votre crâne (se faire triturer les dents ne laisse pas le choix), vous entrez dans un profond état de méditation, une sorte de nirvana dentaire, et de grandes révélations se déploient dans votre esprit. J'en conviens, il s'agit d'un moyen assez extrême de mettre sur pied une bonne séance de méditation, ou même d'assister de près à un sketch comique, mais si vous devez aller chez le dentiste ou vous livrer à tout autre activité impliquant des sensations normalement associées à la torture, autant accepter l'expérience et en tirer profit, plutôt que de résister et de rater les joyaux qu'elle pourrait recéler. J'étais en fait en train de pratiquer partiellement une vieille méditation taoïste qui, à l'origine (il y a quelque vingt-cinq ans), me fut expliquée en ces termes marqués d'un fort accent pékinois : « Toi d'abord seulement des os – seulement des os. Ensuite toi des muscles – seulement des muscles. Ensuite toi des liquides – rien d'autre. Ensuite toi des nerfs. Ensuite toi du chi [énergie]. Enfin, toi de l'esprit ! »

« Imaginez-vous squelette, et rien d'autre – à l'instant même, alors que vous lisez ceci. Après avoir éprouvé un moment cette sensation, voyez-vous comme un simple assemblage de tissus mous. "Devenez" alors liquide : du sang, des sucs digestifs, des sécrétions hormonales, de l'urine, etc. Percevez-vous ensuite comme un réseau nerveux, puis un champ d'énergie et enfin une conscience désincarnée. Si vous parvenez à effectuer le cycle, même brièvement, vous vous débrouillez bien, il demande du temps et de la pratique. En fait, vous vous débrouillez déjà bien si vous parvenez à une pure conscience de n'importe lequel de ces états. Pour retourner à un état d'éveil normal, percevez-vous simplement comme un réseau parfaitement intégré d'os, de muscles, de liquides, de nerfs, d'énergie et de conscience, concentrez-vous sur votre respiration, criez intérieurement "hourra" pour le miracle que tout cela représente, et continuez comme d'habitude… »

Pratiquer cette méditation pendant quelques semaines peut conduire à tout regarder d'un point de vue raffermi, ce qui rend le calme intérieur plus difficile à ébranler.

« Quand au "grand éliminateur" pour endormir votre bouche chez le dentiste, vous le trouverez sur le côté intérieur de la main au bout du pli qui se forme quand vous plaquez votre pouce contre la paume et l'index. Appuyez avec le pouce de l'autre main jusqu'à produire une sensation forte et presque paralysante, mais agréable, qui rayonne dans la paume. Le méridien du gros intestin (dont c'est le quatrième point) court le long des deux bras jusqu'à la région de la bouche où s'effectue le changement de côté : il faut donc presser la main droite pour engourdir une gencive à gauche, et vice versa. Ce point aide aussi à soulager certaines formes de constipations et les migraines qui les accompagnent, une information à garder à l'esprit si vous en souffrez et utilisez la technique chez le dentiste : elle pourrait provoquer une guérison instantanée à un moment où vous avez la bouche pleine d'instruments métalliques. »

Remarquez, je ne doute pas que cela déclencherait l'éclat de rire suprême chez Jan et Fred.

À TOUT ÂGE, SURTOUT AVANCÉ, RESTEZ SOUPLE DE L'ÂME, DU CORPS ET DE L'ESPRIT

Je suis dans un studio d'enregistrement du Cheshire en train de travailler à mon album (malheureusement pour moi, je suis aussi un musicien compulsif), attendant, pour ajouter des parties de guitare, que Justin, l'ingénieur du son, ait fini de bricoler ma voix désincarnée. Je note ces pensées au cas où le moment passerait – car voyez-vous, les moments défilent à grande vitesse depuis quelque temps. Avez-vous des phases semblables, marquées par une conscience aiguë de votre sablier en train de se vider ? De telles phases durent habituellement soixante-douze heures, et commencent invariablement par un jour de « sale gueule ». Je me regarde dans le miroir et je pense : je ressemble vraiment à un vieux con, alors que je croyais avoir seulement dix-sept ans. Puis je marche dans la rue et je me demande quelle place j'y tiens. Les gens me voient-ils comme un cinquantenaire mal déguisé en jeune insouciant ; suis-je encore en rien attirant ou désirable (d'un point de vue aussi bien marchand que sentimental) ; dois-je me draper avec élégance dans le rôle de l'homme d'âge mûr sexy, ou faire contre mauvaise fortune bon cœur et attendre qu'un de mes enfants procrée afin de trouver l'accomplissement en jouant au grand-père ?

À mes yeux, je ne fais que commencer, et bien qu'à quarante-neuf ans, j'ai probablement épuisé la moitié du contenu de mon sablier, je ne m'en sens pas moins au tout début d'une aventure sans fin. Ou peut-être est-ce juste la pratique quotidienne du taï chi qui me donne des illusions de grandeur mortelle.

Pourtant, T. T. Liang, l'un des grands maîtres de taï chi du siècle dernier, a dit (à l'âge de quatre-vingt-trois ans) que la vie commence à soixante-dix ans. C'était parce qu'il savait que la pratique quotidienne du taï chi garde jeune en stimulant la circulation de sang et d'énergie, en massant les organes internes et en faisant travailler les muscles et les articulations selon son mode unique de fléchissement et d'étirement. Si bien qu'à soixante-dix ans, vous vous sentez frais comme une rose tout en disposant normalement du poids psychoaffectif donné par la sagesse de l'expérience pour servir de lest quand vous larguez enfin les amarres pour le début de votre vie.

Parlant du poids comme d'un lest, j'ai vu l'autre jour un concert de Sam Moore, le Sam de Sam et Dave, le duo explosif qui chantait le classique *Soul Man* à la fin des années 1960 et inspira les *Blues Brothers* de John Belushi. Frisant les soixante-dix ans et doté d'une bedaine imposante pour le prouver, il est adorable et chante toujours la soul avec plus d'âme que tous ceux que j'ai entendus sur MTV Base. Ce gars est sérieusement funky. Et en le regardant danser, on se rend compte à quel point la souplesse est la clé de la jeunesse. Chanter aide. Les enfants chantent spontanément, et chanter nous remet en contact avec notre nature enfantine, en plus d'oxygéner le cerveau en faisant travailler les poumons.

Puis il y a mon cher ami Raja Ram, mon flambeau et le roi incontesté de la scène trance planétaire. Il est chaque week-end sur un continent différent, se produisant comme D.J. devant des dizaines de milliers de personnes de Rio à Tokyo, ou de New York à Ibiza (pensez première classe, pensez limousines). Il dirige aussi le premier label trance du monde et possède plus d'énergie dans son petit orteil que la plupart des centrales nucléaires. Il a soixante et un ans. Je lui dois de percevoir l'importance des défis mentaux qui gardent le cerveau actif, et pour avoir des défis à affronter, il faut être engagé avec créativité dans un projet qui attise la passion.

> « Oubliez donc la retraite. Vos rêves d'existence végétative au fond d'un fauteuil ne vous apporteront pas le bonheur, et précipiteront très probablement votre trépas. Changez de voie à soixante ou soixante-cinq ans, oui, mais n'envisagez pas de renoncer à votre interaction féconde avec le monde. Prévoyez plutôt d'utiliser ce temps à apprendre un nouvel art, ou à en approfondir un, qu'il s'agisse du taï chi, du chant, de la danse, de la peinture, de l'alpinisme, de faire le D. J. ou de ce que vous voulez, et utilisez cela comme véhicule pour continuer l'aventure. Ne dites jamais adieu à l'aventure, et rendez-la digne d'inspirer les autres. Gardez votre esprit fort et souple, et votre corps suivra. »

Voilà un courant de pensée fort et souple, et surgi totalement du néant. Vraiment, j'étais juste assis à écouter ma voix tourner, et soudain, avant que j'en aie pris conscience, cet article était écrit. Je ne savais même pas que j'avais tout ça en tête. Peut-être est-ce juste une divagation, peut-être une intercession des dieux Akai et Rolland. Faire de la musique me rend ainsi anarchique à l'intérieur : l'adolescent ressort en moi. Considérez cette chronique comme un appel post-adolescent à moi-même et à tous ceux qui se sont interrogés sur leur vieillissement, même vaguement, un appel à ne pas succomber à l'idée de baisser les bras et partir au pré, mais à se convertir à l'idée de débuter une nouvelle vie à soixante-dix ans, et à commencer à s'y préparer sur le champ – le plus tôt est le mieux.

Et maintenant, si vous voulez bien m'excuser, Justin brandit la guitare et me fait signe de venir lâcher quelques riffs sur le disque dur, parce que je suis un papy assez funky, moi aussi. (Faites place, T. T., Sam et Raja Ram !)

Un remontant doux et naturel pour laisser en paix son généraliste

Consultez votre généraliste avant de lire ces lignes ! Je donne cet avertissement parce qu'on m'a fait remarquer que je le mettais rarement en préambule de mes conseils. J'avoue m'être senti libre de le laisser tomber récemment, estimant qu'en majorité, les lecteurs comprennent quand consulter ou non un généraliste. De surcroît, comptant plus d'un médecin parmi mes amis intimes, je les sais de source sûre déjà tellement débordés qu'il serait contreproductif de suggérer une consultation avant chaque expérience d'autothérapie : les bras manquent, malheureusement.

Ce qui est précisément la raison pour laquelle nous sommes tant à avoir pris la décision audacieuse d'assumer la responsabilité de notre propre bien-être et à faire tout notre possible pour prévenir l'apparition de maladies, ou éviter qu'elles dégénèrent. Cette démarche a clairement un inconvénient : parfois, soulager des symptômes risque de rendre aveugle à un problème sérieux nécessitant une attention médicale. Mais emprunter la voie allopathique ne protège pas de ce risque. En fait, même en disposant du meilleur équipement et des meilleurs cerveaux, une part de conjecture ou d'intuition intervient toujours dans la détection et le diagnostic d'une maladie.

L'avantage, cependant, c'est que l'autothérapie rend plus intuitif et sensible au fonctionnement du corps, et donc plus à même de percevoir les signes précurseurs.

En outre, si l'on doute de sa capacité à s'équilibrer tout seul dans un état particulier, des bataillons de praticiens holistiques bien formés et couvrant une myriade de disciplines efficaces ne demandent qu'à nous aider.

Je l'admets, quand la médecine dite « alternative » a commencé à apparaître comme une option viable, les gens ont considéré les praticiens comme ils considéraient les docteurs : des dieux impartis du pouvoir de vie et de mort à qui ils pouvaient confier la responsabilité de leur santé. Mais le message commun à tous les praticiens holistiques du pays, « prenez en main votre santé », s'est aujourd'hui répandu et les particuliers se montrent beaucoup plus réceptifs à l'idée de déclencher eux-mêmes leur rééquilibrage.

Bien entendu, il y a également un inconvénient à cela : bien que rares, une surdose de compléments variés ou un mauvais mélange de remèdes naturels et allopathiques peuvent être extrêmement dangereux. La plupart des gens, toutefois, réussissent à mener leurs expériences d'autothérapie sans incident majeur, et avec un résultat vraiment positif, en particulier pour les généralistes surmenés.

Mais c'est de l'expérimentation. Comment pourrait-il en être autrement ? Nous ne sommes pas des machines, et toute forme de soin relève de l'art tout autant que de la science. Les résultats sont donc légèrement imprévisibles. Il en va de même pour toutes les formes de médecine.

Nous possédons toutefois une sécurité intégrée : l'intelligence innée du corps. Poussée, même timidement, dans la bonne direction, elle a tendance à produire des miracles ou d'immenses améliorations. Le tout est de savoir comment et où pousser.

« En parlant de cela, essayez ce subtil remontant général (en cas de doute, bien sûr, consultez d'abord votre généraliste). Assis(e) relativement droit(e), le dos confortablement soutenu, le corps décontracté, la respiration lente, régulière, douce et fluide, appuyez avec l'index au sommet de votre tête. Le bras et l'épaule détendus, et sans exercer plus de cent dix grammes de pression, dessinez, en frottant le cuir chevelu contre l'os, des cercles de trois centimètres de diamètre : dix-huit dans le sens des aiguilles d'une montre, dix-huit dans l'autre. Sentez (ou imaginez que vous sentez) le mouvement de votre doigt faire remonter une ligne d'énergie le long de votre colonne vertébrale, depuis sa base jusqu'au sommet du crâne. Puis baissez le bras lentement et relaxez-vous, en visualisant l'énergie en train de redescendre à la base de votre épine dorsale. Au bout de quelques minutes, vous devriez éprouver une plus grande légèreté et davantage d'optimisme quant à votre capacité à vous garder en équilibre – plutôt que l'impression d'avoir besoin d'aller chez le médecin. »

(C'est vrai, quoi, laissez ces gens souffler !)

Oubliez le tapis de yoga, le sol suffit

Un moment de profonde introspection, à l'instant, m'a fait m'apercevoir que j'avais une dent, et nourrissais même un préjugé absolu contre, entre tout, les tapis de yoga en caoutchouc.

Quand je me suis mis à cette très vieille discipline au début des années 1970, personne n'utilisait de tapis en caoutchouc, ni ne portait de soi-disant tenues de yoga pour pratiquer. Amples, les vêtements hippies propres à la plupart des premiers convertis suffisaient. Un bon vieux sol à l'ancienne, en parquet ou recouvert d'une moquette, suffisait également. Les gens n'utilisaient pas d'accessoires. Bon, il y avait bien la ceinture de karaté employée à l'occasion pour lier des membres afin de prendre une posture particulière. Il arrivait aussi, pour « ouvrir la poitrine », qu'on s'étende sur un banc couvert de coussins en tenant deux gros livres pour ajouter de la force de torsion, mais il n'existait pas de soutiens de cambrure fabriqués spécialement, ni de cordes ou de poulies.

Les esthètes indiens à l'origine du yoga s'installaient là où ils se trouvaient pour prendre toute posture appropriée, sans accorder une pensée à l'équipement. Puis, à la fin des années 1970, un Allemand entreprenant s'est aperçu qu'en découpant des rectangles dans de la thibaude vert clair de qualité supérieure achetée au prix de gros, vous pouviez les revendre à profit aux personnes en nombre grandissant qui prenaient des cours de yoga et préféraient apporter un doudou dans la crainte d'un contact facial avec le sol. Bientôt, il n'existait plus, dans toute la bohème, un salon à la décoration ethnique qui ne contenait pas, dans un coin, un rouleau de thibaude vert clair. Et je n'y voyais aucun inconvénient, tant que ces tapis ne sortaient pas de la maison ou de la salle de yoga.

Mais un préjugé a pris racine dans mon âme quand j'ai vu de plus en plus de photographies, dans des magazines idiots, de célébrités stérilisées, biberonneuses d'eau minérale et modèles de vertu en train de poser avec un tapis roulé sous le bras comme un accessoire de mode – et même plus vert hôpital, mais bleu horizon. Vous voyez, pour moi, les tapis de yoga dégagent une odeur : pas seulement celle de pieds en sueur, mais, plus sinistre, le relent du dingue du contrôle. Posez votre joue par terre, pour l'amour du ciel. Mêlez vos traits à l'humble sol, qu'il soit moquetté ou en planches nues. Faites un avec la crasse foulée par l'espèce humaine, elle renforce votre immunité.

« Le yoga est une discipline psychospirituelle d'une telle profondeur qu'elle ne requiert pas d'équipement de yoga commercialisé par de yogiques entrepreneurs. Au contraire, son nom même signifie “union” – union avec tout ce qui est, et cela inclut la moquette et le parquet. Pour être juste, les tapis avaient pour argument de vente qu'un appui en caoutchouc empêche les pieds de glisser dans les postures debout, même si se tenir correctement, les pieds à leur bonne place, rend normalement inutile une telle assistance. Si vous en avez besoin, vous êtes probablement en train de forcer. Et bien entendu, il n'y a rien à redire à l'utilisation de coussins pour se soutenir quand on est particulièrement raide ou gêné par une maladie ou un handicap. »

Quand je me suis mis au yoga, à l'adolescence, mes jambes et mes hanches manquaient tellement de souplesse que j'avais besoin de coussins pour simplement m'asseoir sur mes talons. Mais vous ne devriez jamais aller au-delà de ce que vous arrivez à faire naturellement, même si c'est limité. Le yoga grandit lentement en vous avec le temps et la pratique – ce n'est pas une chose à précipiter. C'est toute cette précipitation sur nos tapis de yoga qui est en train de causer, depuis le milieu des années 1990, une augmentation sans précédent au Royaume-Uni du nombre de blessures liées au yoga. La posture la plus avancée et la plus difficile, celle dont toutes les autres ont pour but de faciliter la pratique optimale, est la « posture du cadavre » : couché(e) sur le dos dans une immobilité absolue, en dehors d'une respiration extrêmement lente, douce et profonde, et dans un état de relaxation tel qu'il équivaut à ne pas être là du tout. Je vous le dis donc, laissez vos doudous à la maison et mettons un terme à la plastification, non seulement du yoga mais de la vie telle que nous la connaissons.

S'ÉCHAUFFER PEUT CAUSER DU TORT

L'autre jour dans les journaux, l'une de ces déclarations qui tentent de mettre notre vision du monde cul par-dessus tête s'était frayé un chemin par manque de véritables nouvelles jusqu'aux gros titres de la une, accédant au statut quasi-divin de fait inattaquable. En tant que docteur aux pieds nus conscient de ses responsabilités, je pense vraiment qu'il me revient de l'exposer ici au cas où elle aurait troublé quelqu'un, ou l'aurait induit en erreur.

À la lumière des événements mondiaux actuels potentiellement tumultueux – la crise écologique, les jeux géopolitiques au bord de l'abîme et le risque d'une catastrophe économique –, l'information n'a rien de particulièrement spectaculaire, mais, semble-t-il, une équipe de scientifiques australiens a déterminé, après des années de recherches minutieuses et coûteuses, qu'avant, ou après, de faire de l'exercice en salle, s'étirer ne faisait aucun bien. Que cette conclusion clairement absurde les fasse sauter d'excitation comme des kangourous peut éveiller la bienveillance de quiconque a jamais observé des gens s'échauffant en salle de gymnastique, rebondissant sur place, soufflant et haletant, l'air pincé avec leurs mâchoires crispées et leurs veines gonflées, parce que cela ne fait aucun bien. Souffler et haleter entrave la circulation sanguine, se crisper stresse les organes, un visage morose rend lugubre, au détriment de la réaction immunitaire, et sauter sur place comme un diable à ressort pris de démence traumatise les muscles qui ne peuvent gérer les messages contradictoires leur parvenant : « Détends-toi – je me déteste – détends-toi – je me déteste », etc. Comme dans toute relation intime, vos muscles ont besoin que vous leur adressiez des messages clairs.

L'étirement tel que nous le connaissons dérive du hatha yoga, et, il faut catégoriquement l'affirmer, il n'existe pratiquement rien sur la planète de plus bénéfique que le yoga pour les muscles avant ou après des exercices physiques, ou toute autre activité, en dehors d'un sacrément bon massage professionnel succédant à une journée passée à tremper dans l'eau sulfurée d'une source chaude en sirotant un cocktail.

> « En yoga, il ne s'agit pas tant d'étirer ses muscles que de les allonger avec grâce en se servant de l'esprit plutôt que de la force brute. En fait, on n'utilise jamais la force brute, car c'est travailler contre son corps plutôt qu'avec lui. On doit inciter le corps à coopérer, ce qui demande de la patience, de l'attention et de l'humilité, des qualités souvent difficiles d'accès dans l'environnement de la salle de gymnastique. Il vaut donc peut-être mieux faire vos étirements à la maison, un cadre normalement chaleureux et confortable. Accordez à chacun cinq minutes, le temps adéquat pour prendre lentement la position sans forcer, la garder un moment et la quitter sans hâte. Et ne rebondissez en aucun cas. »

L'étirement, ou toute autre forme interne d'exercice – taï chi et qi gong, par exemple – a pour but de structurer une relation en constante amélioration avec son corps. Nous nous blessons en faisant de l'exercice parce que dans un recoin caché de notre esprit est en fait donné l'ordre (inconsciemment, bien sûr, à moins d'être incroyablement bizarre) qu'une blessure survienne. Donc, plus vous entretenez une relation consciente avec le fonctionnement de votre corps, plus vous pouvez tenir à l'œil les ordres donnés.

« Par exemple (et n'essayez pas si vous souffrez d'une blessure ou d'un problème au dos ou aux hanches), tenez-vous debout avec les pieds parallèles et écartés d'un peu plus d'un mètre, puis, en douceur et très lentement, abaissez le torse à partir des hanches. Pour vous soutenir, posez les mains au sol devant vous ou attrapez vos mollets. Gardez la position pendant neuf respirations en jouissant de l'étirement des tendons des jarrets et de l'intérieur des cuisses. Maintenant, tout en gardant votre respiration fluide, laissez votre torse se redresser lentement à partir des hanches, la tête remontant en dernier. Recommencez, et vous vous apercevrez que c'est plus facile. »

Allez maintenant faire le tour du pâté de maisons d'un pas vif et élastique, les bras ballants et la tête droite, et si vous ne vous sentez pas la démarche plus souple, les hanches plus jeunes et le pied plus léger que d'habitude, je veux bien manger mes chaussures.

PUANTS, SUANTS, VILAINS… LES ORTEILS NE MÉRITENT PAS LEUR MAUVAISE RÉPUTATION

Honnêtement, si je vous demandais de vous imaginer couvert(e) de la tête au pied d'une mystique lueur dorée qui vous rendrait insensible à la maladie et à la douleur et remplirait instantanément vos coffres de trésors, vous penseriez cette chronique en trajectoire superpsychédélique, mais sinon, quels morceaux de vous-même passez-vous le plus de temps à voir ainsi enveloppés ?

Pas vos orteils, je parie ! En fait – et je ne suis pas en campagne de propagande pour les pieds nus –, après toutes ces années passées à réparer les corps et les âmes, je dirais que les orteils sont la partie de leur corps qu'en majorité les gens méprisent le plus. Ils en ont sérieusement honte.

Cela commence enfant par le port de chaussures qui tiennent les orteils à l'étroit et croît jusqu'à la peur de retirer ses chaussures de sport à l'intérieur à cause de l'odeur. Quand on est devenu un adulte pleinement formé, les pauvres petites choses sont dans un tel état qu'on a du mal à supporter de les regarder.

Jeune garçon, je tondais le gazon et faisais les courses d'une dame âgée appelée Mrs Stenlake qui pouvait à peine marcher car elle avait eu la plupart de ses orteils amputés. Cela me laissa une forte impression, si bien qu'avant même de me mettre au yoga ou au soin, où ils tiennent une grande place, j'eus toujours vivement conscience de leur importance. Nous ne les avons pas reçus pour rien, après tout.

En fait, pour les taoïstes, les orteils doivent être détendus, à l'aise, étalés et souples pour que l'énergie et la force vitale trouvent leur pleine expression. Revoyez-vous en train de marcher pieds nus sur des rochers à la plage, sentant vos orteils trouver prise pour assurer votre équilibre, et vous approuverez.

Mais revenons à nos moutons. Une dizaine (pour les chanceux) de beaux orteils n'est pas seulement plus essentielle à votre bien-être que vous ne le pensiez, pour ne rien dire de son utilité quand il s'agit de tenir debout sur des rochers ou des trottoirs, c'est aussi ce qui existe de mieux pour apporter la touche esthétique finale à une jolie paire de pieds. Néanmoins, si après des années de négligence et de mauvais traitements, votre lot vous paraît un brin hideux, ne désespérez pas. Vous avez ici de l'aide à portée de main. Des étirements pratiqués avec douceur sur une base semi-régulière, disons une fois tous les quelques jours, rendront à vos orteils leur beauté d'origine en seulement quelques semaines, à temps, avec un peu de chance, pour les exhiber avec fierté sur la plage cet été.

« Commencez par prendre avec amour le plus petit doigt de votre pied droit entre le pouce et l'index pour l'incliner lentement en arrière vers votre jambe jusqu'à éprouver un intense petit étirement sous l'orteil et la plante du pied. Restez ainsi pendant une demi-minute tout en respirant librement, et relâchez doucement en vous abandonnant avec délices à la sensation de soulagement qui envahit l'orteil. Répétez avec son voisin, puis son voisin, et le voisin du voisin, mais en arrivant au gros orteil, pour obtenir un bon étirement, quand vous l'inclinez en arrière, repliez tous les autres doigts de pied avec votre autre main. Utilisez ensuite le pouce et l'index du mieux que vous pouvez pour étirer le petit orteil en l'écartant de son voisin, puis celui-ci du suivant, etc. Il s'agit de maximiser leur capacité à s'étaler. Enfin, toujours avec le pouce et l'index, consacrez quelques instants aimants à masser chaque orteil sur toute sa longueur. Reprenez le rituel avec l'autre pied. »

Avant de retourner à vos occupations, contemplez vos dix orteils ensemble, en les agitant joyeusement maintenant qu'ils débordent d'énergie, et déclarez sincèrement : « Je vous aime, mes orteils ! » Vous voyez, ce n'était pas aussi psychédélique que vous le soupçonniez, non ? Donc, maintenant, si je vous suggère de vous imaginer couvert(e) de la tête au pied d'une aura protectrice dorée qui vous rend insensible à la maladie et vous apporte une grande prospérité malgré les prévisions économiques, je parie qu'il y aura davantage de lumière en bas.

METTEZ-VOUS À L'ÉCOUTE DES SONS AUTOUR DE VOUS

Avec quelle attention écoutez-vous ce que les gens vous disent ? Entendez-vous vraiment ce qui est en train d'être dit ? En fait, vous arrive-t-il souvent d'écouter la multitude de sons qui vous entourent ? Entendre est un miracle, mais dans quelle mesure vous autorisez-vous à jouir de la magnifique et cacophonique symphonie de la vie interprétée entièrement à votre intention à l'instant même ? Nous avons tous recours à l'écoute sélective, et par nécessité : si nous nous mettions réellement à nous concentrer sur tous les bruits qui nous assaillent, il est probable que nos esprits imploseraient. Toutefois, l'écoute sélective laissée sans surveillance s'exacerbe progressivement jusqu'à rendre sourd comme un pot. Selon la sagesse médicale taoïste, nos oreilles sont la fleur, ou l'expression, de nos reins : c'est-à-dire que la quantité d'énergie contenue par nos reins influe directement sur nos capacités auditives. Il en résulte que l'ouïe s'émousse avec l'âge quand nos reins s'affaiblissent naturellement.

L'énergie des reins détermine aussi les niveaux de résilience émotionnelle. En cas de trouble affectif, par exemple chez un enfant dont les parents se disputent, la région des reins se contracte imperceptiblement, réduisant le flux d'énergie. Cela déclenche un discret blocage de l'ouïe sur un plan énergétique et émotionnel. On décide inconsciemment de faire barrage. Ce processus s'enracine comme un modèle, finit par sérieusement limiter ce qu'on peut entendre, et l'on se retrouve acculé à rechercher le meilleur prix pour le dernier cri en matière de prothèse auditive numérique honteusement onéreuse.

« Il existe un exercice de méditation taoïste, "écouter derrière soi", destiné à contrecarrer cette tendance. Fermez les yeux et, rassemblant votre conscience au beau milieu de votre cerveau, laissez tous les bruits dans votre dos emplir votre esprit. N'analysez pas et ne classez pas : autorisez simplement, et sans commentaire, les sons à entrer. L'histoire d'écouter "derrière" n'est qu'une métaphore, une astuce pour amener l'esprit à s'éteindre, car, en réalité, vous entendez également les sons provenant de devant et des côtés. En pratiquant cet exercice, on se rend vite compte de la limitation qu'on imposait à l'éventail de sons disponibles. Si vous parvenez à vous y tenir quelques minutes par jour, votre acuité auditive augmentera sensiblement en l'espace d'environ une semaine. »

S'ouvrir à ce vaste panorama sonore améliore aussi les capacités d'écoute directionnelle. Avoir une bonne écoute directionnelle devient plus problématique en ces temps où nous fréquentons des restaurants bruyants et marchons dans des rues qui ne le sont pas moins.

« Pour l'améliorer dans de tels environnements, mettez une main en pavillon autour d'une oreille afin de la protéger des bruits périphériques et d'accroître vos chances de capter le son venant de la bonne direction, même si cela vous fait ressembler à une petite vieille.
Vous pouvez aussi développer vos capacités auditives en stimulant localement la circulation d'énergie. Pendant environ une minute, et avec vigueur mais délicatesse, massez chaque oreille entre le pouce et l'index en prêtant soigneusement attention aux moindres creux et reliefs. Puis couvrez les pavillons de vos mains, et augmentez et diminuez la pression quatre-vingt-une fois de manière à ce que les bruits extérieurs enflent et se creusent comme les vagues de l'océan. En plus de vertus décontractantes, la pratique quotidienne de cet exercice renforce la résistance aux nuisances sonores et prévient, et parfois guérit, la surdité, l'acouphène et l'otite. »

Selon des traditions spirituelles dignes d'attention, et de l'avis des pères du big bang en physique moderne, l'univers a commencé avec le son. Dans la Bible, la Genèse débute par : « Dieu dit : "Que la lumière soit !" ». À cette divine parole créatrice, les hindous ont donné le nom de « shabd », le subtil son sacré pour lequel les yogis passent des années à faire taire leur esprit. Réussir à l'entendre, pensent-ils à juste titre, leur apportera l'illumination. Les taoïstes conseillent de se taire et d'écouter correctement pour que tout soit révélé.

Donc, si c'est votre but, apaisez-vous un instant, massez vos oreilles, faites l'exercice d'ouverture et de fermeture, puis décontractez vos bras, fermez les yeux et autorisez la surabondance de bruits autour de vous à emplir votre conscience jusqu'à ce qu'au cœur même de ce vacarme, vous perceviez la trace ténue de ce son subtil qui sous-tend tous les autres. Et s'il en découle pour vous d'intéressantes révélations, sonnez-moi.

Lever le pied pour voyager plus vite

En studio pour le mixage de mes morceaux, arrivé au bout de deux heures d'intense concentration sur un travail maintenant fini, pendant que « Bernie the Journey », l'ingénieur du son venu spécialement d'Allemagne, poursuivait sa tâche de son côté, je me suis retrouvé sans rien à faire dans l'immédiat : pas de coups de téléphone, pas de besogne en cours, pas de décision à prendre. Pourtant, au lieu d'assumer consciemment le contrôle de la situation et de m'accorder un peu de repos, j'étais tellement pris dans le plaisir d'être actif, accro aux endorphines, sans aucun doute, que je me suis surpris en train de garder mon corps sous tension, gaspillant ainsi sans raison une précieuse énergie. Cela m'a fait réfléchir à la manière dont, selon les sages taoïstes de jadis, le mouvement du yin et du yang gouverne l'interaction entre action et repos, et au lieu de me délasser, il m'a fallu partager mes réflexions avec vous.

Universelle et intrinsèque à la condition humaine, la danse des deux forces fondamentales de l'existence, le yin et le yang, représentant respectivement la contraction, donc le repos, et l'expansion, donc l'action, affecte tous les phénomènes connus. Vous pouvez en tirer parti pour optimiser votre énergie et votre endurance, et accroître ainsi votre efficacité.

La première étape consiste à vous observer, au cours d'une journée bien remplie, entre les phases d'intense activité (yang), pendant ces moments où vous n'avez rien de vraiment nécessaire à faire pendant quelques secondes, de si brefs instants yin entre deux tâches que vous n'aviez pas jusqu'ici cru utile de changer de mode de fonctionnement –

ce qui revient à rouler à quinze kilomètres/heure avec le moteur à plein régime et la pédale d'embrayage près du plancher. L'effort imposé à la mécanique, dans ce cas vos organes vitaux, réduit à long terme l'espérance de vie.

Entre deux tâches, accordez-vous le luxe de décélérer temporairement et de vous traîner à un train d'escargot pendant quelques mètres. C'est assez agréable, vraiment, quand on en a pris l'habitude, mais au-delà du plaisir, c'est essentiel si l'on porte le moindre intérêt à l'accroissement de sa longévité, car il n'existe pas d'autre moyen de rafraîchir son énergie dans un monde agité comme le nôtre. Ne pas le faire rend de plus en plus tendu, élevant la chaleur interne jusqu'à la combustion et la mort. Accordez-vous tout de suite un instant, si vous l'avez, pour sonder votre corps. Êtes-vous décontracté(e), ou en train d'entretenir une tension musculaire inutile ? Votre respiration est-elle superficielle ou profonde ?

Y prêter attention suffit souvent à la rendre plus lente et plus profonde, augmentant ainsi immédiatement les niveaux de décontraction, mais vous pouvez aussi intervenir consciemment en ordonnant à votre schéma respiratoire de ralentir et de s'approfondir.

Enfin, ajustez votre posture corporelle. Plus votre alignement par rapport au sol approche de la perfection, et moins la gravité impose d'efforts à vos muscles, et donc à tout le reste. La danse du yin et du yang se joue entre l'arrière (yang) de votre corps et l'avant (yin). être parfaitement perpendiculaire au sol crée un équilibre entre yin et yang qui fait immédiatement se sentir plus léger et davantage dans l'instant présent.

Une position trop en avant sur la plante des pieds, ou en arrière sur les talons, impose au complexe psychophysique un effort inutile, et gaspille ainsi une précieuse force vitale.

> « Prenez un moment pour vous tenir debout, les pieds écartés de la largeur de vos épaules, et balancez-vous doucement entre talon et orteils jusqu'à trouver le point d'équilibre optimal.
> Vérifiez ensuite l'équilibre latéral. Gardant les pieds écartés de la largeur de vos épaules, balancez délicatement votre poids d'un pied à l'autre jusqu'à percevoir le point d'équilibre optimal. Ce qui n'est pas loin d'être une manière verbeuse de dire : "Détendez-vous, respirez, tenez-vous droit(e) et vous vous sentirez immédiatement beaucoup mieux." »

En attendant, ayant, d'une manière semi-yin, cessé de tendre l'oreille, j'ai maintenant l'impression que « Bernie the Journey » et le mixage se sont un peu égarés hors des sentiers balisés, je vais donc vous quitter sur un mode plutôt yang pour rectifier le tir.

NOS ÉPAULES N'ONT PAS À SUPPORTER LE POIDS DU MONDE

Assis, au Cap, en pleine contemplation de l'Atlantique Sud par la fenêtre au lieu de travailler comme je le devrais (j'arrive au terme de deux semaines d'obligations, quatorze jours à me montrer extrêmement responsable dans l'accomplissement de mes devoirs), mes yeux se posent en bas sur un car au flanc orné du nom « Atlas » et d'un portrait de ce dieu dingue de la Grèce antique qui portait le monde sur ses épaules. J'inspecte mes propres épaules et constate avec satisfaction et (toujours) surprise, qu'environ quarante ans de yoga et de taï chi ont payé car je les trouve, et me trouve, aussi souples qu'un roseau aux pieds nus.

J'ai un petit rire en me souvenant de ma réponse ironique lorsqu'on m'a demandé, lors d'un atelier cette semaine, si je connaissais un raccourci pour relâcher la tension chronique des épaules : « Quinze ans de yoga ! » Les ricanements conduisent presque toujours à la suffisance, et j'arrête donc par peur de tomber dans l'excès d'assurance. Je remarque alors, en me concentrant, que je peux en fait amener mes épaules à s'abaisser d'encore deux ou trois bons centimètres, ce qui me fait penser à vous, et à la manière dont je pourrais vous donner envie de m'imiter, tant mon être en éprouve une agréable sensation de soulagement.

Mais avant que je m'y mette, réfléchissez au poids psychologique que vous transportez depuis que vous avez atteint l'âge de penser par vous-même – le poids de toutes ces décisions, de toutes ces interrogations sur la vie et la mort, pour ne rien dire des découverts bancaires, le poids de la culpabilité laissée en suspens par toutes vos mauvaises actions, le poids de l'amour, de la perte, le poids de la peur existentielle, de la fureur inexprimée, des regrets liés à tout ce que vous n'avez pas fait, des rêves que vous craignez de ne jamais réaliser, des mensonges, le poids des attentes des autres auxquelles vous essayez de répondre. Sentez-le reposer sur vos épaules maintenant, et demandez-vous : « Est-ce que j'ai vraiment besoin de trimballer ce fardeau jour et nuit ? Est-ce que j'en ai vraiment envie ? »

Vous souvenir que vous avez le choix en la matière va peut-être vous surprendre un instant. Mais si vous ne l'avez pas, qui l'a ? Bien entendu, si vous pensez conforme à votre caractère de porter le monde sur vos épaules en guise de lest, continuez. Mais si vous effleure le soupçon que vous pourriez avoir une vie meilleure si vous déposiez le fardeau, pour ainsi dire, alors, ne vous accrochez pas.

Ce qui me ramène à vous en donner l'envie.

« Imaginez-vous maintenant comme Atlas, le poids de toute votre existence reposant sur vos épaules – les tonnes que représentent toutes ces expériences, tous ces sentiments, tous ces gens, toutes ces situations, tous ces bâtiments, tous ces vastes panoramas qui composent votre histoire. Percevez ce poids, inspirez, et en expirant, voyez-vous le balancer par terre derrière vous en reprenant avec force la formule immortelle d'Ayn Rand : "Atlas a haussé les épaules" ! Répétez le geste jusqu'à ce que vos épaules se soient pleinement abaissées et que vous sentiez le haut de votre torse large comme un (très grand) haricot. »

Comme je l'ai laissé entendre à la personne avide d'une solution instantanée, il n'existe pas de raccourcis. Il faut patiemment entraîner son corps à l'aide de son esprit. Un véritable entraînement met des années à pénétrer le brouillard du complexe corps-esprit quand il a lui-même des années de mauvaises habitudes posturales. Commencez donc par hausser souvent les épaules, aujourd'hui et tous les jours de votre vie, si vous voulez acquérir une complète et durable légèreté de l'être.

« Et voici l'aide d'une astuce taoïste : assis(e) confortablement, le dos droit et perpendiculaire au sol, respirant lentement et régulièrement, levez les bras devant vous, les mains tournées vers la poitrine comme si elles serraient une balle de coton légèrement trop grande pour leur permettre de se rejoindre. Maintenant, très doucement, tournez votre tête d'un côté puis de l'autre dix-huit dans chaque sens, comme si vous disiez "non" au ralenti. Évitez de forcer ou d'étirer – faites simplement pivoter ce vieux tas d'os, de cervelle et d'organes sensoriels comme s'il était monté sur un roulement à billes. Baissez lentement les bras, restez au repos et savourez la délicieuse sensation de soulagement dans vos épaules où commencent à se précipiter le sang et l'énergie. Déclarez alors avec fierté : "Je ne porte plus le monde sur mon dos !" »

Je viens de regarder dehors à l'instant même pour voir l'autocar d'Atlas s'éloigner dans le soleil couchant. C'est de bon augure.

QUELQUES MINUTES DE PLUS SOUS LA DOUCHE POUR GRANDIR

Peut-être vous en rappelez-vous, nous avons récemment vanté les mérites du multitâche sous la douche ou dans la baignoire, plus précisément de la transformation du savonnage quotidien en automassage de style taoïste aux vertus thérapeutiques et énergétiques.

« Plutôt que de laisser le hasard guider vos gestes, vous ne prendrez pas plus de temps à les conformer à un très vieil enchaînement asiatique qui consiste à caresser chaque jambe en remontant par l'intérieur depuis le pied et en redescendant par l'extérieur, puis chaque bras en descendant par l'intérieur et en remontant par l'extérieur, puis la poitrine et le ventre, de haut en bas, les mains revenant aux aisselles par les côtés du torse. Répétez chaque circuit environ neuf fois avant de vous rincer. Une pratique quotidienne ne garantit pas seulement une propreté immaculée, elle crée un flux perceptible d'énergie interne qui produit en l'espace de seulement trois semaines un renforcement notable du système immunitaire, un investissement prudent si l'on songe au SRAS. »

L'enchaînement décrit précédemment ne concerne pas la totalité du corps, mais je gardais les techniques plus contorsionnistes, y compris l'automassage du dos et des épaules, pour un moment où je me sentirais plus musclé et plus leste dans mon expression verbale. Je ne suis pas dans un de ces moments, venant d'enchaîner sans interruption au Cap neuf jours d'ateliers, de conférences et d'émissions de télévision et de radio qui ont presque entièrement épuisé ma réserve de mots. Cependant, quand je me suis adonné à ma pratique quotidienne de savonnage ce matin sous la douche, la technique des muscles ischio-jambiers m'a tellement enthousiasmé que je me vois contraint d'utiliser le peu de mots qui me reste pour la partager avec vous.

Ces muscles à l'arrière des cuisses n'évoquent peut-être pour vous que des coussins naturels rendant plus confortables les séjours au petit coin, mais ils nous sont d'une grande utilité pour tenir debout. De plus, la médecine taoïste attribue aux différents groupes de muscles diverses fonctions dans le royaume psychoaffectif, et dans leur cas, il s'agit de la capacité à défendre sa position, à tenir bon et à dire « non » si nécessaire. Pendant les vingt années où je soignais en première ligne, j'ai clairement observé que les gens dont les muscles ischio-jambiers manquaient d'élasticité avaient du mal à se laisser porter vers l'inconnu et tendaient à se buter, tandis que ceux qui les avaient faibles et mous éprouvaient de la difficulté à s'affirmer et à dire non. À l'inverse, les personnes dont ces muscles étaient à la fois souples et toniques faisaient facilement preuve d'une saine assurance et avaient plus de chance de profiter des occasions qui se présentaient en chemin.

À moins de sortir d'une longue maladie, la faiblesse des muscles ischio-jambiers vient de ce que l'on passe trop de temps assis ou couché, et pas assez à marcher, courir ou faire de l'exercice. Quelques bonnes promenades autour du pâté de maisons suffisent en général à corriger rapidement le problème. S'ils manquent d'élasticité, c'est que vous ne les étirez pas suffisamment, ce qui semble aller en général avec une crainte intrinsèque du changement qui rend enclin(e) à camper sur ses positions et à se braquer. Oui, c'est une affirmation audacieuse, mais qui n'a rien d'absurde si vous acceptez l'idée taoïste qu'avoir inconsciemment peur de la vie amène progressivement la région des reins à se contracter. Comment, avec le temps, cette contraction descend de part et d'autre de la colonne vertébrale, franchit les fesses et envahit les muscles ischio-jambiers et les mollets, d'où elle se fige dans un entêtement buté, n'est qu'une simple question de mécanique corporelle. Une brève interaction quotidienne entre le savon, la main et l'arrière de la cuisse créera dans la région un flux d'énergie d'une puissance subtile, donnant du mou à la raideur et davantage de rigidité à la mollesse, et contribuera ainsi à équilibrer les niveaux d'assurance et d'opportunisme.

« Voici comment procéder : plaquez votre main droite juste en dessous de la fesse droite, descendez en serrant le muscle avec amour mais fermeté, et en pressant plus fort sur l'extérieur, jusqu'au creux du genou, puis remontez en insistant sur l'intérieur. Répétez encore huit fois, et passez à la cuisse et à la main gauches. Au bout de trois semaines, vous vous sentirez plus assuré(e) et aventureu(x/se). »

Chapitre 6

Énergie, santé et système immunitaire

ÊTES-VOUS CONTINUELLEMENT FATIGUÉ(E) SANS RAISON APPARENTE ?

Vous avez l'énergie qui flanche l'après-midi ? Après une bonne nuit de sommeil, votre esprit a du mal à s'éclaircir ? Consultez votre généraliste, et il vous dira de faire davantage d'exercice, de réduire votre consommation de caféine et d'éviter les matières grasses et le stress. Il ne s'agit là que de conseils valables, mais personne ne vous explique pourquoi on vous les donne.

En période de stress, la conséquence, peut-être, d'une sensation de surmenage, d'insatisfaction ou d'incapacité à effectuer des changements nécessaires dans notre existence, nous avons tendance à devenir plus autodestructeurs. Un mode de vie sédentaire, surtout quand la nourriture et la boisson servent de réconfort, met le foie à l'épreuve, causant une contraction qui dégrade son fonctionnement et provoque de la fatigue.

Ce processus de contraction est une réaction de type amibien à un environnement perçu comme hostile à nos objectifs et correspond à une inhibition de nos élans spontanés. Avec le temps, laissé incontrôlé, il risque d'entraîner une dépression chronique. Irritations oculaires, migraines, nuque et épaules raides, bouffissures, lassitude, susceptibilité, manque de désir sexuel et répétition du mantra « Je n'en peux plus ! » comptent parmi les autres signes possibles.

Pas de panique si vous manifestez certains de ces symptômes. Vous êtes probablement capable de guérir par vos propres moyens en essayant la technique suivante issue de la médecine taoïste.

> « Détendez-vous. Inspirez à fond. Expirez à fond. Paume vers le haut, placez les doigts de votre main droite sous vos côtes à droite. En vous aidant de la main gauche, enfoncez-les doucement en remontant jusqu'à rencontrer une résistance. Décontractez-vous davantage et maintenez une légère pression en imaginant que la résistance fond comme du beurre… jusqu'à ce qu'elle le fasse. Continuez à respirer. Au premier contact, il est normal d'éprouver une faible, mais pas désagréable, sensation d'essoufflement. C'est le relâchement du processus de contraction. Au bout d'environ une minute, retirez lentement votre main. Vous pouvez effectuer ce traitement en menant d'autres activités.
> Pour prévenir un nouveau blocage du foie, et augmenter votre énergie, votre endurance et votre assurance, recommencez trois fois par semaine. »

SUIVRE LE CHEMIN DE MOINDRE RÉSISTANCE

« Fais confiance au Tao et tout s'arrangera d'une manière ou d'une autre », dit la très vieille chanson du docteur aux pieds nus itinérant – autrement dit, fais-toi confiance et fais confiance à la bienveillance naturelle de la vie, quand elle déroule son enchaînement ininterrompu de causes et d'effets, et ton conte de fées personnel finira bien (si mourir ne te gêne pas, bien sûr).

Antérieur au bouddhisme et au confucianisme, le taoïsme s'est développé en Asie il y a au moins cinq mille ans (certains pensent douze mille) sous la forme d'une philosophie, mais aussi d'un code et d'un mode de vie. Il aurait été transmis par les « fils de la lumière réfléchie ». Selon la légende, ces êtres mesuraient plus de deux mètres, portaient des vêtements étranges, vivaient dans les montagnes entre le Tibet et la Chine et disparurent un jour sans laisser de trace. Mais non sans avoir d'abord partagé leurs secrets avec les autochtones.

Ils leur ont ainsi appris comment l'énergie et la conscience circulent et fonctionnent – à la fois sur un plan microcosmique dans le corps humain et à une dimension macrocosmique à travers le temps et l'espace – et comment prendre le contrôle de ce processus pour atteindre son potentiel optimal.

Le taoïsme n'est pas vraiment un « isme », et n'est certainement pas une religion, bien qu'en des périodes plus proches de nous, certains aient légèrement perverti sa pratique pour lui donner une forme néo-religieuse.

Pour se faire une idée, ou partir à la découverte de ce riche et pourtant simple filon d'or métaphysique, l'art consiste à s'identifier aux esprits des premiers praticiens taoïstes. Je dis « praticiens » parce que le taoïsme consiste principalement en une série de pratiques engageant le corps, l'esprit et l'âme afin de maintenir en harmonie tous les aspects de notre existence dans le cadre de sa relation aux autres et à notre environnement. Ces pratiques comprennent le taï chi, le qi gong, le feng shui et l'acupuncture, ainsi que de nombreux autres arts moins connus.

Utiliser à votre profit des techniques taoïstes n'entrerait pas en conflit avec une croyance religieuse ou non religieuse que vous pourriez avoir, mais la nourrirait plutôt. Le Tao n'est pas une solution de rechange à Dieu, Bouddha ou toute autre manière d'étiqueter l'inétiquetable. C'est juste une grande idée chaleureuse et universelle qui peut aider à donner un sens à l'absurdité de la vie. Et elle a une histoire sans tache. Personne, à ma connaissance, n'a jamais en son nom combattu, tué, conquis, dévasté, violé ou pillé, ni ne s'est vengé de tels actes. Autant que je sache, aucune autre conception de l'inconcevable n'a réussi à prospérer pendant cinq mille ans avec un casier judiciaire aussi vierge.

Il en va peut-être ainsi parce que le taoïsme compte parmi ses principes fondamentaux de ne pas créer de conflit avec ses frères humains. Ce qui n'est pas pour autant une invitation à courber l'échine ou à se laisser piétiner dans la jungle de la vie postmoderne. D'ailleurs, le taï chi et ses prédécesseurs taoïstes, le hsing i et le pa kua, sont les trois formes de boxe (et d'autodéfense) les plus respectées d'Asie. L'idéal auquel il faut aspirer est la poupée lestée à base sphérique qui, aussi fort que vous la poussiez, tourne sur elle-même et se redresse sans jamais perdre son équilibre ou sa dignité.

Cela implique de toujours suivre le chemin de moindre résistance tout en restant intérieurement centré et rassemblé. Gardant une intention particulière à l'esprit, vous coulez comme de l'eau de votre centre vers votre but, aisément, sans effort et, si nécessaire, avec force, sans jamais gaspiller d'énergie dans l'inquiétude, ni céder à la frustration, l'autoapitoiement ou la panique.

Il faut éprouver une envie confiante de s'abandonner au flot, de ne pas s'accrocher aux fruits de son labeur et de tirer toute sa satisfaction de l'action plutôt que des résultats. Les taoïstes appellent « wu wei » ce phénomène d'accomplissement sans effort.

Pour devenir expert(e) dans la pratique du wu wei, vous devez d'abord vous enseigner la relaxation.

> « Commencez par contracter les muscles de la tête un court instant, délicatement, sans forcer, puis relâchez. Poursuivez avec le cou et la ceinture scapulaire, et continuez ainsi à descendre par "tranches" jusqu'à avoir tendu et détendu à peu près tous les groupes de muscles de votre corps. Enfin, sans oublier de garder en permanence une respiration fluide et toujours sans forcer, contractez d'un coup la totalité de votre réseau musculaire, de la tête à la pointe des orteils, et relâchez. »

Maintenant, passez un moment « de qualité » à savourer ce bref interlude de paix intérieure et à jouir de la conscience de votre vertu intrinsèque. Être vertueux, la qualité baptisée « te » par les taoïstes, signifie aussi être authentique, ou être dans le flux de ce qui est vraiment.

Il faut pour cela avoir la volonté d'accepter les conditions de votre existence telles qu'elles se présentent, et de renoncer à essayer de les modifier avec votre télécommande métaphorique. Mais même une obéissance zélée à ces restrictions se révèlera aride sans l'exercice délibéré de la compassion : notre capacité innée à nous émouvoir de notre chagrin et de notre souffrance, et du chagrin et de la souffrance des autres, sachant que nous ne pouvons pas aider tout le monde, mais en aidant qui nous pouvons plutôt que de causer du tort. Ainsi, nous éprouverons de temps en temps un peu de réconfort en progressant sur ce boulevard de rêves brisés souvent féroce mais absolument magnifique.

Une promenade régénératrice pour être au top

L'été annonçant sa venue imminente, il est temps d'envisager d'accorder un bon bol d'air à votre énergie en faisant de l'exercice. Pas la peine de grogner. Outre une alimentation adéquate, il n'existe rien de plus favorable à la santé et à la longévité que de pratiquer régulièrement un exercice physique.

Il ne s'agit pas seulement de flatter votre vanité (bien que nous aspirions tous à la beauté – et pourquoi ne pas être la plus jolie fleur possible ?), mais aussi de vous donner l'opportunité de passer un moment sincèrement constructif avec vous-même, de manière à reconstruire votre vision du monde et vous resituer par rapport à ce monde. Et il n'existe pas de meilleur moyen d'y parvenir que d'entraîner consciemment votre corps (en mouvement) à suivre les ordres de votre esprit. Rien ne vous ancre aussi bien en vous-même. Et même si certains voient dans le yoga la mère de toutes les formes d'exercice, il n'y a certainement pas plus naturel et primitif que la marche.

D'accord, la course est plus planante en termes de libération d'endorphines, mais elle a vite fait, aussi, d'aggraver des problèmes articulaires chroniques liés à un défaut d'alignement de la colonne vertébrale ou une faiblesse des genoux. Marcher, en revanche, fournit une occasion parfaite d'évacuer consciemment les tensions mentales et physiques sans ébranler les articulations, et crée tout de même un état de conscience altérée d'une réelle profondeur. On a décrit en détail les vertus de la marche pour les systèmes cardiovasculaire, digestif et excréteur, mais son intérêt spirituel, psychologique et énergétique est moins connu.

De nombreux mythes évoquent des maîtres taoïstes qui auraient parcouru sans effort cent cinquante kilomètres dans la journée, une exagération manifeste, mais il est vrai qu'en adhérant aux principes du « vol », vous allez vous autopropulser avec aisance sur des distances qui vont vous surprendre.

Avant de démarrer, il faut vous munir de chaussures offrant le soutien et le confort appropriés, de vêtements faciles à enlever et à nouer autour de la taille, et, éventuellement, d'équipement de transport de biens (sac ou sac à dos) adapté. Toutefois, avant que le premier pied franchisse le seuil pour émerger dans le monde des « dix mille êtres », gravez dans votre esprit une vision de votre destination et de votre arrivée triomphale, et passez un contrat avec vous-même : malgré toutes les tentations de vous poser sur l'arrière-train offertes par les bus, les trains ou les taxis, vous accomplirez cette vision honorablement. Puis, au moment où le pied franchit le seuil et où la porte se referme dans votre dos, exhortez- vous sur le thème de : « Je peux le faire ! Je vais le faire ! Je suis en train de le faire ! »

Dans la rue, stimulé par l'énergie des voitures, des plantations de panneaux routiers, des affiches et des passants, votre esprit va d'abord avoir tendance à se laisser entraîner vers des pensées d'horaires, d'engagements, de ressentiments, de fantasmes, d'espoirs et de peur. Rassemblez plutôt votre conscience dans votre corps, et commencez par la plante des pieds qui doit être décontractée, les orteils étalés au mieux dans les chaussures, la voûte plantaire soulevée sans effort, le pied donnant à chaque pas l'impression de « se dérouler » du talon aux orteils. Pour faciliter ce « déroulement », gardez en permanence les genoux un peu pliés et basculez légèrement le bassin en avant, jusqu'à sentir le bas de votre dos à la perpendiculaire du sol. Détendez complètement vos fesses et autorisez-les à osciller. Contrairement à une idée fausse, les crisper ne tonifie pas les muscles et ne rend pas plus sexy. Les muscles font en fait bien plus d'exercice et bénéficient d'une bien meilleure irrigation lorsqu'ils bougent librement. En même temps, allongez la nuque en utilisant l'esprit plutôt que la force : laissez légèrement tomber votre menton et imaginez un fil invisible en train de tirer le sommet de votre crâne vers le ciel. C'est la façon taoïste de marcher avec un livre en équilibre sur la tête, qui étire la colonne vertébrale au lieu de la comprimer.

Décontractez votre ventre, votre dos, votre poitrine et vos épaules, vos organes auront ainsi la place de prendre plaisir à la promenade, eux aussi. Appuyez la pointe de la langue contre le palais afin d'aider l'énergie mentale à descendre par le devant du corps jusqu'au ventre où elle est régénérée, comme je l'ai déjà indiqué. Organisez-vous autour d'un point connu sous le nom de « tantien » et situé à cinq centimètres au-dessous du nombril. Faites-en le centre de l'univers à l'intérieur de vous, l'origine de tous vos mouvements.

Prêtez attention à votre respiration. Pour qu'elle cesse d'avoir un rythme aléatoire, synchronisez-la avec vos pas. Démarrez tranquillement, sans forcer sur rien. Ainsi, vous ne poussez pas votre corps à la révolte. Vos bras balançant librement, et toutes les mesures indiquées ci-dessus respectées, vous risquez de commencer à éprouver une sensation de lourdeur dans les paumes et les doigts, comme si vos mains se remplissaient de sang et de chaleur. Elle est parfaitement naturelle et indique que votre chi, ou force de vie, circule avec plus de vélocité.

Parce que le foie n'aura pas encore délivré la quantité supplémentaire de sang requise pour un bon « vol », vos sous-personnalités les plus rebelles exerceront une résistance initiale, ce qui rendra sans doute puissant le pouvoir de séduction des taxis de passage. Le moment où l'on surmonte cette résistance coïncide en général avec celui où le foie passe à l'action, et l'effort de volonté en vaut la peine.

Qui a besoin de sommets de Kyoto ? Si nous sommes assez nombreux à nous mettre au « vol terrestre », nous pouvons peut-être encore sauver la planète.

VOUS MÉRITEZ UNE RÉGÉNÉRATION

Épuisé(e) ? L'impression que chaque mouvement de votre corps a pour seul moteur la volonté ? Le souffle court et les jambes lourdes pour grimper cette colline ? Soucieu(x/se) de constater que votre réaction à la vie tend au négatif ? Tellement fatigué(e) qu'on n'arrive même pas à vous décider d'aller au lit ? Des vacances s'imposent, camarade !

Mais pour parler sérieusement, et comme les congés ne tombent pas des arbres, nous pouvons prendre le mécanisme qui est au cœur de bonnes vacances pour l'utiliser comme modèle d'un programme d'autorégénération d'une durée de vingt-quatre heures.

Les vacances ont pour première phase un processus de ralentissement et de lâcher prise : accepter de lever le pied pour passer à une vitesse vraiment tranquille. Cela tend à libérer par dizaines des fils de pensée aléatoires dont résulte une certaine désorientation, car les points de référence internes habituels deviennent flous et temporairement hors sujet. Vous ne pouvez plus vous situer sur la carte métaphysique grâce à des repères comme vos relations humaines, votre emploi, la manière dont vous le remplissez, l'image que les autres ont de vous (à ce que vous en croyez), votre statut social (tel que vous le voyez), votre statut financier, vos espoirs, vos rêves et vos attentes, mais uniquement en référence au fait d'être dans un état de relaxation.

Les taoïstes de l'Antiquité, à la pointe de l'abandon de fardeau, appelaient ce processus d'annulation de soi-même « investir dans la perte ». Il repose sur une logique : la vie a du mal à vous remplir de gâteries quand vous êtes déjà plein (de vous-même), et, en prime, sacrément las de l'être.

Ce qu'il y a de déroutant à lâcher ainsi prise, c'est la sensation inévitable d'avoir perdu la vue d'ensemble. Soudain, tous les démons auparavant occultés par l'activité se précipitent à la surface. C'est le deuxième stade : affronter ses démons. Vous vous bagarrez avec vos peurs de l'échec, de la maladie et de la mort ; vous ferraillez avec vos ressentiments et vos insuffisances. Vous vous demandez s'il n'aurait pas mieux valu simplement continuer. Mais vous êtes tellement épuisé(e), vous n'avez pas l'endurance suffisante pour poursuivre ainsi longtemps, et vous finissez par succomber à l'attrait de la télé, d'un bon livre ou juste de la gravité, et vous sombrez dans le sommeil. Le soleil brille mais vous laisse indifférent(e), hormis pour de brefs instants. Vous voulez juste dormir. Et vous le faites. Vous dormez, et vous dormez au moins une bonne heure – n'oubliez pas, nous n'avons qu'une journée. Et vous rêvez, et vos rêves libèrent un torrent d'images tordues, semblables au rebut contenu par une décharge.

Mais au bout d'un moment, quand vous vous réveillez – et c'est la troisième étape de la régénération – vous commencez à vous demander si vous n'auriez pas plaisir à sentir ce soleil sur votre visage, et l'idée de communiquer avec d'autres personnes, directement, par téléphone ou par courriel, provoque une légère excitation plutôt que de la terreur. Faites alors attention, car vous ne devez pas vous précipiter à ce stade. Descendez posément du lit (ou du canapé), et l'esprit frais, insufflez une pensée positive comme « J'ai maintenant accès à une énergie sans limites ! », car nous savons tous qu'il est impossible de réussir à s'autorégénérer avec une attitude négative : elle ne pourrait qu'aggraver l'épuisement.

Prenez ensuite soin de votre foie, car c'est lui qui fournit la clé de votre réapprovisionnement en énergie, même si tous les organes, et en fait systèmes vitaux, sont intimement impliqués dans le processus épuisement-drainage-régénération. Donc, attrapez vos côtes flottantes (une main pour chaque côté), et écartez doucement tout en respirant profondément.

Continuez d'écarter jusqu'à sentir que vous avez atteint l'extension latérale maximale. Restez ainsi une minute, ou jusqu'à ce que l'ennui vous gagne, et relâchez lentement. D'une part, vous réduisez ainsi le stress dans la région du foie et activez la circulation de sang et d'énergie, d'autre part vous contribuez à décontracter votre diaphragme, et donc à augmenter votre capacité respiratoire, d'une importance cruciale dans la production d'énergie.

Arrive finalement la rentrée. Avalez quelques gouttes d'olivier, le remède floral de Bach, et armez-vous de sentiments comme « Je suis maintenant complètement régénéré(e) (bien que de vraies vacances n'auraient pas été désagréables) et prêt(e) à tout ! » ou « Je suis tellement régénéré(e) que c'est à peine supportable ! » Trop enthousiaste ? Oh, laissez tomber. Mettons-nous en congé maladie et restons au lit.

STIMULER LE SYSTÈME IMMUNITAIRE COMMENCE DANS LA TÊTE

Combien de fois êtes-vous déjà allé(e) chez un généraliste avec une liste de symptômes débilitants et apparemment sans rapport entre eux pour entendre, après un examen superflu : « C'est probablement un virus ? »

En toute justice, c'est probablement un virus.

La prolifération d'êtres humains sur la planète s'est accompagnée d'une prolifération de virus. Nommés d'après le mot latin *virus* (désignant la sève empoisonnée des plantes), les virus sont de l'écume primitive en quête d'un corps hôte accueillant à coloniser. N'y voyez rien de personnel, il s'agit juste de l'élan fondamental de la nature à prospérer à tous niveaux.

L'un de ces petits salopards, particulièrement intéressant, circule actuellement d'un bout à l'autre du pays. Il « envahit » le foie et provoque une extrême lassitude, des maux de tête, des ballonnements, de l'indigestion, des formes légères de dépression ou de désorientation, de la maussaderie, de la fièvre, des crampes intestinales et parfois des maux de gorge. Les symptômes réapparaissent environ tous les quinze jours pendant au moins quelques mois. Ils sont presque impossibles à distinguer de la mononucléose infectieuse ou du syndrome d'Epstein-Barr et présentent des ressemblances avec l'hépatite.

Le stress intense causé par nos occupations quotidiennes – travail, déplacements, relations sociales et communications accélérées par la technologie – pilonne en permanence les nerfs, le foie, les reins, le cœur et les organes digestifs. La pollution de l'air, de l'eau et des aliments augmente à une vitesse exponentielle, et le foie doit travailler bien plus dur pour purifier notre organisme. L'auto-évaluation perpétuelle nécessaire pour s'adapter au marché et l'insidieux bombardement des sens par la publicité affectent l'image que nous avons de nous-même. Cela détourne et consume de vastes quantités d'énergie normalement utilisées à entretenir le système immunitaire. Nos défenses subissent une pression plus forte que jamais, nous laissant de plus en plus vulnérables à une invasion de virus.

Pour renforcer le système immunitaire, il faut partir de l'esprit, qui transmet ensuite le message au corps. Faites clairement le choix, et érigez-le en intention, d'obtenir toute la santé et toute la longévité en votre pouvoir, ce qui mobilisera l'énergie nécessaire pour stabiliser votre système et vous protéger de l'« invasion ».

Faire tous les jours de l'exercice apporte une aide essentielle à la circulation de cette énergie régulatrice. Cet exercice devrait associer des pratiques dures et douces, externes et internes. Par exemple, la course à pied et le yoga, les haltères et le taï chi.

Évitez les aliments riches, gras et bourratifs, ainsi que les stimulants, afin de réduire l'effort exigé de votre foie. Détendez-vous, respirez et n'oubliez pas qu'on se sent bien plus fort quand on se sait aimé(e), alors aimez-vous du mieux que vous pouvez. Surtout, prévoyez des moments de plaisir sans retenue. Emmenez-vous à la plus proche fête qui en vaut la peine et dansez. Dansez à en perdre vos chaussettes. Car dans cet état enfantin et désinhibé, votre vraie force se révélera.

Atteindre l'ivresse suprême

Quelle est l'ivresse suprême ? Et pourquoi tant d'entre nous dépensent-ils tant de temps, d'énergie et d'argent à la chercher ? Être catapulté à trois cents mètres d'altitude sur le siège avant d'un planeur, sauter à l'élastique depuis un pont ou s'élancer en parapente du sommet d'une falaise en offrent trois métaphores adéquates. Toute circonstance extérieure qui confronte à la mort déclenche une libération d'adrénaline, le produit chimique produit en interne le plus étroitement associé à l'ivresse d'une expérience extrême.

D'autres préfèrent se frotter à la mort de manière moins spectaculaire, en ingérant des substances psychotropes ou en méditant. La « petite mort » de l'orgasme connaît un grand succès, comme l'oubli momentané du moi lorsqu'on danse ou joue de la musique. Même conclure une affaire peut produire un effet extatique.

Mais le problème de l'ivresse suprême, c'est que lui succède inévitablement une suprême gueule de bois. Ce qui est très bien tant que vous avez le temps et la volonté d'en passer par là.

Les premiers taoïstes, comme tous les adeptes des authentiques chemins spirituels, observèrent avec acuité l'interaction perpétuelle entre montée et descente, l'appelant yin et yang. Ils décidèrent alors de renoncer à courir après les sommets dentelés, pour aspirer plutôt à atteindre un état de plateau d'altitude affectant simultanément l'âme, le corps et l'esprit. À cette ivresse viable, ils donnèrent le nom de taï chi, littéralement le « faîte suprême ».

Comme nos modes de vie nous mettent tous sous pression, nous pourrions trouver désirable d'aspirer à ce plateau compatible avec toutes nos activités quotidiennes.

Au fond, il s'agit simplement de s'entraîner à décontracter son corps et sa respiration. Puis à reculer derrière les pensées défilant à l'esprit afin de prendre l'ascendant sur elle, comme un général inspectant ses troupes.

Si, en même temps, vous détendez votre poitrine, vous vous ouvrez à l'amour des autres : pas un amour farfelu et enjolivé idéalisant les gens et ignorant leurs épines ou leurs missiles, mais une compassion lucide envers l'être fondamental qui est en chacun de nous, derrière les déguisements variés (directeur de banque, artiste, spécialiste des technologies de l'information, etc.).

Dans cet état d'amour, vous vous sentez connecté(e) et en accord avec tous les aspects de votre environnement. Avec la pratique, vous apprendrez à entretenir un état régulier, instant après instant, d'« ivresse » durable.

Examinez votre comportement récent. Si vous avez fait preuve d'un excès de cynisme, de pessimisme ou même de franche méchanceté, vous souhaiterez peut-être essayer la technique suivante de recadrage de la perception.

Accueillez toute personne que vous rencontrez avec la pensée : « Je veux regarder au-delà du rôle joué par cette personne et l'aimer plutôt que la craindre. »

C'est un essai. Il exige que vous mettiez temporairement en suspens votre système de croyances. Attendez trois jours pour juger des résultats. Répétez simplement la pensée aussi souvent que vous arrivez à vous en souvenir, sans chercher à savoir si vous y croyez ou pas. Vous y gagnerez probablement un aperçu suffisant de la réalité du taï chi pour vous donner envie d'aller plus loin.

À LA LOUANGE DU CORYZA

Il est rare que s'élèvent des louanges au coryza, le banal rhume de cerveau – l'une des plaies de notre vie postmoderne centralement chauffée –, mais je crois le moment arrivé en même temps que le fantastique ordre nouveau mondial de ce vingt et unième siècle frénétique.

Les premiers signes de l'infection peuvent commencer à se manifester jusqu'à un mois auparavant : cette soudaine douleur contagieuse entre les côtes au milieu du dos, un point douloureux derrière la tête près de l'oreille, une augmentation des mucosités au réveil, des douleurs dans les genoux et les épaules, le cou raide, un coup de pompe l'après-midi ou diverses combinaisons de tout cela, sans ordre chronologique. Enfin, vous vous surprenez en train de marmonner « M…, j'ai un rhume ! », et cette idée finit par devenir une réalité indéniable.

À ce stade, la tendance « occidentale » est de paniquer légèrement à la perspective d'emplois du temps perturbés et de quelques jours de cheveux informes et de mascara coulant, et de se démener pour enrayer le rhume avec diverses combinaisons de « remèdes » allopathiques ou alternatifs, selon les penchants. Mais le virus du coryza, selon la philosophie médicale taoïste, n'est pas nécessairement malveillant. En réalité, à condition de le laisser suivre son cours, un rhume peut faire le plus grand bien.

Il est futile d'essayer de résister à un rhume une fois qu'il a pris pied, on ne fait que gaspiller une précieuse énergie. N'en ayez pas peur, car la peur provoque une contraction des reins qui affaiblit le système immunitaire. Abandonnez-vous plutôt de bonne grâce à ce merveilleux état de conscience altérée, doux et cotonneux, où, les oreilles et les trompes d'Eustache à demi bouchées, vous vous sentez emmitouflé(e) dans de la ouate. C'est l'état « yin », ou féminin, qui vous fait vous retirer à l'intérieur.

Si vous pouvez prendre le temps (un grand « si », c'est vrai), accordez-vous deux jours à traîner à la maison pour profiter pleinement des révélations qui accompagnent souvent un tel repli. Si vous êtes obligé(e), pour une raison quelconque, de sortir vous mêler à vos collègues de travail et répandre ainsi les germes de votre bienfait, faites tout votre possible pour conserver cette sensation de douceur interne, afin d'éviter une dépense d'énergie dépassant vos moyens. Selon les taoïstes, seule une force durable résulte de cet état « doux ». Plus spécifiquement, le coryza est l'un des moyens hautement efficaces employés par la nature pour donner à notre système immunitaire un peu d'exercice afin de le muscler. Accueillez le rhume comme une force bienveillante et, comme tout invité que vous avez mis à l'aise chez vous, il vous traitera bien en retour. Refuser au rhume le respect qui lui revient en ne ralentissant pas et en recourant à des inhibiteurs chimiques provoque souvent, plus tard, des affections inflammatoires plus compliquées de l'appareil respiratoire. Bien entendu, si celui-ci souffre d'une faiblesse initiale, des complications peuvent survenir aussi en se soumettant au rhume : chacun a des rhumes différents et les généralisations restent d'une portée limitée. Mais vous pouvez prendre quelques mesures rudimentaires, sans changer toute votre vie, qui rendront le passage du rhume à la fois plus rapide et plus agréable.

Pour dégager vos trompes d'Eustache, votre gorge et vos sinus, mangez une tranche ou deux de gingembre cru, ou déposez une pointe de moutarde sur votre langue. La réaction explosive, bien que surprenante, apporte un immense soulagement et la chaleur se révèle utile à l'énergie des reins, et donc au système immunitaire. La nuit, employez des décongestionnants naturels (eucalyptus et menthol) afin d'éviter d'inhaler de la poussière par la bouche en dormant. Pour nettoyer les voies aériennes et empêcher le rhume de s'étendre à la poitrine, buvez de l'infusion de molène bouillon-blanc et placez votre visage au-dessus d'un bol contenant de l'eau bouillante et une préparation à base de benjoin. Pour évacuer le sang et l'énergie « sales » de votre poitrine, et ainsi renforcer vos poumons, balancez beaucoup les bras et faites de nombreuses pompes, si vous en avez la force. Autant que possible, maintenez constante votre température afin de faciliter la tâche de vos reins et, par-dessus tout, détendez-vous.

Selon la tradition, il existe une correspondance entre les poumons et le chagrin ou l'attachement malsain à des personnes ou des situations appartenant au passé. Nous semblons souvent attraper des rhumes dans des périodes de grande transition où il nous faut renoncer à quelque chose ou quelqu'un pour pouvoir progresser. Selon certains, un rhume apparaît quand nous avons besoin d'une bonne crise de larmes, mais que le temps ou l'envie nous ont fait défaut. Profitez du moment pour déterminer où vous devez lâcher prise, et décidez d'effectuer les changements nécessaires. Si l'idée vous effraie, répétez-vous cette suggestion jusqu'à éprouver une impression d'équilibre : « Tout changement est bon ! » Bon !

Chapitre 7

Anxiété, stress et décompression

ÉTOUFFER L'ANXIÉTÉ

Vous avez un délai à respecter. L'argent sort mais ne rentre pas. Votre partenaire menace de partir avec un(e) autre si vous ne devenez pas d'un coup plus sexy. L'affaire qui vous prend tout votre temps depuis des mois risque de vous échapper. La promotion sur laquelle vous comptez pourrait ne jamais vous échoir. Vos enfants se comportent mal à l'école et montrent des signes de délinquance. Le taux de change risque de décoller à vos dépens au moment où vous alliez acheter votre résidence secondaire à l'étranger. Et, oui, vous allez peut-être mourir avant d'avoir accompli le rêve de votre vie.

L'anxiété s'est emparée de vous. Vous respirez mal. Vous n'arrivez pas à, ou manquez d'envie de, vous concentrer sur les mesures à votre portée qui pourraient vous sortir de ce piège, ce qui aggrave votre anxiété.

Vous buvez donc un verre, fumez une cigarette, dépensez un argent que vous ne possédez pas en caprices sans intérêt, ou régressez à l'état de légume, aggravant encore davantage l'anxiété. Et c'est sans fin.

L'anxiété est endémique. Nous avons pris l'habitude d'accomplir nos tâches quotidiennes dans un état d'anxiété de bas niveau, comme si c'était l'état naturel.

À l'origine, l'anxiété est une réaction choisie ou apprise, un mécanisme de recours faussé, généralement acquis d'un parent anxieux pendant la petite enfance. Cette réaction s'enchâsse bientôt dans la psyché comme un modèle, et prend alors le statut de vérité *a priori* : bien sûr que j'angoisse, j'ai des délais à respecter, des factures à payer, etc. Tout cela semble plausible, très adulte en fait. Mais comme tout virtuose des arts martiaux, trapéziste ou pilote de ligne vous le dira, l'esprit et le corps ne fonctionnent à des régimes optimaux que si l'on est détendu.

L'anxiété provoque une contraction de la région des reins et des glandes surrénales, entravant ainsi leur fonctionnement. Ce qui produit des symptômes incluant la lombalgie, la cystite, la migraine, l'acouphène, les aigreurs d'estomac, une mauvaise digestion, une baisse significative de la libido ou des performances sexuelles, et davantage d'anxiété.

« Vous pouvez maintenant courir chez votre généraliste pour tenter d'étouffer la sensation au moyen de divers produits chimiques, ou choisir l'option autothérapeutique : ralentir de moitié le rythme de votre respiration, ce qui signifie décontracter votre ventre pour permettre au diaphragme de tirer plus efficacement les poumons vers le bas.

Inspirez à fond. Expirez à fond. Si le cœur vous en dit, imaginez que vous expirez l'anxiété, et inspirez du calme et de la clarté. À l'aide de vos poings, massez la zone molle au bas et au milieu du dos jusqu'à la sentir s'assouplir.

Buvez de petites quantités d'infusion de valériane.

Prenez de la mimule, le remède floral de Bach.

Évitez le café et autres stimulants de l'adrénaline.

À long terme, mettez-vous au qi gong ou au taï chi, car ils font intensément travailler au renforcement des reins et des surrénales.

Si vous souffrez d'une angoisse extrême, allez voir un acupuncteur une semaine, un homéopathe la deuxième et un spécialiste du shiatsu la suivante, puis répétez une fois la rotation. Vous ne regretterez pas l'investissement. Enfin, gardez conscience de votre corps quand vous travaillez, vous reposez ou vous amusez. Chaque fois que vous vous retrouvez dans un état de tension musculaire superflue, mettez plutôt votre esprit à contribution avec cette question : "Est-ce que je ne mérite pas de me sentir mieux que cela ?" »

BATTRE LE SPLEEN

La dépression est endémique. Nous avons pris l'habitude de la considérer comme une maladie, mais il s'agit plutôt d'un « malaise ». En fait, le terme « dépression » n'est rien de plus qu'un terme. Il est en un sens précis, en ce que notre moi naturel et joyeux se retrouve au fond d'une « dépression », mais il est aussi trop vague pour décrire les innombrables aspects du ressenti existentiel angoissé tapi sous la surface que nous présentons au monde.

Je ne suis pas en train de nous déclarer tous « dépressifs » (encore un terme exagérément restrictif), mais simplement de constater, au risque de l'hérésie, que ce que nous nommons dépression n'est pas une maladie, mais un état naturel, vu l'immense souffrance (inévitablement et inextricablement liée à l'immense joie) procurée par l'existence. Ou du moins un état naturel dans lequel notre système bascule par défaut lorsque la pression de la vie triomphe de notre exubérance innée et que nous nous sentons dépourvus de l'énergie ou de la volonté de suivre le chemin devant nous, quand il ne nous apparaît pas simplement bouché.

Jour après jour, il nous faut gérer toutes les contraintes de la survie dans le milieu professionnel moderne. Nos corps doivent faire face, entre autres, à de rapides changements climatiques, à la pollution, aux micro-ondes, aux virus, aux infections, à une mauvaise alimentation, à d'éventuelles toxicomanies et à une surcharge médiatique. Et tout cela dans le cadre d'un équilibre complexe de tendances inhérentes, génétiques et constitutionnelles.

Il en résulte un stress immense, et bien que la plupart d'entre nous semblent réussir à s'en tirer en gardant le plus souvent le sourire, si nous devions tous nous réunir dans un vaste auditorium pour un atelier relationnel à l'échelle de la nation, il ne nous faudrait pas longtemps, je pense, pour établir que nous souffrons tous sous nos dehors valeureux. Certains d'entre nous, la majorité j'espère, ont trouvé des stratégies suffisamment efficaces pour l'emporter sur cette tendance naturelle à basculer automatiquement en mode déprimé. Ils parviennent à créer en eux un « espace » propice à l'expression de leur « moi naturel et joyeux », au point que le plaisir de vivre l'emporte la plupart du temps.

D'autres, cependant, se retrouvent temporairement, et parfois définitivement, dépourvus de la « technologie » interne adéquate pour se dresser contre la pression, et le diagnostic tombe : dépression. Tenter d'identifier précisément pourquoi un individu déprime revient à chercher une aiguille dans une botte de foin. Toutefois, pour la médecine asiatique, et depuis toujours, la dépression, quelle que soit sa cause, est souvent entretenue par une stagnation de l'énergie du foie ou une détérioration des fonctions hépatiques. Des examens cliniques ne les révèleront pas toujours, mais toute personne maîtrisant les formes orientales de diagnostic par prise de pouls et contrôle de la langue ne saurait les manquer.

« En conséquence, à la fois sur le plan théorique et dans la pratique clinique (alternative), quelle que soit la véritable cause de la dépression, traiter le foie grâce à l'acupuncture, les plantes médicinales, des massages, un régime et diverses formes d'exercice, atténuera avec le temps tous les symptômes et favorisera l'apparition d'un état d'esprit suffisamment positif pour effectuer les changements nécessaires à une évolution saine du patient. En même temps, il conviendra sans doute de prêter également attention à renforcer les reins (considérés à l'origine de la volonté) et le cœur (sensé soutenir l'intention). »

Bien entendu, on ne peut se contenter de corriger l'énergie du foie en espérant bannir ainsi à jamais la cause de la dépression. Les pressions et contraintes habituelles de la vie n'auront pas disparu, et pour les assumer, il faut mettre au point une stratégie applicable. Les taoïstes croient en une perpétuelle alternance de deux forces opposées (le yin et le yang), et selon ce principe, si on laisse une période d'obscurité suivre son cours naturel, une période de lumière lui succédera. Les bouddhistes se disciplinent pour avoir un point de vue positif sur toute situation. Autrement dit, en cas de passage à vide, chronique ou aigu, ne doutez pas que votre état peut s'inverser.

« Ensuite, utilisez toute l'attention que vous pouvez mobiliser à entraîner votre mental à voir les choses selon un angle positif. Apprendre à méditer est souvent la méthode la plus efficace pour développer cet état d'esprit. Enfin, n'oubliez pas qu'il n'existe pas de pensées neutres. Ce que vous croyez sera. Dressez une liste mentale ou écrite de tout ce que vous voulez changer dans votre vie, puis commencez à vous répéter : "J'ai l'intention, la volonté et le pouvoir de redresser la tête et de vaincre toute négativité. Je suis prêt(e) à croire que je peux atteindre la paix intérieure." Et si rien de tout cela ne marche, essayez le millepertuis. »

LIBÉRER SA VIE DU STRESS

Jusqu'au milieu des années 1950, les habitants du Royaume-Uni ont respecté un ordre social établi par les Victoriens. C'était l'époque où, de temps en temps, tante Ethel disparaissait mystérieusement une quinzaine de jours à l'« hôpital » pour une « dépression nerveuse » traitée principalement par une dose de sédatifs assez lourde pour la plonger dans l'oubli. Oncle Arthur s'en tirait avec un verre de scotch bien tassé et une cigarette tirée d'un de ces coffrets plaqués argent gardés sur le manteau de la cheminée. Il serrait et desserrait les dents au rythme des bouffées à la manière des « vrais hommes » d'alors, imitant un stéréotype héroïque incarné par Jack Hawkins dans le rôle du capitaine du navire se dirigeant vers l'œil du cyclone.

Hormis des poètes et des excentriques, personne ne remettait en question l'ordre établi. Vous aviez un emploi que vous pouviez pratiquement compter garder à vie. L'échelle de promotion était clairement définie, le tourisme de masse, les fruits exotiques et le parfum de haute couture ne couraient pas encore les rues, et tout le monde connaissait sa place. Et en dehors d'une éventuelle guerre mondiale, pas grand-chose ne pouvait se manifester à l'horizon pour secouer le pommier.

Puis Bing Crosby a cédé la place à Bill Haley et la tempête s'est levée. Le rock'n'roll a soudain transformé l'angoisse adolescente d'une génération en un tourbillon de révolte sociale. Elvis s'est alors effacé devant les Beatles, qui ont ouvert la voie au Maharishi. Le hashish et le LSD ont supplanté les amphétamines des mods et des rockers au moment, à peu près, où les beatniks qui lisaient Kerouac l'ont posé pour Timothy Leary : le mouvement hippie était né.

Pendant que les hippies se branchaient, se réglaient sur la bonne longueur d'onde et lâchaient tout[1], une vague de nouvelles thérapies apparaissait dans la région de la baie de San Francisco et prenait le nom générique de « mouvement du potentiel humain ». « Laisse s'exprimer », voilà ce que vous faisiez désormais de votre angoisse. Les dépressions nerveuses appartenaient au passé, tandis que s'installaient rapidement dans le présent l'inflation et l'américanisation de la culture du travail, avec ses contrats à court terme et son insécurité de l'emploi.

Puis le règne de Thatcher renforça la culture du « moi, moi, moi », et soudain, on n'entendit plus un mot en faveur de l'altruisme, de la religion, de la reine ou de la nation. Le mouvement du potentiel humain de la région de San Francisco avait alors mué en une industrie planétaire du développement personnel connue sous l'euphémisme de « nouvel âge ». Celui-ci épousa les technologies de l'information et vous pouvez désormais atteindre l'illumination en vous connectant à divers sites Web. Ce n'est pas plus compliqué. Nous avons donc résolu le problème. Plus de dépressions nerveuses (tu n'es plus dans le coup, tante Ethel), plus de lèvre supérieure rigide (à moins d'avoir abusé des injections

1. Barefoot Doctor adapte la célèbre formule qui résumait la philosophie de Timothy Leary : *Turn on, tune in and drop out. (N. d. T.)*

de collagène), plus de nuits blanches passées à prendre des drogues et à se faire secouer le diencéphale par des marteaux-piqueurs numériques. Comment vivre sur une planète dont les ressources déclinantes approchent rapidement du point où elles n'assureront plus notre subsistance, alors qu'il n'existe plus de territoires nouveaux à explorer (en dehors d'endroits lugubres comme Mars et la Lune), a aujourd'hui sa réponse sur un site Internet. Tirés d'affaire. Sauf que nous ne le sommes manifestement pas. Sinon, pourquoi tant d'entre nous couvent-ils une rage telle qu'ils recourent à la violence pour un oui ou pour un non ? Pourquoi consommons-nous chaque semaine assez d'alcool pour remplir tous les cratères de la lune ? En fait, personne ne nous a appris à communiquer – avec nous-même et entre nous – et nous ne gardons pas de souvenirs du protocole social suranné qui servait de liant au monde à l'époque d'Ethel et Arthur.

Vu l'ampleur des connaissances en développement personnel aisément accessibles, il serait aisé de fournir à tous les écoliers une formation rudimentaire en communication et en arts martiaux (pour sublimer les pulsions agressives). Quel bonheur si tous les parents étaient obligés de se former aux bases de la morale, et incités par des réductions fiscales à transmettre à leurs enfants un code simple de respect des autres, ou au moins des bonnes manières.

En attendant, toutefois, nous devons nous débrouiller avec nos méchants nous-mêmes, en trépignant parce nous voulons encore plus et tout de suite. Toute cette colère pose un problème à notre énergie du foie et trouver un exutoire inoffensif s'impose avant que nous ne commencions tous à perdre de vue le scénario collectif. Le stress de la vie extérieure ne fera désormais qu'augmenter, d'autant plus que cette bonne vieille récession commence à nous mordiller les chevilles. Il est donc essentiel, si nous souhaitons maintenir un semblant de correction sociale nous permettant de nous entendre, que nous apprenions rapidement à nous décontracter davantage de l'intérieur, en tant qu'individus et dans nos relations.

> « Un moyen sans danger d'évacuer la pression et de gagner en paix intérieure consiste à se rendre à pied tous les jours dans le parc ou l'espace dégagé le plus proche, en respirant profondément et en accordant à son esprit un bref congé. Si vous n'avez pas de chien parmi vos intimes pour vous accompagner, emmenez-en un imaginaire, et en arrivant au parc, hurlez plusieurs fois son nom de toutes vos forces. Personne ne saura que vous n'avez pas un vrai chien, il n'y a donc pas de raison d'éprouver de la gêne. Si vous êtes très attaché(e) aux apparences, emportez une laisse pour paraître plus crédible. Mon chien imaginaire s'appelle Rowley, à propos. Je trouve salutaire de crier ce nom : le "ow" aide à se libérer de toute accumulation de souffrance affective. »

Si vous voyez un drôle de type sans chaussures crier « Rowley » sur Hampstead Heath, ne le dites à personne.

Respiration profonde pour calmer les esprits

Comment s'éclaircir l'esprit quand on est dépassé, tellement occupé qu'on n'arrive pas à réfléchir en droite ligne assez longtemps pour se consacrer à la prochaine obligation importante ? Comment, en ce meilleur des mondes de communications toujours branchées, réussir à faire une pause en tête à tête avec soi-même qui en vaille la peine ? Et comment, pris dans cette démence en constante accélération, parvenir à partager équitablement nos moments de liberté entre notre partenaire, nos enfants, nos amis… ne parlons pas d'aider des inconnus dans la rue ?

Je parie que vous vous attendiez à une réponse de ma part. Eh bien non. Je vous posais la question ! Parce que je n'en ai aucune idée. Néanmoins, assis à mon fidèle poste de travail en train d'enfoncer ces touches, je prends conscience que je suis assis à mon poste de travail. Je n'exprime pas là une évidence existentielle, mais ma surprise. Ma surprise d'être encore capable d'avoir la moindre pensée, et à plus forte raison de me tenir droit à un poste de travail, alors que mes cellules cérébrales tournent sur leurs axes à Dieu sait combien de millions de kilomètres/heure pour traiter sans se plaindre, au défi de toute logique, le monceau d'informations qui les assaille à chaque instant, me donnant l'impression d'avoir la tête comme un tambour de lave-linge en position d'essorage rapide. Aussi, au cas plus que probable où vous connaîtriez les mêmes problèmes (de temps en temps), je trouve seulement juste de partager avec vous les quelques méthodes de conservation de clarté d'esprit et de santé mentale dont je dispose et dont je me sers.

Comme je l'ai dit, je suis assis à mon poste de travail. Donc je suis vivant. C'est le premier point. J'enfonce une porte ouverte, d'accord, mais comme tout hypnothérapeute habitué à traiter la dépression vous le dira, pour se libérer de toute forme d'auto-apitoiement créant un blocage, l'un des meilleurs déclencheurs est le renforcement de la simple pensée que l'on est vivant.

Car, c'est indéniable, succomber à cette sensation stressante d'être submergé par les exigences de la vie au point d'en avoir la tête qui tourne est une manifestation habilement déguisée d'auto-apitoiement. Autrement dit, à l'instant même, il y a probablement beaucoup de morts qui adoreraient être assis (avec un cœur battant) à un poste de travail.

« En premier lieu, il convient donc de se lancer dans les acrobaties mentales à sa disposition pour surmonter l'auto-apitoiement. Si rien de mieux ne vous vient à l'esprit, contentez-vous de répéter : "Je suis vivant(e) !" (jusqu'à le penser vraiment).

Deuxièmement – et je sais que j'utilise beaucoup cette tribune pour défendre cette idée, mais elle est essentielle à la démarche décrite plus haut –, il faut se souvenir de respirer. Et oui, le mécanisme de base est autonome, mais la qualité de notre respiration dépend entièrement de nous, et c'est elle, selon les vieux maîtres taoïstes du plaisir de vivre, qui détermine à tout moment comment nous ressentons l'existence. Gardez une respiration douce, fluide, profonde et régulière, et la vie vous paraîtra de même.

Paradoxalement, pendant les moments stressants, nous avons tendance à respirer superficiellement et à retenir notre souffle, alors même que cela exacerbe le stress. Prenez toutefois le taureau par les cornes et ralentissez votre respiration en vidant complètement vos poumons : et le stress commence à se dissiper comme par magie. Mais ne me croyez pas sur parole. Expirez tout de suite à fond, ralentissez le rythme de votre respiration et voyez comment, instantanément, cela détend et éclaircit un peu votre esprit.

Troisièmement, quand vous vous sentez crouler sous le poids de vos responsabilités de tous les instants, ayez le panache d'éclater de rire avec un vigoureux "Ah, Ah Ah !" et échappez-vous pour un bref interlude. Sortez, et avec l'assurance d'un maître du monde, même d'un monde fonçant si vite sous vos yeux que vous avez du mal à le voir, ouvrez largement les bras et déclarez : "Tout ceci est mon univers, ma vie, et aussi difficile qu'il

soit parfois de rester dans la course, j'ai fait le choix d'en profiter au maximum !" Mais si vous voulez vraiment vous offrir une métamorphose magique, vous possédez un point d'acupuncture au milieu du front, à deux centimètres au-dessus de la ligne des sourcils dans le prolongement de l'arête nasale, appelé le "point du bonheur" car une stimulation manuelle régulière provoque des accès de félicité irrésistible, même quand on ne la souhaite pas. À manipuler avec précaution, donc ! Avec le bout de l'index, exercez une pression d'environ cent dix grammes jusqu'à éprouver un léger picotement. Continuez à appuyer pendant environ trente secondes, puis relâchez doucement, assez doucement pour ne pas distinguer nettement la fin du contact, et consacrez un bref moment à jouir de votre front.
Ce qui nous conduit au dernier aspect du "traitement" d'aujourd'hui : se souvenir de passer du temps, au moins chaque heure, à ne profiter de rien d'autre que de ses sensations physiques, car comme tous ces morts qui adoreraient se trouver à un poste de travail à l'instant, vous regretterez probablement de ne plus avoir l'occasion de le faire après votre décès. »

Vendu ? Maintenant, où est-ce que j'en étais... ?

TENIR LE CHOC FACE AU MONDE MODERNE

On parle beaucoup, ces temps-ci, d'échapper à la foire d'empoigne, de rétrograder, de la pression de la vie qui n'a jamais été aussi forte et du stress en train de nous tuer. Pauvres de nous, non ? Nous, les insatisfaits et les désenchantés du monde développé, victimes d'un terrible dénuement au milieu d'assez de machines épargnant du travail pour en faire friser d'excitation les favoris d'un auteur de science-fiction du dix-neuvième siècle.

Ne pouvant plus laver nos vêtements à la rivière, nous sommes obligés d'utiliser des lave-linge sans sortir de chez nous. Ne pouvant plus courir les plaines sous la menace de sauvages prédateurs, il nous faut conduire des voitures en tentant d'esquiver les radars. Ne pouvant plus souffrir de la faim en cas de mauvaise récolte, nous sommes contraints d'aller au supermarché nous inquiéter de modifications génétiques, ou nous ronger les sangs sur la véracité d'étiquettes portant la mention « biologique ».

Dépossédés de nos droits de connaître les rigueurs, dont le scorbut, de traversées en bateau à la durée indéfinie, il nous faut souffrir l'indignité de vols long-courriers durant à peine une quinzaine d'heures, et émettre une protestation nationale contre l'horreur des caillots de sang en altitude. Frustrés de la tâche laborieuse de dresser des pigeons voyageurs ou de chevaucher pendant des jours pour remettre un message, nous paniquons d'avoir à traiter chaque jour quelques courriels et SMS.

A-t-il échappé à tout le monde que nous sommes devenus des bébés gâtés et geignards ? Je ne suis pas en train de suggérer que nous avons tous besoin d'une bonne guerre ou d'une catastrophe de ce genre pour grandir et nous confronter à la réalité, mais n'est-il pas temps d'arrêter de gémir pour commencer à apprécier ce monde que nous avons créé ?

Est-ce que vous ne préféreriez pas devoir gérer un peu de stress que de revenir à l'époque préindustrielle et à ses contraintes ? Certes, quelques romantiques sociaux pleins d'illusions affirment que nous y aurions tous intérêt, mais combien réussiraient à survivre sans les commodités de la vie postmoderne ?

Détruire tous les ordinateurs et téléphones portables, revenir à l'essentiel et mettre un terme à cet affreux stress ?

– Veuillez m'excuser pendant que je botte le derrière de mon scribe trop lent à écrire mes idées afin de pouvoir sauter à cheval et remettre ce texte à temps.

Mais notre stress n'a pas pour cause les merveilles technologiques d'aujourd'hui. Notre stress naît de ce que nous obéissons toujours aux programmes internes en vigueur à l'époque des cavernes. Nous allons au travail en marchant dans la rue avec le même ventre noué et les mêmes fesses crispées que nos ancêtres guettés par des tigres à dents de sabre. Personne ne nous a dit de télécharger la mise à jour adaptée à notre nouvelle situation plus commode. Nous n'avons plus besoin des mêmes niveaux de stress. Nous avons créé les conditions permettant à tous d'avoir, dans une plus ou moins grande mesure, un toit et de quoi se nourrir, des moyens d'affronter la maladie suffisants pour dépasser en général l'âge de soixante ans et assez de distractions à domicile pour éviter l'ennui même au cœur des nuits les plus noires. Et pourtant, nous vivons avec les mêmes niveaux de stress que s'il nous fallait tout négocier à la massue.

Le stress est généré à l'intérieur, pas à l'extérieur, et il est temps de cesser d'en générer. En bref, il est temps pour nous d'évoluer à un niveau en rapport avec notre technologie.

L'inquiétude et le stress sont des choix. Ne pas s'inquiéter et tout prendre avec décontraction sont aussi des choix. Experts en gestion du stress, les taoïstes de jadis ont résumé leur méthode en deux mots : acceptation et respiration.

En premier vient l'acceptation de la situation du moment. Si vous découvrez un millier de courriels dans la boîte de réception, par exemple, ne cédez pas à la panique. Ne résistez pas au fait que vous vous trouvez devant l'ordinateur. Accueillez-le plutôt comme l'événement qui devait se produire à cet instant. Célébrez ce qui survient à l'instant comme si vous fêtiez votre anniversaire, quel que soit le défi posé. Abandonnez-vous à l'instant. Cessez de gémir au sujet de toute cette pression, prenez un moment pour vous réjouir de ce qu'aucun astéroïde dévoyé ne vous est tombé sur la tête aujourd'hui, et abandonnez-vous avec reconnaissance au courant de l'action. Parce qu'en cet instant, votre vie n'est rien d'autre. Tout le reste est dans votre imagination.

Accepter la demande de décontraction : passez votre corps en revue – pas pour voir s'il répond aux canons de beauté dictés par les médias (oh, le stress !), mais en quête de toute tension superflue dans les tissus mous. Il faut pour cela cultiver sa perception synesthétique (pour identifier la tension) et son bon sens (pour y renoncer).

Pour acquérir cette perception, commencez par rester environ dix minutes allongé(e) à palper votre corps avec votre esprit. Débutez par les pieds et remontez lentement jusqu'à la tête, prenant tout le temps nécessaire pour identifier et dissiper. Au bout de quelques jours, vous saurez simplifier le processus de manière à le mettre en œuvre tout en poursuivant des activités terre à terre. N'oubliez pas une chose : la respiration est la clé, et en particulier l'expiration, qui aide à évacuer la toxicité du corps et des pensées. Ne jouez donc pas avec ce stress superflu un instant de plus. Expirez à fond maintenant, et en inspirant, pensez : « Je suis un être évolué, capable d'affronter tout ce que la vie jette sur mon chemin ! »

Face à l'abîme

Vous voguez paisiblement en poussant la chansonnette, sans un souci au monde. C'est l'une de ces rares confluences d'événements dans le temps et l'espace où toutes les conditions extérieures sont suffisamment en ordre pour ne pas poser de problème, et, vraiment, vous vous sentez très content(e) de vous. Vous vous félicitez de la manière dont vous vous débrouillez en ce moment. Oups, vous n'auriez pas dû (comme vous le savez). Parce que soudain, comme l'étourdi s'écrasant contre le bus qu'il n'a pas vu, vous foncez droit dans une crise.

Il s'agira peut-être de votre santé, ou d'argent, ou de votre vie amoureuse, ou ce sera une accumulation de questions personnelles non résolues déferlant comme un orage d'été dans votre ciel d'azur. C'est sans importance : une crise est une crise.

Comme je suis sûr que vous l'avez entendu un millier de fois dans les cercles New Age, le caractère chinois désignant la crise signifie à la fois « danger » et « opportunité ». Le terme lui-même dérive du grec *krisis,* « décision ». Un choix se présente en effet : couler dans l'abîme ou renaître comme un phénix des cendres du passé. Mais avant de nous enfoncer dans le bourbier d'un excès de métaphore, examinons le point de vue taoïste sur les étapes d'une crise, et la manière de les traverser.

Le premier stade est le déni : non, je ne me suis pas vraiment coincé un disque vertébral ; je m'en fiche qu'il (ou elle) m'ait quitté(e) ; ce n'est pas bien grave si je suivais une carte cosmologique complètement fausse, comme je viens juste de le réaliser, et si je suis en fait un(e) parfait(e) cinglé(e) inadapté(e) à la société civilisée ; etc.

Plus vous avez les pieds sur terre, et moins le simulacre tient longtemps. Il cède bientôt la place à la colère : faut-il être bête pour se mettre dans un tel pétrin ; saleté de vie qui me fait ça ; zut, je vais devoir totalement réorganiser mon emploi du temps ; etc. Moins vous êtes un enfant gâté, cependant, et plus vite vous cessez de balancer vos jouets partout dans la nursery. À la colère succèdent l'humiliation, la honte et le remords de ne pas être la créature sans défaut qui aurait réussi à éviter ce désastre.

Plus vous avez de résilience, et plus tôt vous cessez de vous blâmer. Arrive alors la terreur. La terreur parce que vous prenez soudain conscience de la fragilité de votre construction de la réalité au sein de cet univers férocement infini. Parce vous avez peur de ne pas sortir de la descente en vrille cette fois.

Moins vous vous complaisez dans le drame, et plus vite vous cessez de trembler. Votre terreur existentielle (cette méchante inquiétude sous-jacente et récurrente) cède la place à l'acceptation : ce moment de grâce où ne restent plus que vous et votre créateur. C'est là que l'on fait le choix entre dépérir dans le puits du passé pour y mourir (d'une manière ou d'une autre, tôt ou tard), ou de remonter sur le dos de la nouveauté pour se recréer. De renoncer ou de céder.

Du début à la fin, la décision vous revient, mais un taoïste vous conseillera toujours de céder – de vous abandonner au scénario, de cesser de résister au flux d'événements pour vous demander ce que vous pouvez en apprendre ou en tirer d'utile afin d'entamer le chapitre suivant du livre.

Et selon ce même taoïste, l'atout le plus précieux à acquérir à ce stade est une capacité augmentée au détachement compatissant, lequel vous permet de vous observer, et même de prendre plaisir à vous observer, en train d'affronter les vicissitudes de la vie comme si vous regardiez votre héros préféré dans un film d'aventure. Le suspense et les péripéties ne sont là que pour donner un peu de mordant au scénario, pour vous garder en haleine, mais vous savez qu'en vérité, le héros (ou l'héroïne) finira par triompher et reviendra en un clin d'œil jouer la vedette dans le prochain film. Cela vous donne de la marge pour vous détendre dans votre fauteuil et ne pas devenir inutilement tendu(e), et les détails y gagnent de l'espace pour se régler d'eux-mêmes.

Pour réussir cette cascade de régulation de scénario, il convient cependant de passer un minimum de douze minutes par jour (chiffre arbitraire) dans le mode suivant afin de profiter d'un temps d'auto-observation de qualité.

« Assis(e) confortablement, le dos raisonnablement droit, le cœur ouvert et le ventre plein de vie, donnez à votre respiration un rythme lent et régulier, et décontractez consciemment tous vos muscles. Maintenant, prenez note du dialogue interne en cours dans votre cerveau antérieur, tout ce bavardage sur votre situation présente et les stratégies possibles, et prenez du recul jusqu'à vous tenir en tailleur comme un petit bodhisattva au beau milieu de votre boîte crânienne. Les taoïstes appellent le centre du cerveau la "grotte originelle de l'esprit" et d'après eux, réussir à s'y localiser en permanence est une clé majeure pour atteindre l'illumination.
Depuis ce poste d'observation, le verbiage du cerveau antérieur se transforme en autant d'absurdités tourbillonnant derrière votre front, et vous vous contentez de respirer et de regarder. Restez en alerte, car il essaiera de vous aspirer comme des sables mouvants. Refusez de vous laisser tenter : ne bougez pas de votre position centrale, et gardez votre attention sur votre respiration et votre corps en dessous. Continuez à résister jusqu'à établir au moins un instant de conscience absolument pure sans un brin d'interférence du moi local. »

Y parvenir n'est pas une mince affaire, mais la persévérance paiera, pas au point de vous éviter de nouvelles crises – ce n'est ni possible, ni souhaitable, car il n'existe pas de croissance sans crises –, mais de manière à ce qu'elles passent plus vite et causent moins de douleur. En outre, la prochaine fois qu'on vous demandera à une soirée si vous pratiquez la méditation, vous pourrez dire : « Affirmatif. J'y étais, je l'ai fait. »

Réécrire l'intrigue de notre pièce de théâtre intérieure

Quand vous regardez une personne inconnue descendre la rue, vous voyez un corps (en mouvement) vêtu selon le caprice de son occupant, dont l'humeur se reflète sur les traits du visage. Cela n'a pas sur vous beaucoup plus d'impact que de passer à côté d'une fleur dans le jardin, parce que vous ne distinguez pas la totalité de l'univers personnel, avec tous ses mythes, histoires, échecs et gloires, logé dans l'espace relatif du crâne. Il y a une bonne raison : les univers que nous transportons dans nos têtes sont invisibles et imaginaires. Néanmoins, nous nous attachons suffisamment à eux pour les confondre avec la réalité objective, alors qu'en fait, le plus près que nous puissions approcher de celle-ci, c'est dans un regard extérieur, quand nous jouons le rôle d'une personne inconnue descendant la rue. Et si nous arrivions à nous considérer avec autant de détachement que nous considérons les inconnus croisés dans la rue, nous accéderions à une paix et une absence de souffrance telles qu'il ne nous resterait pas de prétexte pour nous plaindre, et qu'il nous faudrait en inventer (parce que nous adorons nous plaindre). En fait, c'est exactement ce que nous faisons.

Au plus profond, nous connaissons tous la vérité : nos univers personnels – ceux que nous défendons jusqu'à la mort – sont de simples illusions. Au cœur de notre conscience, nous savons que nos espoirs, nos peurs et nos souvenirs sont seulement des instruments, des points de référence arbitraires qui nous servent à nous donner le sentiment d'avoir une place dans un univers chaotique – la matière d'où tirer un théâtre personnel. Ce théâtre nous fournit matière à nous inquiéter, nous enthousiasmer, nous mettre à gémir ou à crier. En bref, le théâtre que nous construisons à l'intérieur de nous donne un sens à notre vie. Nous le pensons, du moins.

Mais comme vous le dira tout sage bouddhiste ou taoïste, rien de tout cela ne se produit réellement. C'est entièrement invisible et imaginaire. Et si vous ne me croyez pas, regardez n'importe quel inconnu dans la rue, et dites-moi où se déroule son théâtre. Les taoïstes ont donné un nom à cette réalité quotidienne que chacun de nous bâtit dans son esprit : « le monde des dix mille êtres ». Comme dans toute comédie bien élevée, il convient de rendre hommage à l'existence illusoire de chacun des dix mille, mais pour suivre le chemin de l'éveil (et des primes que sont la clarté d'esprit, la sagesse et la paix intérieure), nous devons nous accrocher au noyau interne immuable, notre « Tao ».

Bouddha a dit que la souffrance naissait de l'attachement ; Lao-tseu (lourdement paraphrasé) a dit : « Taisez-vous à vous-même ». Jésus-Christ a dit : « Soyez dans le monde, mais pas du monde. » Et l'humoriste Jack Benny a dit : la bourse ou la vie ! Mais ils parlaient tous de la distinction entre le facteur interne constant et les phénomènes éphémères de l'« existence quotidienne ».

De belles paroles, sans doute. Un méandre existentiel de base, indéniablement, mais qui ne mène nulle part si on reste dans l'abstrait. Car cette récupération de la conscience du noyau intérieur ne se réduit pas à un concept intellectuel, d'où une touche de taoïsme pragmatique. Dans la Chine antique, les personnes qui suivaient la voie du Tao organisaient leurs affaires temporelles de manière à s'offrir régulièrement des séjours dans les montagnes, où elles pouvaient échapper suffisamment longtemps à la cacophonie de la vie quotidienne pour reprendre de la hauteur. Afin d'accélérer le processus, elles stimulaient une série bien précise de points d'acupuncture, sur la tête, le cou, les épaules et le haut des bras, à l'aide du doigt, d'une aiguille ou d'instruments de massage. Cet ensemble de points porte le nom poétique de « fenêtres du ciel ». Suivre des séquences déterminées mettait instantanément ces personnes dans un état de détachement d'où elles pouvaient accéder directement, sans la moindre perte de temps, à l'absolu intérieur indifférencié – la constante de l'équation.

> « En pratiquant la version suivante, sur le champ et une fois par jour ensuite, vous risquez de vous retrouver victime d'accès imprévisibles et incontrôlables (mais mineurs) de paix intérieure et d'illumination, ne cédez donc à la tentation que si votre degré de fascination et votre emploi du temps le permettent.
> Exercez sur les points une pression d'environ cent dix grammes en utilisant la pointe du doigt ou un petit caillou ou cristal rond. Pour des résultats optimaux, appuyez trois fois en rapide succession en suivant toujours l'ordre donné : le centre du front juste au-dessus de l'arête nasale, le sommet de la tête, sous la base du crâne (au milieu), trois centimètres au-dessus du sommet de chaque oreille, derrière les apophyses mastoïdes (les protubérances osseuses derrière chaque oreille), et à l'extrémité de chaque deltoïde (le muscle de l'omoplate à l'endroit où il forme une indentation, au haut du bras, à son point de jonction avec le biceps). Vous aiderez ainsi votre conscience à se repositionner temporairement de manière à s'identifier au Tao immuable plutôt qu'au monde jetable des formes. »

Vous pouvez renforcer l'effet en choisissant consciemment de relâcher votre emprise sur le théâtre interne à chaque expiration, tout en décidant à chaque inspiration de faire un nouveau pas dans le mystère de votre vie sans subir le poids du mythe personnel. « Salut, étranger » prend un sens entièrement nouveau, non ?

La vie devient frénétique ? Se masser les mains quelques minutes maintient à flot

Quelle matinée ! Que je ne sois pas sonné tient du miracle. En parlant de sonner, au beau milieu d'une course contre la montre, avec des courriels « urgents » affluant comme si le cyberbarrage du haut débit avait cédé, et une longue liste d'appels à passer, sans compter une interview téléphonique pour la radio, ma ligne vient de décider de me taquiner en cessant de donner signe de vie.

Et si les câblodistributeurs ont la prévenance de consacrer des millions à nous informer de leurs offres spéciales, ils ne semblent pas dépenser un sou en salaire pour assurer le service d'assistance téléphonique, lequel crache sur mon portable un message enregistré extrêmement irritant et hors de propos pendant pas moins de cinquante minutes avant que je ne raccroche et envoie plutôt un courriel. Et, bien entendu, ledit portable choisit ce moment pour perdre le signal toutes les deux secondes afin d'ajouter aux distractions de la matinée.

Et oui, je sais qu'une Victorienne aurait eu du mal à considérer cela comme un souci. En vérité, n'avoir qu'une seconde de couverture de réseau sur un portable lui aurait paru incroyablement merveilleux. Et si l'on songe que le pétrole dont nos vies dépendent devrait être épuisé d'ici quarante ans, et que des terroristes rôdent sur la planète en quête d'un endroit où déclencher leurs explosifs gonflés aux produits radioactifs, mes difficultés insignifiantes de l'instant paraissent en comparaison sincèrement risibles.

Néanmoins, comme vous, je suis confronté tous les jours à d'innombrables tests de ma santé mentale, et contraint d'y faire face avec un minimum de dextérité pour simplement rester dans la course.

Selon les taoïstes, notre capacité à faire face aux événements, petits ou grands, dépend en grande partie de la quantité d'intelligence atteignant nos mains. Si votre cerveau traçait une carte de ce qui est important pour lui, en terme de dépense quotidienne d'énergie, vos mains représenteraient 90 % de cette carte.

En donnant à vos mains un exercice approprié, vous contribuez non seulement à rendre de l'énergie au cerveau, mais aussi à augmenter votre habileté à mener votre vie, dans un sens métaphorique mais avec des résultats très tangibles.

« Commencez dès maintenant. Regardez votre paume gauche, les doigts pointés vers le ciel, et attrapez l'auriculaire avec l'autre main. Inclinez-le délicatement en arrière jusqu'à sentir un étirement sur toute sa longueur et en travers de la paume. Respirez paisiblement et régulièrement pendant, disons, trois cycles, et ramenez-le doucement à sa position initiale. Poussez-le dans l'autre sens pour qu'il touche la paume, et redressez-le lentement. Répétez l'exercice avec les trois doigts suivants.
Tournez maintenant la paume vers l'extérieur et laissez la main pendre depuis le poignet comme si vous faisiez sécher vos ongles, une vieille posture taoïste. Avec la main droite, tirez délicatement le pouce gauche vers l'intérieur de l'avant-bras jusqu'à ce qu'il le touche presque. Vous éprouverez une agréable sensation d'étirement au sommet du poignet. Relâchez lentement et tirez le pouce vers l'extérieur jusqu'à la perpendiculaire. Enfin, placez-le en travers de la paume en appuyant doucement sur la première phalange.
Répétez toute la procédure avec la main droite.
Ensuite, saisissez la base du petit doigt de la main gauche entre le pouce et l'index de la droite, et massez-le en remontant comme si vous étiez en train de traire une vache. Répétez avec tous les doigts et changez de main. »

Vos mains devraient maintenant vous paraître plus chargées en énergie, plus vivantes et plus heureuses qu'elles ne l'ont été depuis un moment. Dans dix minutes, si vous y prenez garde, vous éprouverez une subtile montée d'énergie dans tout votre corps, une légère augmentation de votre clarté d'esprit et un plus grand calme.

Ce qui est bien beau, mais si j'avais pris le module d'ingénierie téléphonique en plus de mes études taoïstes, je rirais moins jaune aujourd'hui.

En cas de mécontentement prolongé, faire appel au docteur Hoouu

Un jeune homme de tradition post-gothique au visage blême et à l'expression contrariée a traversé la rue devant ma voiture pendant que j'attendais au feu. Il arborait sur un crâne principalement rasé ce qui ressemblait à une petite calotte noire ornée en son centre d'une plume de vingt centimètres. En y regardant de plus près, elle se révéla faire partie de sa chevelure. Son apparence n'avait en elle-même rien de remarquable en ces temps esthétiquement aléatoires, mais son air de mécontentement général a éveillé dans mon âme un écho dissonant. En conduisant, je m'étais moi-même débattu avec une sensation d'insatisfaction, remarquant l'absence de rapport avec la situation extérieure, car je n'avais, à ce moment, aucune raison d'éprouver autre chose qu'une relative paix intérieure.

Une friction interne était pourtant clairement palpable. D'accord, je descendais de l'avion après un vol de douze heures et n'avais pas encore complètement atterri, un élément important comme vous le verrez, mais il n'existait pas de fondement réel à ce que je me sente mécontent de la vie.

L'insatisfaction est intrinsèque à la condition humaine. En fait, elle constitue le principal moteur du progrès. Toutefois, vu l'épuisement rapide des ressources, nous devons manifestement changer d'approche de la question et apprendre à trouver d'autres moyens d'assouvir notre faim de toujours plus (d'argent, de maisons, de nourriture, de sexe, d'expériences, de voyages, etc.).

Voyez-vous, ces petits futés de taoïstes de jadis ont peut-être la solution. Comme je l'ai souvent dit, tout état d'esprit possible est en corrélation avec un équilibre ou un déséquilibre énergétique d'au moins un des cinq organes vitaux – les reins, le foie, le cœur, la rate et les poumons – ; qu'il soit déclenché par des événements extérieurs ou par une faiblesse de l'organe concerné, on peut corriger cet état d'esprit en rééquilibrant l'énergie de cet organe.

Dans le cas de l'insatisfaction, c'est de l'énergie de la rate dont il faut s'occuper. L'Occident sous-estime beaucoup la rate, mais dans la conception taoïste, elle est responsable, entre autres, de tout le système digestif. En particulier, elle régule le poids en informant l'esprit que l'on a assez mangé par l'envoi de signaux de satisfaction dès qu'ont été atteints des niveaux optimaux de prise de nourriture. Si elle manque d'énergie, il faut engouffrer des tonnes pour en arriver là, et cela devient impossible si elle est trop défaillante, l'obésité menace alors. Mais nous ne nous nourrissons pas seulement d'aliments, il y a également les informations que nous recevons et traitons en permanence, la « nourriture de la vie », et, toujours selon les taoïstes, la rate les contrôle aussi. Si elle est faible, la plus grandiose des situations extérieures et les raisons de se plaindre les plus minimes n'empêcheront pas d'éprouver du mécontentement.

À ce point, nous avons pour réaction normale d'essayer de découvrir ce qui nous tracasse dans le but de le résoudre intellectuellement. Comme vous le savez, cela met souvent les nerfs en pelote. La voie taoïste, cependant, consiste à ajuster l'énergie de la rate afin de permettre au mécontentement de s'évaporer, sans analyser les facteurs pratiques ou psychologiques en jeu. Il ne s'agit pas d'une fuite, car dès que l'énergie revient à la normale et que réapparaît le contentement naturel, les causes pratiques et psychologiques de l'insatisfaction se révèlent et l'on peut s'en occuper avec calme et méthode, et sans gaspiller d'énergie.

Chacun des cinq organes, à propos, est en relation avec l'un des cinq éléments, respectivement l'eau, le bois, le feu, la terre et le métal. Le rapport entre la rate et la terre explique ma propre crise. Quitter le sol pour traverser le ciel dans un tube de métal dérange l'énergie de la rate, et, manifestement, plus vous restez là-haut et plus l'effet est puissant.

« Pour remédier à la situation sur le plan énergétique, au cas où vous seriez sous le coup d'un accès de mécontentement et souhaiteriez le résoudre sans traîner, massez avec ardeur chacun de vos cous-de-pied, au bord de l'avant-pied, en dessinant trente-six cercles avec le pouce. Maintenant, posez votre main sur vos côtes inférieures, à gauche, et chantez avec force le son taoïste de guérison de la rate, “hoouu !”, et sentez-le résonner dans l'organe. Enfin, déclarez : “Adieu mécontentement et que la fête commence !” »

Vous vous sentez mieux ? Peut-être devrais-je prendre le nom de Dr Hoouu ?

Nous cachons tous nos blessures, mais il peut y avoir de l'extase dans nos souffrances

Travaillant il y a peu à mon nouveau livre, je suis resté assis voûté pendant plus de cinquante heures à cogner sur les touches. Oui, voûté, malgré toute mon expérience en ajustement postural – traitez-moi d'imposteur, si vous voulez, mais je défie quiconque de trouver une position respectant le dos pour taper à la machine pendant de longues périodes. Du coup, j'ai réussi à tellement affaiblir ma région lombaire que je pouvais à peine marcher, pieds nus ou chaussé, sans m'infliger une douleur atroce.

Pour ajouter à mon malheur, j'étais séquestré dans ma retraite battue par les vents sur un flanc de colline catalane, à des kilomètres du plus proche chiropracteur, et j'ai donc dû faire contre mauvaise fortune bon cœur, vaquant à mes occupations dans le village voisin à tout petits pas de la plus grande prudence, sous le regard profondément compréhensif des vieillards.

Au prix de pas mal de temps passé sur le dos, la tête posée sur un livre, les genoux pliés vers le ciel et les reins s'enfonçant dans le sol, ainsi que de quelques autotraitements d'acupuncture et d'un ou deux ajustements vertébraux plus ou moins efficaces, je l'ai suffisamment guéri pour rentrer à Londres, et je suis maintenant presque droit comme un I.

Mais l'épreuve m'a révélé, une fois de plus, à quel point j'étais devenu incroyablement arrogant – à quel point j'avais considéré ma santé comme acquise, mais aussi à quel point j'avais manqué de compassion pour la souffrance des autres. Si vous m'aviez vu au volant, vous auriez cru que je me traînais pour le plaisir d'agacer. J'ai donc pensé : « Si chaque fois que je me suis retrouvé coincé derrière une personne âgée roulant doucement, c'était parce qu'elle souffrait, quel connard impatient et insensible j'ai été d'éprouver de l'irritation. » Et s'il ne s'agissait pas de douleur physique – et si la personne venait de perdre un emploi, son foyer, sa réputation, un(e) partenaire ? « Compassion », ai-je pensé. « Je dois développer ma compassion. »

Attention, je ne suis pas en train de suggérer que nous nous transformions tous en écorchés vifs – non, le spectacle doit continuer et nous avons tous nos rôles à jouer sans avoir à nous inquiéter des autres –, mais comme le spectacle en profiterait en général si nous devenions un peu plus tolérants et compréhensifs, ou même si seulement moi, d'ailleurs, je le devenais un peu plus !

Cela m'a aussi rappelé un fait appris en tant que thérapeute : la majorité du temps, nous éprouvons presque tous, à des degrés divers, des souffrances physiques, mentales ou affectives.

Nous avons tendance à ne pas le manifester, obéissant peut-être à un réflexe datant de l'époque où nos ancêtres vivaient dans des cavernes : qui montrait de la faiblesse était laissé en arrière.

« Et que faire, en proie à une douleur aussi extrême, quand on se sent paralysé ? Avant tout, résistez à la panique. Cessez de vous projeter trop loin dans l'avenir – avancez d'un petit pas à la fois, l'attention fixée sur le moindre micro-mouvement de votre corps. Pour vous faciliter cette tâche, prêtez aussi attention à votre respiration.

Je sais, je l'ai dit un nombre incalculable de fois, mais c'est d'une importance cruciale dans l'existence. Quand vous ralentissez votre respiration, votre esprit ralentit et peut diriger les actions du corps de la manière la plus efficace permise par les circonstances. En ralentissant votre respiration, prenez soin également de vous décontracter autant qu'il est humainement possible. Se crisper, réaction normale à une douleur intense, entrave la circulation de sang et d'énergie. Se détendre encourage la la circulation d'une énergie curative qui apaise la douleur et peut être augmentée en pressant un point situé immédiatement en dessous de la petite protubérance osseuse ronde qui se trouve à la jonction du genou et du muscle formant l'extérieur du mollet. Appuyez de chaque côté jusqu'à sentir une douleur rayonner vers la cheville pendant environ quinze secondes. »

Ceci n'aura pas un effet analgésique, mais modifiera suffisamment votre relation à la douleur pour vous empêcher de paniquer – et rien n'est plus important dans ce monde dément, que l'on souffre ou pas : réussir à ne pas paniquer. Je vous souhaite une tête claire et fraîche, un cœur puissant et chaleureux, et un corps, un esprit et une âme préservés de la douleur.

Chapitre 8

Le monde extérieur

Exercices anti-stress pour le vingt et unième siècle

S'il existe une certitude aujourd'hui, c'est que rien n'est sûr. Il en a toujours été ainsi pour les habitants humains de la Terre, mais jusqu'à récemment, les nouvelles voyageaient lentement. Si un tigre à dents de sabre s'apprêtait à vous régler votre compte, vous étiez en général le premier et le dernier à en être informé. Pour vous préserver des prédateurs, vous n'aviez pas accès à un service d'alerte rapide par technologie sans fil, et vous n'auriez pas été mieux prévenu de l'imminence d'une épidémie ou d'un raz-de-marée en dépit des crieurs publics agitant leurs cloches.

En notre époque tumultueuse, cependant, pas un iceberg ne peut fondre, ni un aliment de base montrer des signes de raréfaction ou de contamination, sans qu'une pléthore de services d'information en continu ne nous bombarde d'avertissements, de sombres pronostics et des péroraisons d'une procession d'experts.

Nous voici donc avertis – et pas par n'importe qui, attention, mais par les Nations unies elles-mêmes, ce que nous avons de plus proche d'une figure d'autorité planétaire (autrement dit, pas des prophètes hirsutes et dépenaillés). Dans le cas probable où nous ne renoncerions pas à nos mauvaises habitudes, nous devons tous nous préparer à une nette augmentation des aberrations climatiques – comme notre variété locale d'inondation, mais à grande échelle comme nous l'avons vu récemment, et le recouvrement par les marées de vastes étendues de terres habitées, dont la plupart des grands centres métropolitains essentiels aux infrastructures planétaires –, ainsi qu'à des sécheresses, des famines et une propagation sans précédent de maladies. On nous dit avec euphémisme, pour tenter d'éviter l'alarmisme, qu'il « pourrait » en résulter d'immenses souffrances et pertes en vies humaines. Et pour couronner le tout, les marchés jouent au yo-yo, principalement vers le bas, la corruption prospère aux plus hauts niveaux, les modes sont absurdes et imprévisibles, la violence augmente et la consommation de drogue a atteint un sommet.

Regardons la vérité en face, la structure même de la vie telle que nous la connaissons part à vau-l'eau. Autrement dit, notre monde s'écroule, ou subit du moins une transformation radicale qui risque fort de troubler notre petit déjeuner. D'ailleurs, le petit déjeuner quotidien n'est plus garanti, ni même un sol stable sur lequel poser la table de la cuisine.

Et que faisons-nous ? Nous nous couvrons les yeux, bien sûr. Nous communions dans le déni collectif et nous enivrons de détails insignifiants sur l'identité de l'homme politique qui n'a pas réussi à étouffer une affaire, la fille en vue dont le mariage vient de couler ou le style rétro tout juste recyclé pour la énième fois par le dernier styliste londonien douteux. Une trouvaille diététique inédite ou un nouveau style de yoga deviennent des obsessions, en particulier s'ils sont adoptés par l'un des troupeaux habituels de célébrités médiocres.

Et comment ne pas agir ainsi ? Quel autre choix avons-nous ? S'enfuir est impossible. Essayer de changer la situation aussi, il est trop tard. Nous nous concentrons donc sur les détails insignifiants de nos vies quotidiennes, comme si respecter son emploi du temps accordait l'immortalité. Et au milieu de ce mégagrabuge potentiel, vous avez des types comme ce chroniqueur qui vous racontent que vous devez apprendre à vous détendre.

Ce qui est de bon conseil en des temps aussi incertains. Car l'incertitude alimente l'inquiétude, qui alimente à son tour le stress, et ce stress fondamental de survie nous affecte tous, malgré notre talent à le cacher, à nous-même et aux autres. En particulier, le stress affaiblit les organes vitaux, qui doivent travailler deux fois plus dur pour simplement maintenir l'équilibre. Il en résulte une perte croissante d'endurance, et sans endurance, la moindre action, et même la moindre pensée, pose une difficulté majeure. Nous avons besoin d'être endurants pour relever un défi jusqu'au bout, quel qu'il soit, depuis courir les magasins avant une pénurie de nourriture non contaminée jusqu'à fuir un raz-de-marée si l'obligation se présente.

« Il existe sur le marché divers mélanges de plantes et cocktails de vitamines et de sels minéraux promettant de fournir de l'endurance dans une pilule ou une tasse d'infusion, mais on ne peut puiser à cette ressource sans prix qu'au plus profond de soi-même.

Afin de mettre en place les bonnes conditions émotionnelles, commencez par une pensée (ou affirmation) positive, comme "Je suis imprégné(e) d'une endurance infinie, une endurance infinie m'imprègne !", ou quelque chose d'encore moins poétique.

Une fois ce choix effectué, vous devez vous tourner, pour ainsi dire, vers votre corps, et en particulier l'avant de vos cuisses – les quadriceps pour être précis. Car ce sont eux, ont découvert les taoïstes de jadis, qui, convenablement exercés, imprègnent de ladite endurance infinie.

Peut-être souhaiterez-vous essayer avec moi tout en lisant : mettez-vous debout, les pieds écartés de la largeur des épaules comme sur des skis parallèles, les plantes soulevées, les genoux légèrement pliés pour éviter qu'ils cèdent vers l'intérieur et le pubis un peu basculé vers l'avant. Imaginez en même temps que vous avez le sommet de la tête accroché au plafond par un fil invisible, ce qui étire votre colonne vertébrale. Tenez ce livre (des deux mains) à hauteur de vos yeux en ayant le cou, les épaules et les bras détendus et arrondis comme si vous serriez sans forcer contre votre poitrine une colonne invisible. Tout en lisant, la colonne vertébrale verticale, laissez vos genoux se plier progressivement jusqu'à donner l'impression d'être assis(e) sur un tabouret de bar aux pieds coupés.

Si vous avez réussi à vous aventurer suffisamment près du sol, vous allez ressentir une traction dans les cuisses assez forte pour faire trembler tout votre corps comme un cheval. Quand cela se produit, continuez à respirer librement et descendez simplement encore plus bas.

Les maîtres (et maîtresses) taoïstes ont tendance à pratiquer (sans livre) cette posture debout pendant environ dix minutes deux fois par jour, les adeptes les plus extrêmes franchissant la barre des soixante minutes. Effectué quotidiennement, cet exercice augmentera votre endurance disponible, dès le deuxième ou le troisième jour, d'une quantité "commercialisable". En vous redressant, prenez soin de déplier vos jambes au ralenti.

Si vous avez les genoux fragiles ou des problèmes au niveau des lombaires, vous vous apercevrez sans doute que cette technique renforce les articulations et les muscles appropriés. Cependant, si vous avez du mal, ou ne parvenez pas, à prendre la position sans éprouver de la gêne ou de la douleur, vous pouvez aussi vous servir simplement de vos poings pour accroître votre endurance : assis(e) bien droit(e) sur une chaise, battez un roulement régulier d'un bout à l'autre de la partie antérieure de vos cuisses pendant quelques minutes six à sept fois par jour. »

Bien, je parie que vous ne soupçonniez pas l'existence d'un lien aussi profond et aussi susceptible de vous sauver la vie entre le réchauffement planétaire et le devant de vos cuisses, pas vrai ?

RETROUVER À PIED LA SANTÉ MENTALE

« Au secours ! Au secours ! Où est le bouton d'arrêt ? » ai-je entendu crier. « Il n'y en a pas ! » ai-je répondu. Mais ils n'ont pas entendu. Trop occupés, ils s'étaient déjà précipités à leur prochain rendez-vous. Et je les comprends parfaitement. Peut-on imaginer pire que de devoir rater le prochain rendez-vous ?

La bête mondialisée du postmodernisme galope maintenant de plus en plus vite. Littéralement postmoderne – elle devance jusqu'à son propre avenir –, elle menace de prendre de vitesse notre santé mentale collective, pour ne rien dire de nos boîtes vocales et de nos corbeilles d'arrivée de courriels. Et nous nous contentons de tourner en rond en pestant contre cette précipitation ridicule, la pression et, bien entendu, le climat, comme si nous étions victimes de quelque titanesque complot extraterrestre alors que depuis le début, c'est nous qui donnons vie à la bête. Nous sommes la bête.

Mais qu'est-ce qui nous pousse, qu'est-ce qui pousse la bête collective, à une accélération aussi implacable ? On pourrait accuser la technologie et les communications instantanées auxquelles nous avons désormais plus ou moins accès en permanence et qui nous donnent envie d'avoir des réponses immédiates à nos messages. Impatients d'obtenir ce que nous voulons, et de l'obtenir tout de suite, avant l'épuisement de toutes les ressources, nous courons de plus en plus vite – en cercles toujours décroissants.

Mais à un niveau plus profond, je soupçonne que nous assistons simplement à une remarquable démonstration planétaire de notre appétit inné pour la vie et ses abondants bienfaits. Nous faisons la fête, rien de plus, et convoitons vigoureusement la moindre bonne chose que cette terre a à offrir. Le problème, c'est que nous pataugeons dans le champagne en avançant à une rapidité inquiétante. Et pour qu'il continue de couler, nous sommes obligés d'en faire de plus en plus, de travailler de plus en plus dur, et de nous reposer de moins en moins. Beaucoup de bulles, donc, mais pas beaucoup de paix. De plus en plus souvent, la corbeille d'arrivée se remplit plus vite que notre cerveau ne peut penser, tandis que les téléphones sonnent et que des exigences draconiennes se multiplient, jusqu'à donner envie de hurler.

« Eh bien, pour commencer, je vous conseille fortement de le faire à la première occasion – hurler, je veux dire. Si c'est en public ou au travail, montrez-vous poli et annoncez votre intention de hurler, puis emplissez vos poumons d'air (pollué), et avec la gorge, la poitrine et le ventre pleinement décontractés pour éviter de forcer, laissez jaillir le cri des profondeurs de votre bassin jusqu'à ce que la dernière goutte de son ait franchi vos lèvres. Reprenez ensuite avec naturel où vous en étiez. »

Je pense que nous avons dépassé le point où quelqu'un pourrait vous trouver en rien bizarre ou dingue. Tout le monde ressent le stress. Les autres comprendront, et dans le cas contraire, discuter plus tard avec eux les éclairera, je n'en doute pas. Vous avez besoin d'offrir un exutoire à cette bête en vous, ou elle dévorera à pleines dents vos organes vitaux, créant une constriction et réduisant la circulation de sang et d'énergie, cause interne d'un supplément de stress. Il en résulterait une chute de la réaction immunitaire, de la mauvaise humeur, des accès de colère et de dépression, ainsi qu'une diminution de la libido.

« Une manière bien plus convenable d'aérer un peu la bête consiste à l'emmener en promenade. Pas une petite escapade de dix minutes dans les boutiques, attention, mais une vraie marche d'une heure par monts et par vaux urbanisés, en balançant librement les bras et les épaules, et en engageant, poussant et étirant les hanches et les cuisses comme un lion (ou une lionne). Profitez-en pour essayer la technique taoïste de respiration en quatre temps, elle permet de garder les poumons et le cœur sous contrôle pendant toute forme d'exercice. Au milieu de l'inspiration, marquez un arrêt d'une milliseconde, puis finissez d'emplir votre cage thoracique. Faites la même chose à l'expiration pour créer un effet rythmique de type « dedans-dedans, dehors-dehors ». Calez chaque « temps » sur vos pas. »

Je sais que votre emploi du temps va immédiatement vous fournir cent raisons de rejeter ce conseil, mais commencez votre journée une heure plus tôt pour tenter cette expérience ambulatoire, et vous verrez votre tonus musculaire général s'améliorer en seulement deux jours, votre capacité respiratoire l'imiter, votre humeur devenir bien meilleure, vos tissus se raffermir comme par magie et votre capacité à gérer le stress augmenter de manière appréciable. Toute personne ayant le malheur d'être temporairement, ou pire, définitivement, privée de l'usage de ses jambes vous le dira : c'est un crime de gaspiller, ou de considérer comme acquis, cet équipement d'autopropulsion presque incroyable.

Vous pouvez débrancher le téléphone fixe et le portable. Vous pouvez débrancher l'ordinateur. Vous pouvez débrancher la télévision et la radio. Vous pouvez même débrancher le réfrigérateur si le beurre mou ne vous gêne pas. Mais vous ne pouvez pas débrancher le flot toujours croissant d'obligations. Et, plus important, vous ne pouvez pas débrancher votre esprit et votre énergie. Mais vous pouvez vous décontracter, même pour un bref instant de temps en temps, en vous servant simplement de votre esprit pour ordonner à vos os, vos organes, vos vaisseaux et vos nerfs de laisser filer toute tension superflue (parce que si vous ne pouvez pas l'ordonner, qui le peut ?).

Alors qu'il n'existe pas de meilleure façon d'aborder les défis quotidiens que la relaxation, l'oisiveté absolue, chaque fois que possible, est toujours d'un inestimable profit régénérateur. Se consacrer tout entier à ne faire strictement rien est le comble de l'abomination pour beaucoup de gens, je le sais. D'ailleurs, nous avons pour la plupart besoin d'un long entraînement au yoga avant de pouvoir rester immobiles pendant seulement cinq minutes, allongés ou assis, sans que le corps ou l'esprit gigote. Mais quiconque veut aller au bout de la partie ne peut se passer de l'art ancien de la paresse. Comme les taoïstes de jadis avant nous, nous devons apprendre à nous la couler douce.

Sortez de vos sentiers battus

Je viens de me tirer par l'oreille jusqu'à un flanc de montagne sauvage et venteux du pays de Galles où, loin de la « civilisation », je suis resté seul pendant de nombreux jours dans une vieille grange de pierre dépourvue de chauffage et d'isolation, à des kilomètres d'une route bitumée, sans moyen de transport, sans même un signal sur mon portable, martelant férocement les touches de mon ordinateur de voyage jusqu'à ce qu'un livre sorte de l'autre côté malgré les fluctuations de voltage du courant généré par un bricolage hydroélectrique.

Pendant les premiers jours, des vagues d'auto-apitoiement m'ont presque terrassé alors que je souffrais du sevrage brutal de mon intoxication aux conforts citadins. Je me suis même abandonné à un léger désespoir quand le feu que j'avais allumé dans le poêle a refusé de rester allumé. (Le bois était humide, comme ma serviette de toilette, comme étaient humides jusqu'aux draps du lit.)

Mais dès que j'ai capitulé et rentré la tête dans les épaules, j'ai commencé à adorer l'expérience, fier de ma capacité à endurer l'intensité extrême du froid et de la solitude, et soulagé que la matrice électrique de la ville tentaculaire ne m'ait pas rendu trop gâté et ramolli pour supporter le monde réel, où la puissance des éléments peut à elle seule vous tuer, ou au moins vous déstabiliser si vous perdez pied.

J'en ai la certitude, tous les nobles guerriers habitant ces contrées et qui, je le sais, lisent cette chronique vont éclater de rire. Je les entends d'ici s'exclamer : « Quelle femmelette de la ville, à faire tant d'histoires ! » Et ils auront raison. Car ils affrontent les éléments les bonnes années comme les mauvaises, et ils ont l'air en pleine forme.

Mais tout dépend de ses habitudes et, comme moi, la majorité de la population s'est dangereusement accoutumée au confort et aux facilités qu'offre la vie dans les villes et les banlieues. Nous avons aussi terriblement peur de nous retrouver seuls sans stimulation (dont la télévision), ne serait-ce qu'un soir.

J'aimerais être capable de décrire le coup de fouet à mon système immunitaire et à mes niveaux d'estime personnelle et de confiance en moi, et l'approfondissement de l'amitié que je me porte, qui ne pouvaient résulter que d'un « jeûne » pareil.

Aux citadins (que les autres se sentent libres de ricaner), je vais plutôt suggérer humblement de se prendre de la même manière par l'oreille pour échapper brièvement au monde afin d'aller voir par eux-mêmes, au moins pour cette bénédiction qu'est le silence. En plus, c'est bon pour le cœur, et il ne s'agit pas simplement d'une image. J'explique. Selon certaines croyances médicales asiatiques, une énergie du cœur puissante nourrit la capacité à rester seul, à reconnaître, accepter et affronter ses sentiments, et à se contenter de la présence et de la joie apportées par sa seule compagnie. C'est cette énergie qui soutient votre sentiment d'identité, gouverne votre tonalité mentale, et colore donc la totalité de votre ressenti intime de l'existence.

Réciproquement, passer du temps seul à profondément apprécier son dialogue intérieur renforce l'énergie du cœur, au profit évident de la santé et du bien-être général.

Quand le chi du cœur est faible ou éparpillé, par exemple à cause du stress, du surmenage, de problèmes relationnels, de manque de sommeil ou d'une maladie cardiaque, il devient presque impossible de prendre plaisir à sa propre compagnie – de s'aimer, en d'autres termes. Et la Californie du Sud tout entière n'abrite pas un seul adepte du New Age ignorant les dégâts que peut causer le fait de ne pas s'aimer.

De même, vous autres, les ruraux, vous devriez de temps en temps faire maigre de nature afin de passer un bref séjour dans l'effervescence et la crasse de la ville, au minimum pour renforcer votre choix de ne pas y vivre, mais aussi parce qu'on peut y prendre du bon temps, même si l'on devient effectivement névrotique à côtoyer d'aussi près des millions d'autres personnes.

« Mais si partir en virée dans la brousse ne vous paraît pas envisageable dans l'immédiat, ne cédez pas au désespoir. Vous pouvez soutenir le chi du cœur à l'instant même, et initier un processus d'approfondissement de l'amour que vous vous portez, et par extension que vous portez au monde entier (si vous le souhaitez) en pressant un point de votre poignet connu sous le nom de "porte de l'esprit". Regardez la paume de votre main droite et tirez un trait imaginaire divisant le petit doigt dans le sens de la longueur. Prolongez-le jusqu'au ruban de lignes plus ou moins entremêlées dessinant un bracelet à l'intérieur du poignet. Avec le pouce de votre main libre, pressez l'intersection avec douceur, mais une force suffisante pour produire une douleur "agréable" rayonnant le long de l'auriculaire. Au bout d'environ quarante secondes, passez à l'autre main. Puis serrez-vous dans les bras avec cette suggestion : "T'es vraiment chouette mon gars (ou ma fille) !" »

Juste une chose qui m'échappe : pourquoi sermonne-t-on les enfants britanniques qui laissent les portes ouvertes en leur demandant s'ils ont été élevés dans une grange ? Ceux qui ont grandi dans une grange savent sûrement mieux que personne l'intérêt de fermer toutes les ouvertures possibles pour garder un peu de chaleur à l'intérieur.

NE GASPILLEZ PAS VOTRE ESPRIT DE COMPÉTITION À ROULER DES MÉCANIQUES

À mes débuts, je me suis retrouvé un jour invité à Hampstead à un raout bohème et de gauche où tout le monde frimait et où, succombant à la tentation, j'ai balancé les jambes dans un geste théâtral pour prendre la position du lotus. Malheureusement, je ne m'étais pas échauffé et j'ai fait le mouvement trop vite. Le ligament de mon genou gauche a cédé avec un claquement si sonore que tout le monde a sursauté. Ça leur apprendra, ai-je pensé, en contenant l'atroce souffrance en silence.

Et puis il y a eu la première apparition en ville d'un professeur de yoga ashtanga au début des années 1980. Il était un tel dieu, et ses dévots visaient une telle perfection nirvanique que je n'ai pu m'empêcher de relever le défi en me lançant dans sa série de torsions yogiques presque impossibles. Je n'allais tout de même pas en laisser un seul penser que je n'étais pas à la hauteur, n'est-ce pas ? Au cours de cette séance, je me suis démis la hanche droite d'une manière si fâcheuse que sans une attention constante, je risque encore à tout moment de passer par défaut en mode « S ». Mais j'apprends. Un soir, il y a quelques jours, pour tenter d'exorciser ce maudit virus de la grippe qui avait investi mes défenses pour la troisième fois en deux semaines, je me suis rendu au club de gym local. Dans la piscine, tout le monde allait et venait en fonçant. Je me suis joint à la course, gardant une vitesse qui n'embouteillerait pas les lignes d'eau, mais sans gaspiller mon énergie, et je suis sorti à la première vague de fatigue au lieu de jouer comme de coutume à Superman et de m'acharner. Puis je suis passé au bain de vapeur, où les deux suspects habituels accaparaient les meilleures places, je me suis installé avec un minimum de halètements virils, et j'ai fixé le sol des yeux.

C'est là que ça m'est venu : l'esprit de compétition ! Jusque dans le sauna, nous rivalisons à qui se montrera le plus costaud en tenant le plus longtemps. Même au risque d'une crise cardiaque. Par chance, je l'ai évitée. Et je ne suis pas non plus resté dans le match. Dès les premiers signes de claustrophobie surchauffée, je suis sorti, provoquant les grognements moqueurs des deux durs. Deux longueurs de course dans la piscine m'ont amplement suffi, merci, et je suis monté aux vestiaires où tout se réduit à qui possède le plus gros zizi. J'étais donc entre les draps avant que les deux coriaces n'aient titubé hors de la vapeur.

Je m'imaginais dépourvu d'esprit de compétition jusqu'à une séance de thérapie où j'ai pris conscience que j'étais probablement le salopard qui avait le plus développé de la planète, ce que tout apprenti analyste aurait pu déduire de mes propos antérieurs. Et je ne suis pas seul, je le sais. L'esprit de compétition est le moteur de l'évolution, pour ne rien dire d'une économie de marché. Et il serait malavisé de le considérer comme une maladie occidentale. Après quelque trente ans d'entraînement aux arts martiaux chinois, je peux vous assurer qu'il n'existe personne de plus sensible à l'émulation que les Asiatiques. Mais contrairement à nous, l'influence du taoïsme et du bouddhisme leur a appris à ne pas se fatiguer à des concurrences futiles. Vous avez donc peu de chance de trouver trois membres de triade en train de rivaliser à qui peut tenir le plus longtemps dans le sauna de Gerrard Street. Ils garderaient plutôt l'énergie pour voir qui arrive à gagner le plus d'argent aux cartes après la douche.

Savoir qui est le plus fort à suivre un cours de yoga ashtanga a-t-il vraiment de l'intérêt ? Le yoga a-t-il été inventé dans ce but ? Je croyais qu'il s'agissait d'atteindre un état d'union absolue avec son environnement intérieur et extérieur. Et pourtant, le nombre de blessures dues au yoga n'a jamais été aussi élevé (je devançais juste la mode quand j'ai massacré mon genou – vous voyez, toujours en compétition). Chaque fois que nous mettons la main sur quelque chose, en Occident, nous soufflons et soufflons dessus comme le loup du conte jusqu'à faire tomber le mur. Mais c'est une manière très hasardeuse de procéder. Souvent, nous soufflons sur le mauvais mur – un mur porteur – et toute la maison s'écroule.

« Donc, en tant qu'ancien souffleur qui, à l'âge tendre de quarante-neuf ans, et avec à son actif trois décennies d'entraînement aux arts martiaux, en est encore à apprendre à mettre au frais un peu de bon sens, permettez-moi de transmettre un conseil taoïste (personnellement) vérifié (à la dure) au fil des ans : ne niez pas votre esprit de compétition. Prenez-en conscience et acceptez-le. Remarquez comme il vous fait souffler et souffler quand vous pourriez accomplir davantage en vous détendant et en prenant le temps. Quoi que vous fassiez, essayez de ne jamais forcer ou utiliser plus d'énergie que nécessaire à une exécution optimale. Déplacez toujours votre corps (et votre esprit) comme une entité unique organisée mentalement autour d'un seul point (situé à environ cinq centimètres sous le nombril), et maintenez les muscles au repos quand ils ne servent pas. Gardez en permanence une respiration fluide, profitant au maximum de votre capacité pulmonaire, en particulier pendant un effort. Conservez toujours une attitude enjouée et positive (pour prévenir l'autosabotage inconscient). Et n'essayez pas de vous débarrasser de ce maudit virus de la grippe en transpirant au sauna – il ne fait que revenir en pire deux jours plus tard. »

Passez l'échinacée, s'il vous plaît…

Qui va piano gagne la course

Vous arrive-t-il souvent de vous retrouver à courir en tous sens sans un instant de pause pour remarquer ce qui vous entoure ? Peut-être est-ce la raison pour laquelle nous courons tant : pour éviter de regarder l'état dans lequel nous avons mis la Terre – mais ne pas s'arrêter un instant pour voir le mauvais prive aussi de la saveur des bienfaits. Ou peut-être tentons-nous inconsciemment de nous distancer mutuellement dans une course à l'existence paisible parfaite, la meilleure place sur la plage de la vie. En tout cas, il semblerait que nous sommes tous nés avec un singe invisible sur l'épaule qui nous fouette de plus en plus vite (alors que nous devenons de plus en plus pauvres).

Je me rends compte que j'écris avec un point de vue déformé, assis dans le métro londonien pendant un trajet à 2,70 £, utilisant un de ces ordinateurs portables auquel il ne manque rien, mais dont le clavier ridiculement petit impose d'avoir des doigts taillés en pointe pour ne pas enfoncer deux touches à la fois. En fait, je suis en train d'essayer de ne pas gaspiller une précieuse « fenêtre » de trente minutes en traversant la ville d'un bout à l'autre, et d'un rendez-vous à l'autre, je suis tellement occupé (je ne me plains pas, attention – j'adore les rendez-vous).

Je m'aperçois, passant beaucoup de temps (à courir) dans tout le pays, que plus une zone est peuplée, et densément peuplée, et plus la précipitation augmente, mais dans une proportion qui dépend entièrement de l'état d'esprit local. Je suis sûr qu'à, disons, Bristol ou Sheffield (pour ne rien dire d'un trou comme Chipping Sodbury), la course reste à des niveaux plus faciles à gérer, si course il y a.

Et cette absurde histoire de devoir prendre « rendez-vous » des semaines à l'avance juste pour manger avec des amis ? C'est sûrement révélateur d'une démence naissante en train d'empoigner les testicules du bas-ventre de notre existence, et le signe que nous avons réussi à franchement basculer dans le déséquilibre, non ? De l'autre côté de la Manche, nos cousins les continentaux semblent entretenir un meilleur équilibre. Ils travaillent moins et plus efficacement, gagnent plus d'argent, accumulent davantage de vraie richesse, paient moins cher le foncier et beaucoup moins cher les voitures, disposent d'une infrastructure qui fonctionne (beaucoup, beaucoup) mieux, consacrent plus de temps à leur famille, aux êtres qu'ils aiment et à la communauté locale, et passent aussi plus de temps dans la nature tout en ayant plus de nature où le passer. Ils ont un taux de divorce inférieur et un taux de natalité supérieur, les femmes ne méprisent pas autant les hommes, les hommes n'ont pas aussi peur des femmes, ils mangent (beaucoup) mieux (et meilleur marché), il ne règne pas autant de violence – il n'y a même pas de séparations vitrées à la banque, car ils s'accordent encore mutuellement une confiance suffisante à ce niveau fondamental pour se contenter d'une bonne vieille couche d'air entre l'employé et le client – et de l'avis général, ils ont des relations sexuelles meilleures et plus aimantes.

Où avons-nous donc fait fausse route, et la solution est-elle de tous nous ruer sur le prochain Eurostar pour un aller sans retour ? Nous trouvant dans le « groupe de tête » de la culture planétaire, nous sommes moins conservateurs et intellectuellement plus dynamiques que les continentaux. L'inconvénient, c'est que nous avons perdu le contact avec de nombreuses traditions constructives (par exemple la famille et le voisinage) – c'est un scénario de type bébé-avec-le-bain. Nous n'avons pour autant aucun intérêt à bricoler un faux traditionalisme, le ciel nous en préserve, mais nous devons rester fidèles à nos talents de créateurs de tendances et continuer à avancer.

En même temps, pourtant, le moment arrive peut-être de réinventer notre façon de faire les choses dans le coin, car, comme vous l'avez sans doute désormais appris du nombre croissant de métaphysiciens amateurs New Age présents parmi nous, la réalité extérieure se conforme à nos croyances. Si nous croyons collectivement qu'il nous faut courir sans cesse en nous tuant au travail pour tout juste conserver un niveau de vie de second ordre, alors, c'est ce que nous aurons – en tout cas, c'est ce que nous avons. En revanche, si nous croyons que plus nous serons détendus et calmes, plus nous abattrons de travail, et donc plus notre précieux temps vaudra d'argent, alors, c'est ce que nous aurons.

De grands bouleversements de ce genre ne se produisent pas du jour au lendemain, c'est clair. Un ou deux ans risquent même de s'écouler avant l'apparition de résultats probants, mieux vaut donc probablement nous y mettre tout de suite en installant la croyance suivante sur notre disque dur, et si nous sommes assez nombreux à le faire, qui sait, peut-être arriverons-nous à battre les continentaux à leur propre jeu.

> « Écrivez simplement sur une feuille de papier, au moins six fois par jour (afin de répéter suffisamment les données pour que votre inconscient les enregistre) : "Plus je me détends, ralentis et accorde du temps au pur plaisir, plus j'accomplis dans tous les domaines !"
> En complément, prenez chaque matin quelques gouttes de Calm and Clear, le remède à base de fleurs du bush australien. »

Nous avons déjà les cafés, les bars « cool », la mode de rue branchée et les spécialités culinaires raffinées (*ciabatta* par-ci, *ciabatta* par-là ; on ne peut même plus trouver un honnête sandwich) – nous n'avons plus besoin que de l'état d'esprit pour en profiter.

Voilà. Maintenant que nous avons fait le point sur ce problème majeur, je pars à la sieste (un peu, ouais). *Hasta la pasta.*

Jouer des coudes

Mes coudes ont terriblement manqué d'espace vital ces derniers temps, où je me suis beaucoup déplacé de-ci, de-là, en train, en avion et parfois dans des voitures bondées, et j'ai eu envie de partager avec vous une petite découverte personnelle basée sur des principes de taï chi. Elle est des plus efficaces avec les monopolisateurs d'accoudoirs, même les plus avaricieux.

Imaginez-vous en train de prendre place dans le train, dans un avion ou même au cinéma à côté d'une personne qui s'est emparée de la totalité de la surface de votre accoudoir commun, et a même osé franchir du genou ou de la cuisse la ligne invisible entre votre portion d'espace et la sienne.

« Sale égoïste », pensez-vous instinctivement, et selon vos stratégies particulières de survie, vous réagissez en retirant votre coude du territoire disputé, laissant la victoire à l'adversaire (une simple ruse, peut-être, pour endormir sa vigilance par un faux sentiment de sécurité tout en restant prêt(e) à reconquérir le terrain dès qu'il commettra l'erreur de l'abandonner), ou vous exercez avec votre propre coude une poussée résolue afin de le chasser au moindre signe de manque de détermination. Aucune de ces deux démarches n'est réellement satisfaisante, en particulier sur un long trajet où il vous faudra baigner dans la mauvaise énergie circulant entre vous, les traits figés dans une expression glaciale, pendant plusieurs heures d'affilée.

Je reconnais avoir tendance à pécher par excès de tolérance : à mes yeux, tout le monde fait de son mieux sur cette planète, chacun selon son propre niveau de développement évolutionnaire, même si ce niveau semble souvent extrêmement bas – la vie est trop courte et trop précieuse pour en gaspiller un seul instant à concentrer son énergie sur la critique d'un manque de conscience perçu chez d'autres. Je trouve néanmoins sincèrement agaçant que l'on fasse assez peu cas de ma présence et de la justice pour envahir mon espace vital et me causer de l'inconfort.

C'est probablement la raison pour laquelle je me battais autant enfant, ce qui a conduit mon père inquiet à me mettre à l'aïkido dès l'âge de onze ans, ouvrant la voie à une vie d'étude, presque obsessive, des arts martiaux : je ne supportais pas que l'on envahisse mon espace. De même, je prends toujours soin de ne pas envahir celui des autres.

J'ai donc commencé à appliquer les principes des arts martiaux au scénario de l'accoudoir – la première fois en rentrant de New York en avion, assis à côté d'un « gentleman » aux dimensions gigantesques et au comportement macho qui s'étalait progressivement de mon côté, en toute connaissance de cause semblait-il, la cuisse et le genou venant en renfort du coude, et commençait à sérieusement me mettre en rogne. J'ai réagi en suivant un principe du taï chi, céder à la force supérieure d'un adversaire tout en le submergeant d'amour plutôt que de s'écarter ou de le repousser, et j'ai laissé simplement mon bras et ma cuisse reposer gentiment contre les siens de la manière la plus douce et la plus tendre possible, comme s'il était mon frère le plus proche. Sachant fort bien que ce degré d'intimité dévasterait son système nerveux, je me suis mis à transmettre, par le bras et la jambe, toute l'énergie aimante que je pouvais rassembler, guettant son effet sur lui. Quelques secondes plus tard, il s'écartait, ôtait complètement son coude de l'accoudoir et serrait les genoux. Bien entendu, il ne tarda pas à empiéter de nouveau, mais une deuxième application d'énergie aimante le fit aussitôt battre en retraite, et je pus jouir d'un confort relatif pendant le reste du vol.

J'ai eu plus tard à utiliser cette méthode en diverses occasions, et toujours avec le même succès.

« Transmettre de l'énergie aimante par l'intermédiaire des membres, dans ce contexte ou un autre, est un talent qui, développé, ne permet pas uniquement de s'emparer des accoudoirs et assimilés, mais aussi de soigner. Pour y parvenir, fixez votre attention au bas de votre abdomen, sur un point situé à environ cinq centimètres en dessous de votre nombril, et imaginez que vous avez là une ouverture invisible par laquelle vous respirez. À l'inspiration, voyez-vous en train de rassembler votre force vitale dans votre ventre, et à l'expiration, visualisez cette force rayonnant vers les membres en jeu, les pénétrant comme une vapeur énergétique et passant dans le corps du récepteur. Au début, cela paraît purement imaginaire, mais avec un peu de pratique, la sensation et les résultats deviennent tangibles. »

J'écris cet article dans l'espoir qu'il vous sera utile à l'avenir, ainsi qu'à vos coudes et autres parties de votre personne, et rendez-vous compte, si la technique prend, il sera tellement facile de reconnaître les lecteurs de l'*Observer* dans les environs : ils seront blottis contre d'irritants étrangers en train de les envahir.

La fin n'est pas proche

Une inhabituelle atmosphère d'intensité règne dans le monde depuis quelque temps. Vous pourriez dire avec raison qu'il règne toujours de l'intensité, mais il y a une différence. Peut-être est-ce l'effet du printemps et de la sève – l'énergie yang en nous tous – qui monte et pousse vers l'extérieur afin de s'exprimer avec davantage d'intensité. Mais je n'ai pas trouvé d'impression semblable aux printemps précédents. Peut-être est-ce astrologique, je ne suis pas compétent – il vous faudra demander à M. Spencer[1]. Sans doute s'agit-il simplement d'une combinaison des contrecoups du 11 septembre, de l'instabilité du Moyen-Orient et de l'agressivité de Blair et bébé Bush envers Saddam (le croquemitaine à l'ancienne) qui rend tout le monde nerveux. Ou peut-être est-ce juste qu'il suffit de zapper sur Discovery Channel pour découvrir un allumé en train d'annoncer la chute d'un astéroïde sur le point de nous anéantir.

Je me souviens des visionnaires de la fin des années 1970 qui, de temps en temps, prédisaient une fin du monde imminente, et que tout le monde considérait comme dérangés. De nos jours, pas une soirée mondaine ne se passe sans qu'une allusion désinvolte à l'apocalypse prochaine ne provoque une hilarité générale et entendue, comme si l'on venait de lancer une excellente blague. (Je me demande comment ils peuvent rire, ne savent-ils pas qu'une apocalypse provoque d'incurables migraines ou pire ?).

Nous donnons l'impression d'être (inconsciemment ?) encore plus pressés – et plus acharnés que jamais – de profiter de tous les objets de nos désirs (ou des désirs que nous devrions avoir, selon les médias) avant qu'il ne soit trop tard, tandis que les limites de notre patience paraissent rétrécir en proportion. Tout le monde semble piqué par la mouche. Donc, si vous êtes encore en train de traînasser en poussant la chansonnette, secouez-vous : vous ne voulez pas qu'arrive la fin de la vie humaine telle que nous la connaissons avant d'être devenu(e) riche ou célèbre, ou d'avoir couché, ou

1. Neal Spencer, responsable de la rubrique astrologique de l'*Observer*. *(N. d. T.)*

d'avoir obtenu ce que vous vouliez d'autre, hein ? (C'est en tout cas ce qu'on pourrait vous pardonner de penser.)

Cependant, s'il y a des moments dans l'histoire humaine où il convient de suivre la foule, il y en d'autres où il vaut mieux aller contre. Et en ce moment particulier, quand elle paraît exiger la disparition de toutes les vertus que nous chérissions à l'origine – politesse, patience, générosité, pacifisme, respect de la vie humaine, honnêteté, sens de l'honneur et autres nobles aspirations –, aller contre pourrait bien être le plus approprié.

Nous ne pouvons pas contraindre les autres à agir noblement, mais nous pouvons donner l'exemple en le faisant. Nous ne pouvons pas obliger le monde autour de nous à lever le pied et à se détendre avant de complètement imploser, mais en levant le pied et en nous détendant, nous améliorons la qualité de notre rayonnement d'énergie, et cette amélioration contamine progressivement les gens qui croisent notre orbite. Alors, consacrez quelques instants de chaque heure à réduire le stress que vous pourriez avoir accumulé par inadvertance, et votre nature véritable brillera avec plus d'éclat dans l'intérêt de tous. Une prémisse sous-tend le phénomène : quand vous souriez, le monde entier sourit avec vous, donc, si vous ralentissez et si vous vous détendez, le monde entier ralentira et se détendra avec vous, ce qui rendra une dimension gérable à l'intensité de toute cette bousculade, à l'échelle à la fois microcosmique et macrocosmique.

Tout stress mental se traduit par de la tension physique, et vice-versa. Comme il est généralement impossible d'avoir accès aux rouages de son esprit, il est toujours plus efficace de commencer par s'occuper de réduire la tension physique et de permettre aux effets de se propager lentement au mental.

« Il existe à cette fin plusieurs points de digitopuncture dont la stimulation intelligente aura des conséquences bénéfiques instantanées sur votre complexe corps-esprit. Commencez par poser l'extrémité non taillée d'un crayon à la base de votre boîte crânienne, à l'endroit où la colonne vertébrale disparaît à l'intérieur. Appuyez avec douceur mais fermeté jusqu'à sentir un rayonnement "agréablement douloureux" s'étendre à l'arrière de votre tête. Maintenez la pression environ une demi-minute avant de relâcher. Votre crâne devrait se décontracter un petit peu, et vous éprouverez peut-être une sensation agréable dans les sinus.
Placez ensuite l'extrémité du crayon dans votre dos, entre les deux vertèbres situées au milieu de votre poitrine, et appliquez la même pression, en jouissant de l'agréable douleur qui rayonne dans votre cage thoracique. Enfin, appuyez le crayon entre les vertèbres à hauteur de la taille et pressez à nouveau délicatement. »

Cet enchaînement améliore l'équilibre d'énergie dans vos trois principaux centres « psychospirituels », ce qui vous rend plus décontracté(e), plus avenant(e) et d'une fréquentation plus agréable (pour vous comme pour les autres).

La peur de la répugnance

Je viens d'avoir un moment de faiblesse. C'est la fin d'une après-midi de réunions et d'émissions de radio et je suis en route pour un cocktail – lui aussi lié au travail (honnêtement, où est passée ma vie privée ?) – et j'ai près de soixante minutes d'avance, parce que je voulais traverser la ville avant l'heure de pointe. Bien, me dis-je, c'est l'occasion rêvée de m'installer dans le café italien pour écrire un article sur mon portable. Les magasins de vêtements abondent dans le quartier et je porte une tenue clairement de jour. Donc, je me dis aussi que je pourrais faire une incursion dans quelques boutiques et peaufiner mon apparence avec une chemise neuve, et peut-être une paire de chaussures… Et illico presto, je me retrouve allégé d'un bon paquet après deux passages de ma carte bancaire dans une machine, et ceci un jour où la consultation de mon compte m'a incité à expédier plusieurs courriels pour faire rentrer de l'argent d'urgence.

Je suis schizophrène ou quoi ? C'est possible, mais au moins « ils » ne vont pas me trouver trop hors du coup. Et assis ici à regarder briller mes nouvelles chaussures, je me demande ce que cette pointe d'anesthésie consommatrice est en train d'engourdir, car je m'aveuglerais si je la considérais comme une thérapie. Ces achats n'ont pas calmé mon agitation intérieure.

Elle a pris naissance dimanche pendant la traversée, dans le lent balancement d'un « rapide » (est-ce qu'ils appellent encore des trains comme ça ?), d'une ville du centre qui restera anonyme. Un défilé a brutalement arrêté mon regard. Bon, je traîne sur cette planète depuis un moment et j'ai vu des défilés de tous ordres, de telles choses ne me choquent donc pas facilement. Mais celui-ci était franchement bizarre et sinistre. Ce qui ressemblait à au moins mille personnes – des hommes, je suppose, à cause de leur carrure et parce que j'ai du mal à imaginer des femmes participant à une telle absurdité (traitez-moi de sexiste), mais leurs casques empêchaient de l'affirmer – avançaient lentement sur des scooters, à deux de front entre les rangs de spectateurs, en brandissant tous un drapeau anglais, la croix de saint Georges. Tous les membres de la foule enthousiaste, ai-je remarqué, étaient de type caucasien, comme les motocyclistes, à en juger leurs mains, leurs cous et les autres parties visibles de leurs corps.

À ce que j'en sais, ce défilé n'a pas défrayé la chronique, et peut-être s'agissait-il simplement de la parade annuelle des pilotes de scooter de l'association locale de musique folklorique anglaise. Mais dans la mesure où la ville en question possède une importante population immigrée récemment grossie de réfugiés des guerres des Balkans, je n'ai pu empêcher des souvenirs de remonter : à la fois des images de rassemblements nazis de l'Allemagne d'avant-guerre et des scènes de *La Ferme des animaux*[1]. Le spectacle dégageait indéniablement quelque chose de cet ordre.

J'ai ressenti un mélange de peur et de honte. Peur, parce qu'on aurait dit une ville devenue folle, et parce que j'ignorais que de telles manifestations rassemblaient tant de gens. Et si c'était bien un défilé néofasciste, j'en déduis (en bonne vieille âme sensible) que la « folie » est en train de se répandre rapidement, et comme je suis un irréductible homme de gauche, elle ne fait pas bon ménage avec mon genre particulier de folie. Peur, parce qu'en dépit de la gêne causée par l'accroissement des difficultés et les problèmes d'adaptation, nous devons aux vagues d'immigrants qui se sont succédé sur nos humbles rivages d'avoir la culture la plus vivante, la plus sophistiquée et la plus excitante de toutes celles que je connais (et j'ai voyagé avec un grand « V »). Pour ne rien dire de la solitude que nous éprouverions sans les glorieux Celtes qui partagent nos îles.

Honte parce que si je suis fier d'être un Anglais, je suis encore plus fier d'être un Terrien, car je n'aime pas la planète uniquement de Brighton à Carlisle, je l'aime tout entière, à l'exception peut-être de Lordsburg, Arizona, mais c'est une autre histoire. Et je croyais vraiment que nous avions

1. Ce roman de George Orwell publié en 1945 dénonçait le système soviétique. Un dessin animé en a été tiré en 1951. *(N. d. T.)*

dépassé le genre de xénophobie sclérosante que je sentais émaner d'en dessous de ces casques.

Je vous demande donc, en fait je vous implore, de résister à toute tentation de réduire votre vision – et de persuader les gens autour de vous de résister également. Juste avant le changement de millénaire, l'atmosphère possédait un piquant grisant. Le piquant de la conscience planétaire – un éveil spirituel en plein essor. Mais dès que la pendule a sonné une heure, tout a paru passer en marche arrière.

Il suffit de la flamme d'une unique bougie pour venir à bout de l'obscurité dans une pièce entière. Vous et moi, nous sommes la flamme, chargés de la responsabilité de briller et d'aider. Les taoïstes de jadis, habitués aux ruses des porteurs de casque, suggéraient l'exercice suivant : imaginez une ouverture au centre de votre poitrine par laquelle vous respirez volontairement. En même temps, dirigez entièrement votre conscience sur la qualité d'harmonie absolue et sentez-vous inspirer et expirer cette harmonie jusqu'à en faire un véritable champ de force autour de vous. Voyez cette force rayonner vers l'extérieur en cercles grandissants jusqu'à pénétrer toutes les âmes, puis détendez-vous et reprenez le cours habituel de votre vie. Ou alors, allez peut-être aussi acheter un jean neuf.

ENTRETENIR DE L'ÉNERGIE NÉGATIVE REND TOUJOURS PERDANT

Pour l'essentiel, les problèmes que nous constatons autour de nous sur la planète n'ont pas de raison d'être. Nous nous les causons. Dans le cas présent, je ne suis pas en train de parler de la pollution et de la destruction de l'environnement, parce qu'en bon ingénu, je crois que nous les avons provoquées en toute innocence dans la louable intention d'améliorer nos conditions de vie.

Je m'intéresse plutôt à la souffrance infligée à des gens par d'autres gens – les meurtres et les mutilations en cours à tout instant – pour la terre, le pétrole, l'argent ou par idéologie, quand ce n'est pas par pure perversion d'un caractère irascible. Pourtant, et malgré toutes les dénonciations des âmes bien intentionnées, nous semblons, en tant qu'espèce, incapables de nous empêcher d'avoir un comportement imbécile, dément et destructeur. C'est le revers de nos incommensurables sagesse et intelligence. Comme nous le savons, on ne peut avoir un côté sans son opposé – c'est du yin-yang de base.

Pourtant, à mon avis (peut-être est-ce une nouvelle preuve de naïveté), il y a une strate entière de cette stupidité à laquelle nous pourrions nous attaquer avec efficacité : la strate de la vengeance. Aujourd'hui, lors de ma traversée de la ville, des touristes ont stoppé net devant moi sans raison apparente, une succession d'automobilistes m'a coupé la route et, après avoir garé mon véhicule, j'ai eu droit, en guise de cerise sur le gâteau, à un homme jailli d'un magasin pour me barrer le passage en se curant le nez – charmant. J'aurais pu tout prendre personnellement alors que je n'avais rencontré aucune de ces personnes auparavant. J'aurais pu crier « Espèce de con(ne) ! » à chacune d'elles. Il y en a même que j'aurais pu facilement démolir.

Mais si ma mission, au moins en partie, est de favoriser un déclin général de la stupidité (quelle arrogance), comment pourrais-je me mettre en contradiction en ajoutant la mienne ? J'ai donc choisi de continuer à lâcher prise.

> « Percevez l'apparition de la colère : une décharge de chaleur dans votre plexus solaire. Sentez votre corps se tendre quand votre dimension simiesque remonte à la surface, et puis détachez-vous mentalement en expirant et en vous relaxant. »

Stoppez net devant moi, M. Touriste, vous me rappellerez de m'arrêter moi-même pour contempler le paysage. Coupez-moi la route, Mme Mufle, vous me remettrez en mémoire la laideur que donne le stress à un visage encadré dans un pare-brise. Curez votre nez sous le mien, M. Rienàfoutre, je me souviendrai de ne jamais sortir sans mouchoir. Qu'ils suivent tous leur chemin sans souffrir de ma vengeance – je sais qu'il n'y avait rien de personnel. Je les ai tous laissés aller en paix, et j'ai laissé s'évacuer l'énergie négative qui se serait sinon envenimée en moi. À propos, exprimer sa colère ne la dissipe pas, mais l'augmente.

Tous les grands métaphysiciens, de John Donne[1] à Albert Einstein, l'ont relevé : comme est le haut est le bas, comme est le macrocosme est le microcosme, et si vous voulez changer un aspect du monde, il faut le changer en vous. Donc, si nous voulons voir la paix l'emporter dans le corps macrocosmique de l'humanité, peut-être pouvons-nous tous tourner notre regard à l'intérieur vers cette partie de nous (le microcosme) qui aspire à se venger, de qui que ce soit, pour quelque raison que ce soit et aussi subtile et inconsciente que soit cette envie, afin de la soigner et nous rendre capable de pardonner et de lâcher prise.

D'un point de vue énergétique, la colère qui s'envenime, alimentant l'envie de vengeance, représente une accumulation de toxines psychiques dans le foie, et ce surcroît de travail le fait surchauffer. Cette chaleur « nourrit le feu » du cœur, l'organe supposé abriter l'esprit, et vous commencez à agir en dingue.

---

1. Prédicateur anglais né en 1572 et mort en 1631, considéré comme l'un des plus grands poètes britanniques. *(N. d. T.)*

« En prévention, allez dans une herboristerie ou un libre-service chinois acheter un sac de chrysanthèmes séchés, préparez une infusion serrée et buvez-en jusqu'à cinq tasses par jour. Votre foie et votre cœur resteront suffisamment frais pour permettre à votre esprit de souscrire à ce sentiment : "Quand je me pardonne tout, et pardonne tout au monde, il en naît une lumière, un état de conscience plus élevé, qui ne m'est pas spécifique mais se répand partout, apportant la paix à tous les esprits." »

Prêt(e) ? Un, deux, trois…

LA VIE PROGRESSE EN CYCLES COSMIQUES

Adopter une perspective philosophique taoïste basée sur le yin et le yang aide à comprendre les choix d'« attitudes de vie » les plus bizarrement réactionnaires de divers secteurs sensibles de la société, ici et ailleurs, alors que progressent des idéologies extrémistes incendiaires (plus précisément le néofascisme et le fondamentalisme, ainsi que les alliances contre nature qui se nouent entre eux). Il paraît en effet presque impensable qu'à notre niveau général de sophistication culturelle, intellectuelle et technologique, des gens se laissent séduire par des doctrines régressives basées sur la peur et la haine. Ces doctrines servent en fait à l'avancement des « carrières » de quelques individus plus qu'à celui de leurs causes douteuses, celles-ci se réduisant principalement à des procédés théâtraux qui exploitent l'insatisfaction du public.

Comment expliquer qu'au phénomène de croissance et d'expansion économiques, sociales, technologiques et spirituelles sans précédent de la fin du millénaire ait succédé la tendance actuelle à la non-coopération et à la mentalité d'assiégé(e) ?

Eh bien, nous pourrions accuser des laissés-pour-compte envieux et décidés à gâcher la fête des « nantis ». Nous pourrions dire que les « multinationales avides » pillent la richesse des nations et qu'il faut y mettre un terme (malgré le démenti offert par la prospérité sans précédent dont jouit la population du monde développé tandis que s'améliore la situation des pays en développement). Nous pourrions le considérer comme un châtiment pour n'avoir pas annulé la dette du tiers-monde. Nous pourrions l'imputer à la peur du changement qui pousse les gens à s'accrocher à des modes de pensée appartenant à des siècles révolus. Nous pourrions même affirmer qu'une existence dépourvue de « chemin spirituel » a tellement perdu de sens au milieu de tant de prospérité qu'on se raccroche à quiconque a une voix assez forte, même si cette voix réclame à grands cris la destruction de tout ce qui nous est cher. Tout cela fournit matière à réfléchir et débattre sans fin, mais si vous placez l'image dans un cadre yin-yang, l'énigme commence à prendre un sens. Selon les taoïstes chinois de jadis, un mécanisme cyclique gouverne tous les phénomènes : la lumière devient obscurité quand le jour se transforme en nuit, puis l'obscurité devient lumière, et ainsi de suite. Ils ont appelé l'obscurité yin et la lumière yang. En observant l'interaction entre les deux dans les affaires humaines, ils pouvaient dans une certaine mesure prévoir les évolutions sociales et s'y préparer. Cela leur permettait de conserver une attitude philosophique, et donc la paix de l'esprit, face à la folie du monde.

Ils attribuèrent au yin la force sombre, la tendance à se contracter, et au yang la tendance à l'expansion. Ils remarquèrent qu'elles ne cessaient de se succéder, et que le cycle obéissait simultanément à des fréquences différentes. Il existe donc un nombre infini de cycles d'expansion et de contraction : l'inspiration et l'expiration, les cycles horaires, quotidiens, saisonniers, trisannuels, cinquantenaires, millénaires, etc. Autrement dit, rien n'avance en droite ligne, mais tout progresse en spirale.

Il était donc inévitable qu'après le cycle, disons trisannuel, de tendance à l'expansion de la fin des années 1990, le début des années 2000 connaisse une tendance à la contraction. Tout comme il est inévitable que l'énergie xénophobe, craintive et haineuse dont nous avons vu récemment s'enticher les personnes vulnérables cède un jour place à une énergie tolérante, progressiste et aimante qui embaumera le monde comme le parfum d'une rose de Damas. Prenez donc courage et rayonnez plus vivement que jamais d'amour, de générosité et d'intelligence intégratrice. Je ne sais pas si c'est une réponse aux problèmes auxquels nous sommes confrontés, mais je ne suis pas certain qu'une question se posait pour commencer. Le mieux serait peut-être de conclure par les paroles immortelles de mon grand copain R. D. Laing aujourd'hui disparu : « C'est une belle vie, tant que tu ne laisses pas les salauds te marcher dessus ! »

IL EST TEMPS DE LÂCHER PRISE

En 1979, juste avant de partir au Nouveau-Mexique pour vivre avec les Indiens (pardonnez l'incorrection politique, mais même eux se donnent ce nom), j'ai donné toutes les possessions que j'aimais et j'ai vendu les autres. J'ai vendu la collection de disques dont la longueur atteignait presque six mètres sur le plancher, mais j'ai offert à un ami la chaîne stéréo et les meilleurs albums. J'ai vécu un moment remarquable en débranchant l'appareil : quand je me suis baissé, j'ai dû refouler un torrent de larmes qui a failli me faire choir. Mon vieux blouson en daim favori, mon imperméable à la Humphrey Bogart, mes livres (hors du *Tao Te Ching* et du *I Ching*, les seuls que je m'autorisai – quel noceur !), et tous les autres accoutrements de la vie citadine n'ont provoqué rien de plus qu'un tressaillement, mais me séparer de cette chaîne – et le lendemain, de la splendide Mercury bleu métallisé des années 1960 cédée à un escroc du West Country – m'a arraché le cœur. Les garçons, hein ! (Et je me croyais « spirituel »).

Mais au fur et à mesure que je perdais la propriété et la responsabilité de ces biens, je gagnais une légèreté que je n'avais pas ressentie depuis la matrice.

Nous devons dépenser beaucoup d'énergie, sur le plan subtil et inconscient, pour garder en place chacune de nos possessions. Nous épinglons notre identité sur chacune. Quand nous traversons le séjour après une dure journée de lutte dans la jungle urbaine ou rurale, et soupirons de soulagement en posant le regard sur des objets familiers, nous transférons en fait de grandes quantités de subtile force vitale dans ces objets. Et cela nous alourdit. Vous n'en avez pas conscience, tant la transe de la vie quotidienne est profonde. Mais dès que nous lâchons prise, ou sommes contraints de lâcher prise, et à condition d'avoir assez de liquide en poche ou de foi dans la bienveillance fondamentale de la vie pour ne pas craindre de mourir de faim, le poids disparaît et nous renaissons – et ça, on s'en rend compte.

Donc, quand mon « creuset » londonien en sous-sol a subi les récentes inondations, et qu'a été presque entièrement détruite l'infrastructure de ma vie professionnelle – ordinateur noyé, archives papier imbibées, et je vous laisse imaginer le reste –, j'ai simplement grogné « Merde ! » devant cette bouillie détrempée, parce que j'étais formé à n'y voir que des « machins » (et, bien sûr, il y a toujours l'assurance).

Vous n'êtes pas vos possessions, même si la norme est de s'accrocher aux choses (ou aux gens) pour définir ou renforcer son sentiment d'identité et donc d'appartenance. Nous aspirons tous à ce sentiment d'appartenance, et pour l'obtenir, nous amassons des biens (ou des gens) que nous considérons nous appartenir. Ironiquement, il s'avère que c'est nous qui leur appartenons.

Selon le point de vue taoïste, toute forme naît du néant, change avec le temps et finit par retourner au néant. La sagesse consiste à ne s'accrocher à rien : laissant simplement venir les choses, et les laissant repartir, vous contemplez sereinement le jeu des formes devant vos yeux.

Le feng shui, l'art taoïste tenant de la géomancie, recommande de se débarrasser régulièrement des possessions superflues pour conserver sa force vitale à des niveaux optimaux.

Les inondations dévastatrices dont a été victime l'Europe récemment vont sans aucun doute revenir régulièrement pendant un moment et il ne sert à rien de se lancer dans la litanie complète des horreurs qui nous attendent, sur le plan écologique et sur tous les autres. Tous, nous avons plutôt intérêt à nous entraîner à nous détacher avec grâce de nos possessions, juste au cas où nous y serions contraints plus tard. En tout cas, sauf si vous avez mis la main sur l'élixir d'immortalité physique, un détachement total sera exigé un jour.

« Une profonde méditation taoïste favorise l'état énergétique le plus propice pour lâcher prise avec grâce. En inspirant, dites-vous que vous enlevez toute énergie au monde de la forme pour vous retirer dans l'état absolu d'indifférenciation, ou Tao, où vous ne possédez rien. En expirant, dites-vous que vous insufflez de la vie dans le monde de la forme pour le régénérer en lui donnant encore meilleure allure. Ne dépassez pas quatre-vingt-un cycles de ce genre, puis répétez au moins six fois "Je ne suis pas mes possessions !" et sortez acheter de bonnes, hautes et solides bottes en caoutchouc ! »

Affronter la tempête en étant sûr de sa force fondamentale

Quand je me suis réveillé ce matin… non, je ne chante pas le blues… j'étais en contemplation profonde de la signification de l'endurance.

Je réfléchissais aux événements mondiaux et à la manière dont les choses ont tendance à entrer dans une spirale – j'hésite à dire hors de contrôle, car je doute que les choses aient jamais été vraiment sous contrôle – mais oui, hors de contrôle conviendrait bien. Si nous réduisons notre vision du monde à ses éléments constitutifs, ils ont pour dénominateurs communs l'incertitude et l'imprévisibilité. Nous ne savons pas comment le naufrage de l'économie affectera notre gagne-pain, si le terrorisme et les guerres vont peser sur notre existence quotidienne, si le mariage est la réponse à la vie, ou même si la mer n'aura pas bientôt submergé le sol sous nos pieds.

Nous ne nourrissons peut-être pas consciemment de telles pensées, mais notre moi instinctif flaire qu'il se trame quelque chose, et, inévitablement, nous nous sentons d'autant plus en danger.

Je me suis donc demandé quelles sont les qualités qui me gardent en équilibre face à tout ça, et j'ai naturellement pensé au courage. Mais j'ai creusé plus profond et je me suis rendu compte que la qualité fondamentale dont le courage n'est qu'une conséquence, une fois mis de côté les sentiments, est l'endurance. Le fait que, quoi qu'il arrive, aussi transformée, douloureuse, ou, bien entendu, délicieuse que devienne la réalité, nous endurerons. Comme un chêne dans la tempête, nous résisterons.

L'ancien oracle taoïste, le *I Ching,* dit : « Si l'on médite sur ce qui donne de la durée à une chose, on peut connaître la nature du ciel et de la terre, ainsi que de tous les êtres. »

Donc, d'où les formes, les personnes et les institutions tiennent-elles leur durée, en sachant que toutes les formes, personnes et institutions sont dans un état de flux perpétuel ? Qu'est-ce qui reste constant en nous (peut-être même après la mort), alors qu'en sept ans, toutes les cellules composant notre organisme se renouvellent ? Eh bien, ce n'est pas quelque chose de définissable en mots. On peut l'appeler l'âme ou l'esprit immortel, mais en évitant toute hyperbole, on pourrait simplement l'appeler force fondamentale. Toutes les formes, personnes et institutions sont concernées. Dès que la force fondamentale s'évanouit, l'édifice s'écroule. À l'inverse, aussi longtemps que la force fondamentale perdure, l'édifice tient debout.

Donc, pour conserver intacts votre santé mentale et, avec un peu de chance, votre mode de vie, pendant ce qui prend l'aspect d'un tronçon de l'histoire humaine franchement chaotique, vous devez commencer à établir un lien conscient avec cette partie inébranlable en vous, la force fondamentale sur laquelle vous pouvez compter en périodes de stress. Voici comment les guerriers taoïstes de jadis généraient de la force fondamentale – car si nos guerres se livrent avec des télécommandes, nous devons toujours réagir intérieurement comme des guerriers.

« Il existe un conduit d'énergie, appelé le "vaisseau d'assaut", qui part du périnée, situé entre les jambes, et remonte devant la colonne vertébrale jusqu'au cerveau. En inspirant, imaginez que vous sentez le souffle entrer par le périnée et remonter au niveau de vos tétons. En expirant, sentez-le redescendre jusqu'au périnée. Effectuez neuf respirations complètes en répétant mentalement "Force fondamentale !" pendant l'ascension du souffle, et "Endurance !" pendant le reflux.

L'astuce consiste à tisser un lien conscient avec votre noyau fondamental – et vous n'avez pas grand-chose de plus central que l'avant de votre colonne vertébrale – grâce à la pratique quotidienne de cet exercice pendant des moments de contemplation paisible, disons dans un embouteillage ou au lit. Ensuite, quand apparaissent les situations de stress, vous vous mettez par défaut en mode de conscience fondamentale où quelques allers-retours du souffle dans le conduit d'énergie vont vous centrer. »

La démarche peut paraître futile face à des événements planétaires capitaux, mais une pratique quotidienne produit des effets profonds. Soyons sérieux, si elle marche avec un « esprit de singe » comme le mien, elle peut marcher avec n'importe qui.

OÙ EST LA FÊTE ?

Je me suis interrogé sur cette dynamique d'attraction-répulsion que j'ai depuis quelque temps vis-à-vis de la foule : ce va-et-vient entre le désir de plonger dans la masse d'un côté et, de l'autre, l'envie légèrement agoraphobe de m'isoler. D'après le flot régulier de courriels me demandant conseil à ce sujet, je sais qu'elle ne m'est pas particulière. Je suis sûr que vous l'avez vous-même connue. Par choix ou par respect du protocole social, vous vous retrouvez à une soirée, à un mariage, en boîte de nuit, à un festival, ou à toute autre réunion d'un grand nombre de personnes, et une partie de vous veut s'en aller, tandis qu'une autre à envie de rester. Si vous partez, vous allez peut-être manquer la vraie fête qui débuterait mystérieusement, allez savoir pourquoi, juste après votre départ (pensez-vous). Si vous restez, cette démangeaison à prendre la route ou simplement rentrer à la maison vous reposer risque de vous faire exploser.

Vous vous sentez tiraillé(e), et vous passez ainsi un moment à hésiter avant de céder à l'envie dominante dans votre ventre, et partir – ou rester, puis partir.

Dans des réunions de types variés, j'ai souvent eu pour envie dominante de m'échapper aussitôt qu'il était humainement possible. Ce n'était pas par manque de plaisir, au contraire : j'éprouvais un tel plaisir interne que je ne voulais pas le gâcher en restant dans un endroit un instant de plus que je ne le souhaitais.

Nous avons besoin des foules non seulement pour nous y joindre, mais aussi pour les quitter. Fondamentalement, si vous décidez de partir, vous ne pouvez rien rater parce que l'action, bien que paraissant se dérouler autour de vous, se passe en fait en vous. Donc, où que vous alliez, dans une boîte de nuit ou au lit, c'est là que ça se passe (pour vous). Cependant, si vous restez à contrecœur, vous allez juste vous fatiguer, vous saouler (ou pire), ou les deux.

Une expérience vécue en France récemment a déclenché ces réflexions : après un concert, dans un festival, tous les membres de l'équipe voulaient que j'attende trois heures du matin pour les accompagner à la fête de clôture organisée dans les collines. Comptant quelques années de plus qu'eux, et ayant eu mon content d'attentes jusqu'à trois heures du matin, qui se prolongent inévitablement jusqu'à cinq heures, pour aller à des fêtes dans les collines qui tournent généralement au fiasco sur une petite éminence de banlieue, j'ai décidé prudemment de suivre mon inclinaison intérieure et j'ai quitté la foule en train de tanguer sur un crescendo éméché pour filer comme le vent de l'autre côté de la frontière dans mon humble cabane à flanc de colline où j'ai regardé un DVD en buvant une bonne tasse de thé. Selon la sagesse taoïste, le va-et-vient découle de fluctuations de l'énergie du foie, celui-ci étant supposé fournir la force soutenant notre personnalité. Quand l'énergie, ou chi, du foie est faible, nous perdons notre éclat, nos yeux deviennent ternes et faire la conversation se transforme en épreuve. Ironiquement, c'est à ce moment que nous sommes les plus enclins à boire un verre pour relancer un peu la machine, ce qui affaiblira encore davantage le chi du foie.

Cependant, équilibrer l'énergie dans le méridien du foie redonne l'envie de se mêler au monde. Il existe de nombreuses manières d'y parvenir, depuis quelques visites à un acupuncteur jusqu'à un régime complet de désintoxication. Vous pouvez aussi effectuer une rapide intervention locale l'après-midi du jour où vous devez aller faire la bringue, de préférence vers quinze heures, moment où le méridien du foie est le plus réceptif. Le facteur rayonnement augmentera subtilement, mais de manière significative, vers vingt et une heures.

« Aux deux pieds et pendant trente-trois secondes, pincez avec amour la membrane de chair entre votre gros orteil et le suivant, au point « de feu » du méridien du foie. Sa stimulation est l'équivalent énergétique d'un petit verre de tequila, n'ayez donc pas peur de provoquer un petit élancement. Tout en pinçant, imaginez votre foie (situé à droite sous les côtes, il s'étend jusqu'au côté gauche) en train de s'assouplir, de se détendre et, oui, de sourire. Rappelez-vous : "Où je suis, c'est là que ça se passe !". Puis reprenez où vous en étiez. »

APPRENDRE À CONNAÎTRE SON ENFANT INTÉRIEUR

On m'a demandé d'écrire sur cette chienne de vie et la manière dont nous nous tuons à la tâche toute l'année, mettant pratiquement de côté nos envies et les besoins de l'enfant joueur au fond de nous (et peut-être aussi ceux de nos enfants de chair et de sang), hormis pendant les quelques précieuses semaines où nous partons fuir tout cela au soleil sur une plage, en montagne, dans le désert ou dans toute autre « destination de vacances » où nous passons la moitié de notre temps à gérer notre désintoxication à la routine, et l'autre à redécouvrir cette partie de nous qui adore s'amuser et échapper aux responsabilités. Et quand nous l'avons redécouverte, après avoir eu à peine le temps de faire vraiment connaissance, le moment arrive de se frayer un chemin de retour sur des routes embouteillées, ou dans des aéroplanes, des bateaux ou des trains bondés, à moins de préférer la planche à roulettes, pour retrouver les inévitables amas de factures, de courriels, de messages téléphoniques, de reçus de carte bancaire à comptabiliser, de linge sale, et, bien entendu, de travail. Doit-on vraiment se demander pourquoi nous nous demandons si l'existence a un sens ?

Donc, si vous êtes en train de souffrir de l'insidieux syndrome « Je veux encore être en vacances, je ne me plais pas du tout ici », permettez-moi de présenter la recette taoïste sur la question dans l'espoir d'améliorer votre humeur.

Consciemment ou non, nous passons tous nos vies en quête du « super-état utérin perpétuel » (le Tao) où nous imaginons la vie libre de toute responsabilité, douleur ou gêne, et où tous nos désirs et nos besoins sont instantanément assouvis. Nous le recherchons dans les boutiques, dans la pierre, dans le couple, dans la richesse, dans le statut social, dans l'alcool et les drogues, et, bien sûr, en vacances, mais, forcément, nous ne le trouvons pas. Aguichés par des visions fugitives, nous errons avec la sensation de nous être fait escroquer de notre droit de naissance divin, croyant que tout irait subitement bien si nous pouvions mettre la main sur les quelques millions d'euros qui, selon nos calculs, nous permettraient de paresser près d'une piscine jusqu'à notre mort. Mais ça ne marcherait pas. Tout irait peut-être un peu mieux, d'accord, mais nous ne ferions pas l'affaire éternelle qui nous intéresse vraiment. Je déteste avoir à le dire, car se laisser leurrer par le monde des apparences est tellement amusant (et sacrément douloureux), mais le seul moyen d'atteindre ce but – et c'est possible – est de se tourner vers l'intérieur.

« Examinez objectivement d'où venait votre bien-être en vacances, et vous arriverez probablement à ce résumé : consacrer tous les jours une période de temps relativement détendue à des exercices physiques (nager, marcher, danser) ; vous reposer ; dormir ; vous poser des questions importantes ; lire ; avoir des discussions profondes avec des proches ; faire sans doute davantage l'amour que d'habitude ; et à travers tout cela renouer le contact avec l'esprit joueur au fond de vous qui déborde d'enthousiasme pour la vie – aussi appelé votre vrai vous. »

Tout vieux taoïste vous le dira : en vous astreignant à intégrer même un petit peu de ces éléments dans votre vie quotidienne, vous développerez progressivement votre relation avec votre vrai vous au point que chaque journée, même la plus chargée en responsabilités, deviendra un jour de vacances, sanctifié par la présence consciente de l'enfant éternel en train de jouer en vous pendant que vous vaquez à vos occupations.

À propos, le nom du père fondateur présumé du taoïsme, Lao-tseu, signifie le maître de l'enfant éternel.

« Autorisez-vous par exemple à jouer avec cette visualisation, dont je vous garantis qu'elle produit un chaud rayonnement intérieur et remet en contact avec l'esprit des vacances. Fermez les yeux et imaginez-vous nu(e) et seul(e) dans un bassin naturel d'eau tiède sous les étoiles, en train de nager une brasse gracieuse et fluide. Sentez la douceur de l'eau vous envelopper, vous apaiser, vous aimer. Sentez la force vitale circuler dans votre organisme alors que vos membres s'étirent et se plient, que votre poitrine s'ouvre et se relâche, et que fond toute la tension de votre corps. Puis hurlez avec détermination quelque chose du genre : "Hourra, ma vie n'est que vacances !" »

Et reprenez le cours de votre existence.

Chapitre 9
La Terre

Distinguer la nuit du jour

Comme vous l'avez certainement remarqué, les événements les plus excitants se produisent souvent sous le couvert de l'obscurité. En ces temps je-m'en-foutistes et frénétiques, la nuit est un moment merveilleux habituellement associé aux écarts de conduite et au chahut, et où les honnêtes gens sont supposés dormir.

Elle est d'ailleurs devenue une institution, avec ses boîtes de nuit et ses dames (et damoiseaux) de la nuit, un fait intéressant dans la mesure où chérir la nuit, en tant que concept, est vraiment une idée plutôt enfantine.

En fait, la nuit n'existe pas. Pas dans l'absolu en tout cas. Comme vous le savez, cette illusion naît de ce que la Terre pivote sur son axe à une vitesse de 16 000 km/h en direction de l'est par rapport au soleil autour duquel elle tourne en parcourant environ 106 000 kilomètres à chaque heure de l'année. Et quand la partie sur laquelle vous vous levez le matin a effectué une rotation suffisante, vous vous retrouvez, au bout de huit à quatorze heures selon la position sur l'elliptique et l'inclinaison axiale du moment, du côté de la planète inaccessible au rayonnement solaire, hormis ce que peuvent en réfléchir la lune et, dans une moindre mesure, d'autres planètes ou divers satellites artificiels.

Mais la nuit, en tant que fait, a beau être une illusion (causée par l'absence de lumière solaire), l'obscurité n'en est pas une. Selon la sagesse des taoïstes orientaux, l'obscurité correspond à la qualité première du yin, qui représente la force passive ou statique de la nature, et la lumière à celle du yang, la force active ou dynamique. Pendant les heures d'ensoleillement, votre corps s'imprègne d'énergie yang comme une pile solaire, qui lui sert à vous mener au bout de la période de veille. Pendant les heures d'obscurité, le corps aspire de l'énergie yin du sol, qui l'aide à se reposer.

Bien entendu, ces taoïstes de jadis étudiaient le mode de fonctionnement humain depuis le poste d'observation non pollué offert par des grottes de haute montagne que ne couvrait aucun réseau de téléphonie sans fil. Mais l'électricité et les modes de vie en continu qu'elle favorise, vingt-quatre heures sur vingt-quatre et sept jours sur sept, ont quelque peu troublé ce rythme naturel, et, globalement, nous dépensons des quantités immodérées d'énergie (yang) à faire la bringue et autre, à des moments où nous nous reposerions si nous suivions les lois naturelles.

Mais obéir à la lettre aux lois naturelles manque de piquant dans une confiserie aussi fournie que notre vie postmoderne à choix multiples. Nous rejetons donc en chœur le joug de ces bons vieux yin et yang, et buvons et festoyons jusqu'au petit matin. (Puis nous nous plaignons le lendemain de manquer d'énergie et de nous sentir stressés et fatigués.)

Mais après de telles réjouissances, ou simplement après s'être intoxiqué presque à mort de rayons gamma issus du téléviseur, quand arrive finalement le moment de poser la tête sur l'oreiller, que peut-on faire pour avoir le sommeil le plus réparateur possible et profiter au maximum de la puissance qu'a à offrir la force yin de la nature ?

« Tout d'abord, pour apporter le sommeil, après avoir calmé le mental en appliquant une goutte ou deux d'huile essentielle de lavande sur les tempes, il est recommandé de presser le point de digitopuncture connu sous le nom de "porte de l'esprit", qui a pour effet d'apaiser le méridien de l'énergie du cœur sur lequel il se trouve. Selon la médecine asiatique, le cœur a la responsabilité de l'esprit et de sa capacité à changer de mode – dans ce cas de s'éteindre pendant quelques heures, huit de préférence.
Localisez ce point en regardant l'une de vos mains tournée vers vous. Faites courir une ligne imaginaire au milieu du petit doigt et prolongez-la jusqu'aux plis du poignet à la base de la paume. Pressez l'intersection pendant environ une minute des deux côtés, en appuyant suffisamment pour provoquer une légère douleur, ce qui facilitera l'extinction de l'esprit conscient, comme un sédatif léger, en l'espace d'environ dix minutes.
En attendant, profitez de ce bref moment où votre esprit est le plus réceptif pour vous suggérer à la fois comment vous aimeriez dormir et comment (et quand) vous aimeriez vous réveiller. Par exemple : "Je vais avoir un sommeil profond et faire des rêves agréables et instructifs, et je me réveillerai à sept heures, rafraîchi(e), plein(e) d'énergie, optimiste et prêt(e) pour la journée devant moi !"
Reposer du côté droit aide à rester endormi(e), car cela prévient une surcharge du cœur en sang veineux, cause de rêves hachés et déplaisants, et facilite la circulation du sang dans le foie, où il est purifié.
Parmi les causes de réveil intempestif les plus fréquentes, en particulier en période de stress, figure l'irruption d'un bruit soudain, disons le passage à quatre heures du matin d'une voiture dont hurlent les caissons de basse. Ces choses arrivent (et il faut éviter de les prendre personnellement,

car l'exaspération rend bien plus difficile le retour au sommeil). Pour cette raison, vous souhaiterez peut-être vous boucher les oreilles à titre de précaution élémentaire.
Quant à ingérer des substances somnifères, si les hypnotiques ou décontracturants musculaires allopathiques appréciés de nombreuses personnes peuvent servir d'expédient efficace à court terme, leur consommation régulière provoque d'énormes dégâts. Un bref traitement craniosacral offre un moyen efficace et naturel de régler une horloge interne perturbée ou de briser une dépendance aux somnifères. Gardez à l'esprit que les sédatifs à base de plantes médicinales ne devraient pas être considérés comme inoffensifs parce que "seulement à base de plantes". Pris régulièrement, ils peuvent causer d'aussi grands torts à votre foie et à vos reins que leurs cousins chimiques.
Et nous en arrivons au sujet tabou : le sexe, ou plus précisément l'orgasme, comme sédatif. Dans le cadre d'une relation heureuse, l'amour et les câlins fournissent souvent toute l'assistance nécessaire à l'endormissement. Si vous êtes seul(e), et si vous savez le faire, vous pouvez toujours méditer, ou même, pardonnez-moi d'enfoncer une porte ouverte, vous masturber – de l'avis général, vous vous en doutez, l'un des agents de somnolence les plus populaires sur le marché.
Si vous choisissez la première proposition (la voie méditative), vous prendrez peut-être plaisir à imaginer en vous assoupissant que vous contemplez votre boudoir depuis le milieu de votre front, le "troisième œil", car cela favorise le rêve conscient. Si vous préférez la deuxième (le chemin hédoniste)... Eh bien, je suis sûr que vous n'avez pas besoin des conseils d'un docteur aux pieds nus. »

(Bonne nuit !)

COMBATTRE LA PEUR DU TERRORISME

Depuis le jour où le vingt et unième siècle nous a révélé son autre visage, plus sombre, je suis inondé de courriels me demandant comment gérer au mieux la peur et l'incertitude que nous éprouvons après ce qui s'est passé et dans l'attente de ce qui pourrait suivre. Comme un être aimé depuis des années, une personne que nous avions toujours sue imparfaite mais qui vient de nous montrer une laideur que nous ne voulions pas voir, ce monde vient de nous choquer par sa violence. Comment réagir ? En le rejetant, annonçant notre intention de divorcer avant de filer dans les montagnes ? En entrant dans le déni pour tenter de continuer comme avant, comme si nous n'avions pas vraiment vu la laideur ? En sombrant dans la terreur que tout soit devenu laid ? Ou bien en disant « d'accord, je peux apprendre à accepter la laideur au côté de la beauté, l'obscurité en même temps que la lumière, le yin avec le yang, car seul le paradis d'un fou ne contient que lumière et beauté ».

Selon le calendrier cosmique hindou, nous sommes dans le Kali Yuga, l'âge des ténèbres où tout accélère jusqu'à la perte totale de contrôle. Cela dépasse le bien et le mal, l'agréable ou le désagréable. Kali, la déesse de la destruction, joue un rôle essentiel dans la « danse de Shiva », autrement dit l'univers. Car sans destruction, il ne peut y avoir de création : il n'y aurait tout simplement pas de place pour les nouveautés. De nombreux hindous et autres âmes éveillées adressent leurs prières à Kali non pour l'apaiser (nous n'en restons pas à un niveau aussi primitif ici) mais pour se lier d'amitié avec elle. À l'image du pratiquant de taï chi qui enlace son adversaire d'énergie pour le vaincre, les adorateurs de Kali étreignent les terribles qualités destructrices de la déesse pour vaincre la peur.

Les Hopis ont une vision intéressante de notre époque. Il y a plus de deux mille ans, ils ont prophétisé que lorsque nous parlerions par l'intermédiaire de toiles d'araignée dans l'air (les lignes de téléphone) et construirions une plate-forme dans le ciel (Skylab), le monde serait un endroit dément où vivre – au point de probablement préférer habiter Mars. Peu après que l'URSS eut envahi l'Afghanistan en 1979 et que l'Occident l'eut menacée de frappes nucléaires, j'ai rencontré le « gardien de la prophétie », Thomas Benyaka, dans la patrie hopie d'origine, dans le nord de l'Arizona. Selon lui, cette guerre n'était qu'un écho local d'un conflit bien plus important opposant dans les royaumes spirituels les forces de destruction et de création, et nous avions le pouvoir de contribuer à faire pencher la balance d'un côté ou de l'autre par nos prières. Aussi, quand vous visualisez la Terre en paix, souvenez-vous que ce plan d'existence ne fait que refléter un royaume bien plus vaste où vous imaginez la lumière l'emportant progressivement sur l'obscurité, la créativité triomphant de la destruction.

Le taoïste constate l'alternance perpétuelle du yin et du yang, dit « d'une grande obscurité sortira une grande lumière » (aussi sûrement que le jour succède à la nuit) et continue à se maintenir exclusivement dans l'instant, résistant à toutes les tentations de se projeter dans un avenir imaginaire basé sur des informations issues d'un passé révolu. Le taoïste dirait qu'à cet instant précis (et le suivant, et celui d'après et ainsi de suite), vous pouvez, en étant suffisamment calme intérieurement, créer autour de vous la réalité de votre choix. Donc, théoriquement, avec assez de concentration, de résolution et de chi (énergie), une unique personne – vous par exemple – peut réellement apporter un changement substantiel à la situation extérieure juste en la voyant ainsi transformée. La magie comme la religion occidentales reposent elles aussi sur ce principe.

Mais pour se rendre capable de manifestations d'une portée aussi grandiose et macroscopique, il faut être détendu(e). Vous ne pouvez raisonnablement pas espérer redresser le déséquilibre entre obscurité et lumière dans les royaumes célestes ou la cinquième dimension, et ainsi améliorer notre sort sur cet asile d'aliénés qui nous sert de planète, si la panique vous paralyse.

« Tout d'abord, acceptez le fait que cette époque est particulièrement peu sûre. Cela n'a rien d'anormal : l'homme a toujours vécu dans l'insécurité. Ensuite, acceptez la sensation d'insécurité en vous – il n'y a rien à reprocher à l'insécurité, c'est un état parfaitement respectable. Enfin, mentalement et à l'aide de vos mains, libérez-vous de tout le stress physique accumulé en combattant l'insécurité et décontractez votre corps.
De part et d'autre de votre colonne vertébrale courent deux bandes de muscles. Posez les mains sur les hanches et enfoncez fermement les pouces dans ces muscles depuis l'extérieur jusqu'à produire une douleur marquée, mais étrangement agréable. Plus vous pressez longtemps, et plus longtemps ils reçoivent le message de se détendre. Arrêtez avant que les pouces ne vous fassent mal, relâchez doucement et profitez pleinement de la sensation d'exubérance qui va envahir vos reins (à peu près maintenant). Puis imitez le taoïste et proclamez haut et fort pour l'édification de tous : "De cette obscurité sortira une grande lumière !" »

APPORTER SA CONTRIBUTION À LA PAIX DANS LE MONDE

Il est dit – ou du moins il fut dit il y a des milliers d'années par un taoïste ou un autre – qu'il suffit en ce monde d'une seule personne au cœur libéré de la haine, de la violence et de la destruction pour que la paix règne partout sur la Terre. Le concept ressemble à la doctrine du *mea culpa* en plus optimiste : si vous parvenez à voir le macrocosme comme un reflet extérieur du microcosme, et à purifier suffisamment vos pensées, l'univers réagira en devenant pacifique. C'est une notion d'avant-garde, et pour tenter l'expérience, il faut être disposé(e), jusqu'à un certain point, à suspendre son jugement rationnel.

Mais, à mon avis, il n'y a pas grand-chose à perdre en tentant le coup. C'est une gageure, attention. En fait, il n'est probablement pas possible de purifier ses pensées jusqu'à ôter toute violence de son cœur sans passer une bonne dizaine d'années enfermé(e) dans une grotte à méditer. Même ainsi, je le parie, si une petite gouape venait nous tirer les cheveux suffisamment fort et suffisamment longtemps, nous finirions par succomber et par avoir du mal à l'inviter à aller voir ailleurs sans même éprouver une trace d'irritation ou d'envie de lui en coller une. C'est la raison pour laquelle il est très improbable que la paix règne jamais à 100 % sur la Terre. Aussi purs que nous rendions tous nos cœurs, il y aura toujours quelqu'un pour vouloir sortir la massue et l'agiter un peu.

Heureusement, toutefois, la réalité n'est pas uniquement une question d'extrêmes, mais aussi d'équilibre, et comme vous le dirait ce même taoïste, si vous faites pencher la balance d'un minimum de 51 % en faveur de la paix, le monde le reflètera en se gardant à 51 % en paix. Ce qui est génial tant qu'on ne s'égare pas (longtemps) dans les 49 %. Maintenant, comment purifier son cœur des pulsions violentes à au moins 51 %, tout en respectant un emploi du temps chargé et en gardant un œil sur le ciel d'où pourrait tomber un corps céleste vagabond ?

La réponse est le pardon, la reconnaissance et l'amour. Pardonner signifie se libérer du besoin d'exercer de la violence, sur soi-même ou autrui, à cause d'un ressentiment (en général inconscient). La reconnaissance signifie être en état de remerciement envers la puissance créatrice de l'univers (le Tao, ou toute autre façon de la concevoir de votre choix) pour cet ineffable miracle, ainsi qu'envers toutes les formes de vie pour la splendeur du spectacle qu'elles donnent et qui facilitent notre existence improbable sur une belle planète particulièrement excitante. Aimer, c'est être ouvert, recevoir ainsi que donner sans obstruction l'énergie qui circule entre nous librement, et ce avec toute la tendresse dont on dispose à tout instant.

Prendre ces abstractions comme modèle de toutes nos interactions peut fournir une stratégie séduisante de cheminement dans la vie quotidienne, mais certains risquent de les trouver trop vagues pour s'investir à fond. C'est pourquoi ce même taoïste, ou un autre, aurait volontiers précisé que la capacité à lâcher prise et pardonner dépend de l'énergie du gros intestin dans le cadre de ses fonctions d'évacuation des résidus solides ; que l'énergie de la rate, à l'origine de la satisfaction éprouvée à manger, nourrit la prédisposition à éprouver de la gratitude d'exister, et que l'énergie du cœur, responsable des échanges entre sang veineux et sang artériel, gouverne l'aptitude à donner et recevoir de l'amour.

« Donc, enfoncez un pouce à l'extrémité du pli qui se forme quand vous plaquez le pouce de l'autre main contre la paume et l'index. Pressez jusqu'à ne plus pouvoir supporter la douleur un instant de plus. Recommencez de l'autre côté. Ce point du méridien du gros intestin porte le nom de "grand éliminateur". En même temps, dites : "Je suis prêt(e) à lâcher prise et à me pardonner et à pardonner à tous !" Puis enfoncez doucement les doigts de votre main droite sous vos côtes à gauche (au niveau de la rate) jusqu'à ce que la légère sensation d'essoufflement se dissipe, et annoncez : "Je choisis de me souvenir d'éprouver de la gratitude d'être en vie !"
Enfin, serrez les poings, et avec les tranchants des petits doigts, battez légèrement et régulièrement le milieu de votre sternum, jusqu'à vous en lasser, pour stimuler l'énergie du cœur et affirmez : "Je suis maintenant prêt(e) à donner et recevoir de l'amour librement, et de la manière appropriée, toute la journée et pour toujours !" Ou contentez-vous de répéter le mot "amour" ! »

(Vous n'avez besoin de rien de plus.)

On n'a rien sans rien

Oh, quelle journée parfaite. Tout d'abord, je trouve une place de stationnement juste devant ma porte, un article devenu rare à Londres (ou toute autre ville). Je m'exclame : « Ah, parfait ! » Un peu plus tard, franchissant le pont de la Severn pour entrer au pays de Galles, à une heure du matin, je lève brièvement les yeux le long de ces imposantes colonnes perçant l'obscurité et marmonne un nouveau « Parfait ! ». Encore plus tard, j'arrive à la vieille grange de pierre dominant la mer d'Irlande depuis un flanc de montagne du Pembrokeshire. J'en ai parlé la dernière fois que je suis venu ici en hiver, peut-être vous en rappelez-vous. Je négocie avec précaution le kilomètre et demi de chemin de terre creusé de profondes ornières, me déplie délicatement hors de mon siège, et contemple un alignement rare de planètes dans le ciel nocturne.

Il est trois heures du matin, un silence absolu règne, il n'y a aucune autre maison en vue, pas de courriels et le téléphone portable ne passe pas. Je ne peux m'empêcher de récidiver : « Bougrement parfait ! »

« Mais… », et mon esprit revient par défaut à son thème de prédilection du moment, « et toute cette souffrance dans le monde ? Comment quelque chose pourrait-il être parfait avec toute cette douleur et toute cette misère autour de moi ? »

« Attends, il faut que je te dise… » murmure en moi le vieux sage taoïste.

Le Tao inclut tout ce qui est, fut et pourrait jamais être. Il n'existe rien qui ne fasse partie du Tao – même le néant fait partie du Tao. Mais le Tao ne peut être décrit ou expliqué – c'est la seule règle qu'il suit – car il est simplement trop vaste, trop universel. Ses adeptes n'essaient donc même pas. Ils l'acceptent comme une prémisse ou un fait.

En langage de *Manège enchanté,* imaginez le Tao comme un être immense, sans limites, un macrocosme intelligent. Cet être, Grand Tao (prononcé « dao », au fait), regarderait autour de lui, verrait tout le plaisir et toute la souffrance dans l'univers tout entier, et dans son état d'éveil total quant à la bienveillance comme la cruauté de la vie, dirait : « Parfait. Absolument bougrement parfait ! » Il ne s'agirait pas de tendances sadiques latentes chez lui. Quand vous êtes assez vaste pour englober l'intégralité de tout ce qui est, vous avez le recul d'un nombre infini d'éternités pour voir que tout dans la nature, dans l'horreur comme dans l'extase, est exactement comme il est supposé être. Il n'existe pas de sentimentalité à ce niveau.

Mais « ici-bas », sur le plan microcosmique humain, la douleur fait mal. Que vous la subissiez personnellement ou que vous assistiez au calvaire d'autres personnes, la souffrance est une chose affreuse. Donc, en tant qu'être humain responsable et sensible, vous faites tout votre possible pour la soulager, que ce soit en donnant vingt euros par mois à la Croix-Rouge ou en organisant Live Aid (par exemple). L'astuce consiste à étreindre en même temps les deux niveaux de conscience, le micro et le macro. Selon la pensée taoïste, le corps physique recèle un corps plus subtil composé principalement des trois « chambres intérieures », qui comprennent à elles trois le métagabarit de votre identité : votre être le plus intime ou « moi supérieur ».

La première chambre se trouve au centre du bas de votre abdomen et gouverne l'énergie qui vous sert de moteur dans la vie. Au milieu de votre poitrine, la deuxième chambre régit votre capacité à éprouver de la compassion. De la troisième chambre, au milieu de votre cerveau, dépend votre aptitude à percevoir les résultats des activités des deux autres et à en tirer du sens.

> « Ralentissant maintenant votre respiration en vous décontractant, autorisez-vous à prendre conscience de la force vitale dans votre ventre. Relâchant la poitrine, autorisez-vous à ressentir avec compassion votre propre souffrance existentielle, et votre empathie avec celles des autres. Relaxant votre crâne, contemplez la perfection absolue de tout cela. »

« Merci du rappel », murmuré-je au vieux sage taoïste, et attrapant mes sacs, je grimpe d'un pas vif les marches et entre dans la grange juste à temps, car les cieux s'ouvrent et il commence à pleuvoir des cordes. Dedans, il fait chaud et sec. Je me prépare une bonne tasse de thé, ouvre mon ordinateur portable, rédige cet article, me glisse entre les draps et sombre dans le sommeil. Parfait, absolument bougrement parfait.

L'ABEILLE ET LA BÊTE

J'ai tué une abeille aujourd'hui. Je sais que dans les annales du crime, celui-ci n'occupe pas une place de choix, mais je n'arrive pas à m'en libérer l'esprit.

Il n'y avait pas de réelles circonstances atténuantes.

C'est vrai, elle survolait mon fils endormi, mais elle n'avait rien d'agressif et j'aurais pu facilement la chasser par la fenêtre au lieu de l'écraser en m'aidant d'essuie-tout comme s'il s'agissait d'une simple poussière et non d'une créature vivante. D'accord, je me suis adressé à son esprit et j'ai prié qu'en échappant à cet engrenage mortel, elle se réincarne sous une forme plus élevée, mais il s'agissait néanmoins du meurtre d'un être vivant par un homme dont l'identité repose sur le soin.

Cet acte destructeur me coûte mon équilibre spirituel et j'ai du mal à établir une connexion constructive avec le qui-est-tout.

J'en viens à me demander combien nous sommes à nous sentir coupés de notre source spirituelle parce que nous nous en sentons indignes, ayant commis des crimes ou des méfaits dont la culpabilité pèse toujours sur nous.

Pour le salut de mon âme torturée, et de celles de tous ceux ainsi accablés (la plupart d'entre nous je suppose) prenons un moment pour ressentir consciemment le lien entre nous et toutes les autres créatures vivantes – et l'ayant ressenti, soumettons-nous humblement à la douleur d'accepter la responsabilité de nos actes. Car c'est seulement d'une telle acceptation que peut naître le pardon, et de ce pardon la grâce et la guérison.

Au cours de l'heure qui vient de s'écouler, deux mille personnes, dont environ deux tiers d'enfants, ont succombé à la faim, dix mille hectares de forêt pluviale ont disparu, un demi-million de tonnes de produits chimiques se sont dissipées dans l'atmosphère et cinquante espèces végétales ou animales se sont éteintes – à cause de nous, uniquement. Et je ne parle pas des millions d'actes violents, ni des morts atroces provoquées par le sida et les autres maladies.

Contrairement à moi, vous n'avez peut-être pas de meurtre volontaire d'abeille sur la conscience. Peut-être même laissez-vous aller en paix les moustiques qui bourdonnent autour de vous la nuit. Vous pouvez même penser n'avoir que très peu de rapport direct avec la famine ou la destruction de l'environnement, mais, collectivement, nous sommes tous responsables.

La culpabilité n'est qu'une perte de temps et ne sert qu'à perpétuer le déni. Il est désormais temps de se soigner.

On atteint ce but en commençant par de petits pas : de modestes services et actes de générosité qui déclenchent une émanation positive. Elle reste au début relativement locale, mais si nous sommes suffisamment nombreux à créer de telles émanations, elles génèrent un champ de résonance qui imprègne progressivement la conscience collective jusqu'à atteindre les preneurs de grandes décisions qui changent le monde.

Mais il faut d'abord se sentir relié(e) un moment.

« Le meilleur moyen pour vous d'y parvenir consiste à visualiser un être minuscule au centre de votre poitrine. Cet être vous représente en version perfectionnée. Inspirant et expirant doucement, imaginez qu'à chaque respiration, l'être grandit et grandit, jusqu'à déborder des limites de votre peau, grandit jusqu'à déborder du bâtiment dans lequel vous vous trouvez, grandit jusqu'à dépasser en taille la région, puis le pays, puis la Terre. “Minivous” est maintenant tellement immense que vous contenez la planète tout entière et tous ses habitants. Comme une femme enceinte aimant le bébé dans son ventre, autorisez-vous à aimer la moindre des créatures de cette planète comme si elle était votre enfant.
Les réactions, à ce stade, peuvent aller de penser que c'est juste un tas de balivernes jusqu'à éclater en sanglots de compassion. Dans un cas comme dans l'autre, ne manquez pas d'inverser le processus et de laisser votre “vous perfectionné” revenir à sa taille d'origine à l'intérieur de votre poitrine, ou vous ne passerez plus par la porte (sur un plan métaphysique). »

Quant à moi, deux grosses abeilles viennent d'entrer pour m'assurer de leur compréhension, et il m'a suffi de paroles gentilles pour réussir à les faire sortir par la fenêtre. Donc, je ne sais pas ce qu'il en est pour vous, mais je me sens tout à fait absout. Merci de votre participation !

ENTRER EN CONTACT AVEC LE CÔTÉ FÉMININ

« C'est drôle, sans femme ici, j'ai l'impression qu'il n'y a personne devant qui frimer ! » ai-je dit en riant, en bon singe savant, mon regard courant devant moi sur les quelques centaines de mâles visages attentifs. On m'avait demandé de prononcer le discours d'introduction de la plus grande réunion d'hommes jamais tenue au Royaume-Uni par l'organisation Brahma Kumaris, dans le but d'approfondir le sens et la pertinence de la masculinité au vingt et unième siècle. Puis j'ai remarqué Dadi Janki, la tête de l'organisation hors de l'Inde et ma « grand-mère spirituelle », assise au premier rang avec son interprète, une femme, ce qui rendait mon accroche un peu boiteuse. Mais c'est la loi du spectacle et Dadi s'est élevée à un niveau où elle transcende à tous points de vue les distinctions par sexe, si bien que je réussis à les intégrer toutes deux en tant que mâles honoraires, certain qu'elle était en train de penser : « Quel vilain garnement, mais je t'aime. »

Les gars, je nous vois comme des enfants dans la cour de récréation où l'on apprend vite que l'on peut choisir sa stratégie pour s'en sortir dans le monde des humains, et dans ce cas, des hommes. On peut être un dominateur (yang – masculin) ou un coopérateur (yin – féminin), ou souvent un peu des deux au quotidien. J'ai toujours été un petit bougre prêt à se défendre, mais j'avais tendance à pencher du côté de la coopération et du travail en équipe, soit comme chef, soit dans la troupe (suivre ne m'a jamais gêné tant que le chef n'était pas du genre à tergiverser.) J'ai appris tôt qu'il y avait peu d'intérêt à dépenser mon énergie à imposer ma volonté à d'autres, car cela finissait toujours par des larmes.

D'ailleurs, vu le léger pétrin dans lequel nous, les hommes, nous avons mis tout le monde au cours des derniers millénaires en suivant le modèle dominateur – domination mutuelle (des hommes et des femmes) et domination de la nature –, nous avons manifestement besoin d'apprendre à coopérer davantage.

Le principe yin (féminin) de la coopération est inné en nous tous. Le yin est la source de l'apport à l'autre, et les femmes savent mieux y accéder. Les hommes doivent développer leur capacité latente à s'apporter mutuellement audelà de se sauter sur le dos et de s'ébouriffer les cheveux après le marquage d'un but au football.

Les femmes sont l'image inversée de l'homme (et vice-versa). Atteindre le plein accomplissement demande d'accepter l'image dans le miroir et de s'imprégner des qualités qu'on y voit. Ce que les hommes ont besoin d'apprendre maintenant, c'est à fouler la Terre d'un pas léger et à se traiter mutuellement avec gentillesse et respect. En bref, les hommes doivent apprendre l'amour. Pas juste l'amour dans un sens abstrait, mais l'amour en action : dans notre comportement avec les hommes, les femmes et les enfants, ainsi que la Terre et toutes ses créatures et ressources. Parce que nous n'avons que ça. De la coopération aimante naîtra la sagesse. De la sagesse viendra le salut.

C'était la substance de mon discours, et tout le monde parut d'accord, du moins personne ne se précipita pour me boxer. Quand j'eus fini, j'embrassai la main de Dadi (« grande sœur ») Janki, remontai l'allée en courant, dévalai l'escalier, franchis les portes et me jetai dans un taxi qui attendait de m'emmener à Euston prendre mon train. J'expliquai au chauffeur que j'avais vingt minutes pour y arriver. Il releva le défi (comme un homme) et dépassa plus d'une longue file de véhicules à une vitesse folle et du mauvais côté de la route. Il y mit tant de ferveur qu'il y eut des moments où je me couvris les yeux en me préparant au pire.

Du yin de Brahma Kumaris, et de Dadi Janki et de ses merveilleux disciples en blanc, au yang du chauffeur de taxi fonçant à travers la ville en se la jouant *Braquage à l'italienne,* du sublime au ridicule, deux visages de l'homme, mais j'ai aimé ce type avec exactement la même intensité spirituelle et fraternelle que les calmes frères assistant à la conférence. Et il m'a conduit au train à l'heure !

En fait, c'est ce mélange du yin et du yang – les principes féminin et masculin en chacun de nous – qui fournit la clé d'une existence pleinement équilibrée. Trop du premier et vous ramollissez du dedans, trop du second et vous vous laissez emporter. Et le meilleur moyen de créer ce mélange d'instant en instant (la seule chose importante en fin de compte) est de se concentrer sur la régulation de sa respiration : l'inspiration yin, car elle attire la vie vers vous, et l'expiration yang où vous diffusez de la vie. En tout cas, ralentir sa respiration – en être simplement conscient, d'ailleurs – est la première clé de la paix de l'esprit.

Entrer en contact avec l'universel

Nous forgeons notre destin en opérant, semble-t-il, sur (au moins) deux niveaux : l'un est l'esprit local (la surface familière qui nous dit de tourner à gauche, tourner à droite, acheter ceci, vendre cela, etc., au gré de ce qui apparaît comme fantasque), l'autre est notre moi universel, au plus profond (nous le connaissons moins bien, mais il peut nous arriver de lui adresser des prières de temps en temps, ou d'entrer en contact avec lui si nous avons un penchant pour la méditation). En possession de ce qui ressemble à un plan-maître préétabli, il sait pourquoi il a eu besoin que nous fassions ce choix plutôt que cet autre pour nous amener là où nous sommes, et il sourit en disant : « Voilà pourquoi tu as eu besoin de faire ça et ça, c'était pour t'amener ici et maintenant à cet instant de perfection où tu sais pourquoi. » Ou peut-être est-ce purement du hasard, le destin n'étant qu'une chose dont on peut parler après coup. Peut-être est-ce seulement dû à la vanité qui nous amène à croire que le chemin choisi n'est pas sans rime ni raison. Il existe un pôle d'énergie au sommet de notre front, au milieu, juste en dessous de la ligne des cheveux, qui, selon les taoïstes, nous donne le contrôle de notre destin en unifiant ces deux niveaux de conscience. Il nous rend ainsi parfaitement conscients des raisons pour lesquelles nous faisons ceci ou cela dans le cadre de l'ordre plus vaste des choses, et nous épargne donc des heures à nous inquiéter d'avoir ou non bien agi. L'activer aide à savoir que nous sommes là où nous devons être, à faire ce que nous sommes en train de faire de la manière dont nous sommes en train de le faire.

« Pour l'activer dans un but expérimental, imaginez que vous avez au sommet du front une ouverture par laquelle vous respirez sur un rythme régulier, et "sentez" le souffle entrer et sortir jusqu'à avoir l'impression que cette ouverture luit. Augmentez ensuite la sensation en l'effleurant du bout de l'index pour produire un subtil picotement. Recommencez quotidiennement pendant au moins trente jours et vous percevrez une augmentation exponentielle de votre sentiment "d'être dans le vrai". »

Surveillez également des signes de confirmation, des synchronismes survenant comme des échos psychiques : de petites choses, comme l'autre jour en taxi, quand j'ai voulu demander, sans le faire, à mon chauffeur préféré qui était en train de se faufiler dans la circulation comme un dauphin pourquoi il n'avait pas une boîte de vitesses automatique. En rentrant plus tard à la maison dans un taxi différent, l'autre chauffeur s'est exclamé sans la moindre sollicitation : « Vous savez quel est le problème avec une boîte automatique ? La jambe gauche s'engourdit de ne rien avoir à faire toute la journée ! »

Cela devient plus intéressant quand le choix d'un individu, ou groupe d'individus, semble affecter le destin de millions d'autres. Je ne suis pas assez informé pour connaître les raisons de la guerre actuelle, par exemple, mais comme tout adepte des arts martiaux vous le dira, l'usage concret de la force révèle qu'une grossière erreur s'est produite quelque part, car tout (si vous éliminez l'émotion de la situation) peut être négocié en y mettant suffisamment de patience, d'intelligence, de sagesse, et bien sûr, dans le cadre d'affaires internationales, d'argent.

Ma suggestion, aussi insignifiante puisse-t-elle paraître, est donc d'investir un peu de temps et d'énergie à activer le point du destin comme indiqué ci-dessus tout en visualisant un désamorçage des tensions et une réduction générale des conflits.

Je n'ai pas la moindre idée du bien (ou du mal) que cela peut faire – après tout, dans sa sagesse, la nature (car nous sommes une expression de la nature) estime peut-être une guerre nécessaire sur la planète. Mais peut-être n'a-t-elle pas d'opinion, et un peu de force psychique en sens inverse émise par quelques individus centrés pourrait faire pencher la balance.

Je l'espère. Je déteste sincèrement l'idée que des gens s'entretuent – c'est un tragique gâchis, quelle que soit la quantité de pétrole en jeu.

NE PERDEZ JAMAIS DE VUE QUE VOUS ÊTES L'UN DES SIX MILLIARDS D'ENFANTS DE CETTE PLANÈTE

La planète, ce splendide et finalement mystérieux globe qui soutient actuellement vos fesses, cette prodigieuse boule tournoyante en train de foncer à une vitesse folle autour du soleil, pèse *grosso modo* 6 600 000 000 000 000 000 000 tonnes. C'est le poids requis pour permettre aux quelque six milliards d'humains et à tous les systèmes d'équipement de vie présents sur sa surface de danser joyeusement sur le « Grand Boulevard » à leur bonne vieille manière excentrique et actuellement dangereuse. Y réfléchir un moment redonne du recul quand notre vision du monde devient myope et que nous nous mettons à nous ronger les sangs sur des détails – y compris la santé, les rapports humains, le travail, les finances, le statut social et la survie elle-même. Insensible d'appeler cela des détails ? Pas du tout.

Parfois, nous avons besoin de nous expédier dans l'espace (imaginaire) voir notre monde d'une distance de quelques années-lumière afin d'y comprendre quelque chose, réussir à cesser de tout prendre si personnellement et pouvoir ainsi nous détendre suffisamment pour que la compassion naisse. Donc, quand la dépression ou l'anxiété s'installe pendant que notre esprit inconscient s'efforce d'assimiler la surcharge d'informations qui l'assaille chaque jour, nous avons le choix entre nous laisser aspirer dans le maelström interne ou considérer notre vie locale sur Terre avec la compassion requise pour générer l'énergie de continuer.

Et cela demande de la décontraction. Décontraction devant le chaos apparent à un moment où un ordre du monde, un paradigme, en remplace un autre avec force craquements. Décontraction même en face d'une possible dissolution personnelle ! La décontraction est primordiale si vous voulez continuer à vous amuser sur la planète – et si vous ne vous amusez pas, quel est l'intérêt ?

> « Aussi, au lieu de crisper les tissus mous de votre corps contre un désastre imminent, entravant ainsi le flux de sang et d'énergie, ce qui entraîne une réduction de l'angle de vue et du sens de soi, employez plutôt vos facultés de contrôle mental à vous décontracter. Emplissez lentement vos poumons, et en expirant, donnez cet ordre à tous ces tissus mous : "Relax !" Ne recommencez pas plus de neuf fois ; sentez votre corps se détendre davantage à chaque expiration.
>
> Rassemblez maintenant votre conscience au milieu de votre cerveau, si bien qu'au lieu d'"être" à l'avant de votre visage à jeter un regard paniqué avec des yeux exorbités,

vous êtes désormais au centre de votre crâne en contemplation sereine à travers les hublots fournis pas vos pupilles. Si vous fermez maintenant les paupières, vous remarquerez qu'un espace sans limites, obscur et profond, s'étend entre vos yeux et derrière eux. Dans cet espace, visualisez la Terre à une distance de nombreuses années-lumière, votre territoire local étant un trou d'épingle invisible – voyez vos biens et vos actes, vos rêves, vos craintes et vos phobies comme rien de plus que de microperturbations sur la tête d'une épingle miniature, et le cœur plein de compassion, imprégnez la vision de douceur.

Dans ce mode d'éveil extraterrestre, vous goûterez peut-être à une tranche de perception de la présence ineffable – le Tao ou Grand Chemin –, cette sensation d'une supraconscience bienveillante unissant et animant tous les phénomènes, dont ceux qui se produisent en vous. Vous saurez si cela se produit – vous serez saisi(e) d'une certitude viscérale que tout s'arrangera (à la fin). Sinon, imaginez-le – vous vous sentirez mieux.

Enfin, imaginez que vous pouvez percevoir le poids de la planète en dessous de vous et la vitesse de sa rotation (30 km/s), et faisant vœu de vous comporter en guerri(er/ère) plutôt qu'en inqui(et/ète), ouvrez les yeux, prenez quelques instants pour regagner la vie locale, pétrissez la plante de chaque pied pour vous enraciner, martelez doucement le centre de votre poitrine en chantant « Aaahhh ! » pour éveiller le courage dans votre cœur, réchauffez vos reins par un massage délicat d'une minute afin de nourrir votre volonté, secouez vos doigts et vos orteils pour faire circuler le chi, courez un peu sur place, dites-vous "J'y arriverai !", rendez grâce pour la part du tonnage qui vous soutient, puis sortez répandre l'amour de toutes vos forces et leur en mettre plein la vue ! »

Chapitre 10
Les saisons

Printemps

Nettoyage de printemps pour un supplément d'énergie

Avec les jonquilles du jardin qui claironnent l'arrivée du printemps, le moment est venu d'examiner le point de vue taoïste sur cette joyeuse transition saisonnière. Dites « Brrrr ! » et secouez le froid broyeur de reins de l'hiver. Servez-vous de vos poings pour réchauffer par un massage le bas de votre dos, puis détendez-vous pendant que je décris le schéma printanier taoïste.

Nous avons cinq organes vitaux : le cœur, les poumons, la rate (pancréas compris), les reins et le foie. Durant chacune des cinq saisons (l'été est divisé entre début et fin), un organe domine sur le plan énergétique. Nous entrons actuellement dans le temps du foie, chargé de nous donner le punch pour changer de papier peint interne, de saisir notre aventure par les oreilles et de la vivre à fond.

Chacun des cinq organes vitaux remplit des fonctions différentes en rapport avec notre développement personnel. Tandis que nos reins nous donnent la volonté, notre cœur le pouvoir d'aimer, notre rate celui d'intellectualiser et nos poumons celui de créer, le foie nous donne la capacité de grandir et de relever de nouveaux défis. Dans ce cadre (de renouvellement personnel et, par extension, de renouvellement de l'espèce), il nous pousse aussi à sortir d'hibernation, à la fois littéralement et métaphoriquement, et à entrer en interaction avec le monde extérieur – rencontrer des gens, autrement dit. Il en est ainsi toute l'année, mais plus encore au printemps où la nature nous invite à prendre notre part, quelle qu'elle soit, au jeu de l'accouplement (et du renouvellement de l'espèce).

Toutefois, être l'organe dominant de la saison possède aussi ses inconvénients, dont la vulnérabilité au climat. Selon la tradition, le printemps est la saison venteuse, où les vents du changement soufflent dans notre organisme et stimulent la sève contenue dans le sacrum pour qu'elle remonte jusqu'au cerveau par la colonne vertébrale et nous incite à sortir mettre notre grain de sel dans la façon dont tournent les choses. Mais si – comme c'est le plus souvent le cas dans ce monde d'aliénés pollué et stressant que nous avons créé – des débris énergétiques résultant d'accumulations toxiques provoquent des blocages dans les méridiens qu'emprunte le vent, celui-ci active ces toxines et fatigue le foie.

« C'est pourquoi des activités d'épuration sont fréquemment recommandées en cette saison, l'une des plus efficaces consistant en une cure de quatre jours de pommes, d'eau de source et, éventuellement, de miel. Si vous décidez de suivre cette voie, arrêtez par étapes l'alcool, le café, les stimulants, la viande et les hydrates de carbone pendant les deux jours précédents, puis agissez dans le même esprit à la fin, en réintroduisant progressivement les mets goûteux dans votre régime plutôt que de vous jeter au petit déjeuner du cinquième jour sur un cheeseburger avec frites (ça c'est vu !). Vous pouvez manger autant de pommes que vous voulez, sans vous priver du trognon qui ne pose aucun problème s'il est ingéré avec

le reste du fruit, et de la variété de votre choix, même si les Granny Smith tendent à fournir le plus de punch. Ne manquez pas de boire beaucoup. Vous souffrirez peut-être de maux de tête le deuxième jour, quand les toxines commenceront à remonter à la surface – prévoyez en soirée un massage aromatique apaisant. Dans la mesure où vous risquez de vous sentir affaibli(e) pendant les deux premiers jours, mieux vaut débuter un week-end. Au troisième jour, vous disposerez de nettement plus d'énergie et pourrez vous mettre au travail en resplendissant d'une forme agaçante, prêt(e) à faire honte à vos collègues au teint cireux.
Que vous suiviez cette suggestion simple de désintoxication, optiez pour quelque chose de plus élaboré comme une cure de dix jours de riz complet, ou renonciez complètement à l'idée, vous tirerez le plus grand profit d'une séance d'acupuncture ou de shiatsu destinée à vous ajuster à la saison. Plus important, il est essentiel de se mettre à un régime d'exercice physique quotidien, et de préférence matinal. »

Pourquoi ? Parce que le foie gouverne aussi les tendons et les ligaments, et donc la souplesse des articulations et des muscles. En bougeant davantage, vous tirez parti du supplément d'énergie du foie propre à la période, un atout pour la tonification musculaire, tout en stimulant la circulation dans les méridiens, facilitant ainsi l'élimination des déchets. Vous vous en doutez, les résultats dépendent à la fois de la forme d'exercice et de la manière dont vous le pratiquez. Ahaner et se démener avec des haltères dans une salle de gym sentant la sueur provoquera une défonce temporaire à l'endorphine, mais ne déclenchera pas la même montée d'énergie que, disons, ahaner, transpirer et se défouler au cours d'une séance de yoga dynamique, et certainement rien d'équivalent à se perdre dans une fiesta concentrée de qi gong ou de taï chi.

Mais après tout, si vous vous décontractez et bougez depuis votre centre en respirant en un flux ininterrompu, fluide et régulier, l'esprit pleinement engagé dans une conscience interne du corps, comme dans la pratique du taï chi par exemple, vous tirerez profit de n'importe quel exercice physique, depuis la roue des gymnastes jusqu'au lancer de troncs écossais.

À condition de pouvoir s'échauffer sans se presser afin de ne pas endommager les muscles ou les articulations, l'idéal est de faire de trente à soixante minutes d'exercice le matin (de préférence en plein air ou devant une fenêtre ouverte), où l'énergie « yang », diurne, est la plus abondante et l'air plus propre, plutôt que le soir où la circulation de la journée a encrassé l'atmosphère et le stress pollué votre organisme.

Allant contre une idée reçue, la sagesse asiatique recommande d'avoir une pratique physique structurée tous les jours et pas seulement trois, quatre ou cinq fois par semaine comme le préconisent souvent les spécialistes occidentaux. L'exercice physique fait vraiment partie de l'hygiène quotidienne, et sauter un jour, sauf en cas d'empêchement comme une maladie ou un état d'épuisement, ressemble un peu à sortir sans s'être lavé les dents : on n'en mourra pas, mais c'est désagréable.

Enfin, passez quelques instants tous les soirs à prononcer le son de guérison du foie. Essayez maintenant. Inspirez profondément, et expirez avec un « CCCHHHHHHHH ! » que vous visualisez comme un jet de vapeur en train de laver votre foie (sous les côtes à droite) de l'intérieur. Ai-je entendu « Chut ! » ? Très bien, j'ai compris l'allusion. Bon printemps.

ÉTÉ
ALLER AU CŒUR DU SUJET

Selon les vieux principes de la philosophie médicale taoïste (chinoise), chaque saison (au nombre de cinq avec l'été « indien », juste avant l'automne) a un effet particulier sur l'équilibre énergétique de notre corps. Plus spécifiquement, les conditions climatiques de chaque saison risquent d'affecter négativement l'un de nos cinq organes vitaux. La chaleur de l'été, bien que souvent proche du statut imaginaire sur notre idyllique île sacrée, agit principalement sur l'énergie du cœur.

Je vous imagine d'ici en train de dire : « Et alors ? On s'en fout – c'est l'été, profitons-en. » Et c'est vrai : il n'existe rien de plus important que le plaisir simple d'être ici d'instant en instant.

Cependant, s'il s'avérait que vous avez une propension à la surchauffe interne, et si la chaleur accablante d'une journée d'été réussissait à franchir vos défenses énergétiques naturelles et à envahir votre système de méridiens, elle se fraierait un chemin jusqu'au cœur, et pourrait produire un résultat tellement désastreux que les chiffres de diffusion de ce journal baisseraient d'un point.

Les médecins taoïstes voient dans le cœur l'empereur (ou l'impératrice) de la totalité de ce « multicomplexe » psychophysique et affectif qu'est une personne. Autrement dit, en plus d'entretenir l'impulsion vitale, il contribue à la santé mentale et à la paix de l'esprit. Son énergie intrinsèque est comparée au feu. Il ne pourrait y avoir de vie sans feu, mais s'il brûle sans contrôle, la vie s'éteint, et il est donc essentiel que votre feu du cœur reste dans un état raisonnablement équilibré et organisé.

Une invasion de chaleur d'été peut attiser le « feu » de votre cœur au point de vous rendre d'une agitation épuisante et de vous mettre dans un état de surexcitation interne, et enfin si vous avez une tendance à l'instabilité affective ou mentale, de vous pousser littéralement à la sortie de route. À l'inverse, si votre cœur n'est pas au mieux de sa mécanique organique, une telle invasion pourrait déclencher un arrêt ou une maladie cardiaque. (Nous y sommes !) Si j'avais la sécheresse pince-sans-rire de, disons, Jack Dee[1], j'annoncerais simplement (d'une voix monocorde) qu'à cause de la chaleur de l'été vous risquez de devenir surexcité(e) et en surdose d'adrénaline, et donc incapable de réfléchir ou d'agir avec efficacité, et que si vous souffrez d'hypertension, d'insomnie, de cauchemars, de trous de mémoire ou d'une maladie cardiaque – ou si vous souhaitez les éviter –, vous devriez prêter attention à ce qui suit.

Le cœur est un muscle, et comme tout autre muscle, il a besoin d'être détendu pour travailler avec une efficacité optimale. C'est d'ailleurs la tension musculaire qui provoque l'accumulation de chaleur en excès, ou « feu », autour de l'organe, et il suffit d'un ordre de l'esprit pour dissiper une grande partie de celle-ci.

« Pour le vérifier, contractez les muscles de votre avant-bras droit, puis parlez à cet avant-bras comme si vous étiez un professeur de yoga guidant un de ses élèves : "Relâche !". Sentez les muscles perdre leur tension. Les muscles n'exigent rien de plus difficile ou de plus indirect, et c'est tout aussi vrai de l'empereur (ou impératrice) de votre corps en personne.

Essayez pendant un moment, en guise de petit galop d'entraînement. Maintenant, visualisez – ou mieux encore,

1. Humoriste britannique. *(N. d. T.)*

sentez – votre cœur. Prenez conscience de son battement. N'en ayez pas peur (beaucoup de gens ont tendance à craindre qu'y penser puisse le perturber et provoquer un arrêt). Soyez le professeur de yoga plein d'assurance devant son élève – ou l'empereur ou l'impératrice si vous préférez le modèle traditionnel – et ordonnez à votre cœur : "Relâche !". Puis, avec une longue expiration, autorisez consciemment toute la région thoracique à se détendre complètement.

Si vous vous investissez pleinement, cette action (ou plus exactement cette non-action) créera une sensation générale de calme. Décontracter en même temps votre ventre et votre dos – et le reste de votre corps, tant que vous y êtes – démontrera amplement ce que ces taoïstes de jadis voulaient dire quand ils affirmaient que l'énergie du cœur détermine la qualité de conscience.

Vous pouvez aussi prendre une position debout confortable – les pieds écartés d'environ un mètre, les genoux légèrement pliés, le bassin basculé en avant de deux ou trois centimètres et le sommet de la tête s'élevant vers le ciel pour étirer la colonne vertébrale –, puis serrer vos mains devant votre pubis et inspirer profondément en imaginant votre cœur arborant un sourire sur son visage. Poussez un long "HAAAH" de la voix la plus profonde et la plus sonore possible tout en dénouant vos mains et en élevant latéralement vos bras, allongés mais détendus, pour qu'ils dessinent un grand "V" devant vous. Sentez les vibrations de la résonance dans votre poitrine effectuer un micro-massage du cœur. Si vous avez eu la patience de suivre ces instructions, recommencez jusqu'à huit fois et reposez-vous. »

Et maintenant, comment allons-nous profiter de l'été ?

Été

Bannir le spleen pour s'amuser au soleil

L'été est la saison où l'année se débarrasse de ses inhibitions, enfile ses vêtements les plus criards et les plus dénudés et sort danser dans les rues dans un étalage vulgaire de passion attisée à la bière. Puis il y a les embouteillages étouffants et apparemment sans fin à se traîner pare-chocs contre pare-chocs dans une épaisse pollution martelée par les boum-boum étouffés de caissons de basse Kenwood – la ville de la fureur routière – qu'interrompent de temps en temps des après-midi sur l'herbe à manger des fraises à la crème au son également répétitif, mais plus discret, des balles de tennis. Ou des réunions autour d'un barbecue. Ou la fuite, à attendre à l'aéroport que l'annonce « Retardé » cède la place à « Embarquement » pour aller se faire arnaquer dans n'importe quel haut lieu touristique bordant la Méditerranée.

Pourtant, comme des enfants que personne n'a prévenus, nous adorons l'été. Il nous aguiche avec des fantasmes nostalgiques d'un monde parfait où le ciel était toujours bleu et le chaud soleil pas encore cancérigène, et où aucun des rares moustiques à voleter dans l'air propre n'avait la moindre chance d'être porteur de la fièvre du Nil. Des ivrognes ne se battaient pas en pleine rue au milieu de l'après-midi, il n'y avait pas de risque à se baigner dans une mer limpide, et la crainte de prendre l'avion à cause du Sras restait une idée malsaine dans la tête d'un écrivain de science-fiction.

La réalité, toutefois, est différente. Pour commencer, on ne peut pas se fier au temps, même au bord de la Méditerranée, où l'on a autant de chance de se retrouver à l'intérieur à regarder tomber la pluie qu'à vivre la belle vie vautré au soleil.

Pourtant, nous aimons quand même l'été parce que même la plus modeste élévation de température entraîne une détente de la région des reins et du bas de l'abdomen, et lorsqu'elle se produit, nous cessons d'avoir peur de la vie et d'autrui. Les températures plus fraîches des trois autres saisons comptent parmi les principales raisons pour lesquelles les habitants du Royaume-Uni ont une propension au refoulement et à la réserve, comparés, disons, aux Italiens du sud. Elles provoquent la contraction de la région des reins, ce qui, selon les taoïstes de jadis, engendre un sentiment latent d'appréhension et de crainte existentielle. C'est précisément pour cette raison que nous avons tendance à nous laisser aller pendant les mois d'été.

Et cet horrible spleen estival ? Vous connaissez l'impression : tout le monde est dans la rue à prendre du bon temps, il fait beau et vous n'avez aucun motif d'inquiétude, du moins pas plus que d'habitude, et pourtant vous vous sentez mal embouché(e), déprimé(e) et exclu(e). Et vous n'avez pas d'excuse. Vous ne pouvez pas invoquer le froid ou le manque de soleil comme en hiver. Vous ne pouvez pas vous plaindre de devoir rester à l'intérieur sans rien à faire. Vous devez donc essayer de comprendre tout(e) seul(e).

Pensez à ça : l'organe le plus affecté par le climat estival est le cœur. L'énergie du cœur est supposée abriter notre esprit, ou du moins avoir la tâche de le garder à l'intérieur du corps tant que nous sommes en vie. Si l'excitation de l'été prend le dessus, ou nous passe à côté, un affaiblissement de l'énergie du cœur risque de provoquer de l'abattement.

Donc, si vous êtes sous le coup d'une attaque de spleen estival, commencez par marteler délicatement le centre de votre sternum en entonnant le son taoïste de soin du cœur,

« Haaaaah », pendant une demi-minute environ afin de réveiller l'énergie. Ensuite, pressez l'intérieur du poignet juste en dessous de la base de la paume dans le prolongement du petit doigt. Ce point connu sous le nom de « porte de l'esprit » ouvre le passage énergétique qui permet à l'esprit de retourner dans le corps. Puis, après avoir mangé trois radis (pour stimuler l'énergie du cœur), dites-vous qu'il n'y a rien de mal à ressentir ce que vous ressentez, quelle que soit la saison. Gardez une respiration profonde, fluide et régulière, et d'ici quelques heures, le spleen se sera évaporé et vous serez dehors à vous en donner à cœur joie. Personnellement, je préfère me terrer dans les montagnes pour attendre le retour du bon sens et de la bienséance de l'hiver. Mais je suis du signe de la Vierge.

Été

Ne laissez pas une peur irrationnelle de l'avion vous empêcher de déployer vos ailes

Récemment, tant de gens m'ont demandé d'écrire sur le moyen de surmonter la peur de l'avion, parce qu'ils étaient sur le point d'en prendre un, que je me demande si les revenus des compagnies aériennes sont aussi durement touchés qu'on l'affirme. D'ailleurs, il semblerait que tous les vols soient complets pour l'éternité.

Et c'est le concept d'éternité qui se trouve à la racine du problème – s'y ajoute aussi l'horrible sensation d'avoir une peur bleue, coincé(e) dans un endroit où l'on n'a vraiment pas envie d'être, assis(e) sur un petit siège étroit, les narines brûlées par de l'air vicié et les tympans vrillés par des cris d'enfants, tandis que le danger présenté par les caillots de sang menace notre équilibre et qu'au moindre mouvement de l'aile, nous avons l'estomac qui nous remonte dans la gorge. Et pour ne rien arranger, il a fallu payer.

Mais on ne peut le nier, c'est bien plus rapide que la marche à pied, la bicyclette, le bus, le train ou le bateau, et à moins d'avoir des mois à y consacrer, il n'existe pas d'autre moyen commode de papillonner sur la planète. Vous pourriez décider de rester à la maison à jamais, mais tôt ou tard, c'est inévitable, peur ou pas, il vous faudra quand même prendre un avion.

Du fait de la nature itinérante de mon travail, je passe personnellement beaucoup de temps dans les nuages – littéralement, pas métaphoriquement. J'ai surmonté ma propre peur de l'avion, née une nuit de 1980, à l'approche de l'aéroport de Miami et en provenance de Quito après un vol agité de sept heures au cœur d'un violent orage électrique à bord d'un vieux 707 d'occasion d'Air Equador, aux sièges cliquetants et qui, une aile touchée par la foudre, s'est incliné brutalement et a entrepris de plonger de quelques milliers de pieds terrorisants auxquels ne manquaient ni les effets sonores de hurlements féminins, ni les odeurs d'urine, de fèces, de vomi et d'adrénaline, ni même les expressions terrifiées du personnel de bord, avant de finir par se stabiliser sur un coussin d'air et se poser dans un style rien-de-spécial-à-signaler.

Donc, pour mon vol suivant, cette fois pour rentrer de New York à Londres, rien d'un saut de puce, ayant frotté l'intérieur de mes narines d'un mélange d'huiles de théier et de lavande en guise de filtre antimicrobien – à l'efficacité plus psychologique que physique, j'en suis sûr – je pratiquais les méthodes calmantes suivantes, et elles ont si bien marché que depuis lors l'avion est devenu mon mode de transport préféré après le ski nautique, malheureusement inutilisable pour des destinations éloignées.

« En premier lieu, passez du temps sur Internet à rechercher les faits (diverses compagnies proposent aussi des cours d'acclimatation à l'avion) et vous vous apercevrez bientôt de la sécurité offerte par les appareils, même au cœur de sévères turbulences car ils ont été spécialement conçus pour elles.
Deuxièmement, passez du temps à méditer, à prier ou à contempler votre mortalité et le concept de destinée, comme dans la formule : quand l'heure a sonné, elle a sonné. C'est une étape essentielle de votre développement personnel, que vous preniez l'avion ou non, car tôt ou tard vous devrez vous réconcilier avec l'idée de mourir.
Troisièmement, entraînez-vous à respirer profondément, calmement et lentement, car cela empêche l'esprit de paniquer, ce qui est bien la dernière chose dont on a besoin en avion.
Quatrièmement, si vous avez un penchant pour les visualisations fantastiques, mais une méfiance innée de la technologie et des machines, imaginez un être, votre ange gardien, de la taille d'un gratte-ciel, en train de voler en dessous de l'appareil pour le soutenir dans les pires turbulences possibles.
Cinquièmement, gardez toujours en tête l'image de votre arrivée, sain(e) et sau(f/ve) et le visage fendu d'un large sourire.
Sixièmement, massez délicatement l'intérieur de vos poignets, en particulier la zone dans le prolongement du petit doigt. Vous stimulerez ainsi le méridien du cœur et calmerez vos nerfs jusqu'à vous retrouver surpris(e) d'être de nouveau à terre comme si rien ne s'était produit, déjà en train de trépigner d'impatience en attendant vos bagages. »

ÉTÉ

EMMENER SON ESPRIT ENFANTIN SE DÉGOURDIR LES JAMBES

Vous rappelez-vous quand vous étiez jeune ? Oh, cet esprit joueur. Cet esprit invincible, insouciant et innocent pour qui la question d'apprendre à aimer le monde ne se posait pas. Vous l'aimiez, c'est tout. Bien entendu, il y avait des moments délicats quand l'esprit pesant de l'âge adulte envahissait votre vécu, ou quand un autre enfant particulièrement tordu vous mettait dans un pétrin temporaire.

Puis vous avez grandi, et la fréquence et l'influence de vos interactions avec l'univers adulte ont augmenté, comme se sont accrus les effets de ses exigences. Votre charmant esprit joueur s'est enfoui de plus en plus profond, au point d'être à l'heure actuelle souvent hors d'atteinte sans l'aide de l'alcool ou d'autres laxatifs sociaux du même genre.

Sous nos déguisements d'adulte, nous sommes tous des enfants sur le terrain de jeu de la vie. (Pas le modèle petit monstre postmoderne accro aux marques d'aujourd'hui, mais des enfants d'avant la généralisation de l'artifice, de la gêne et des tendances à vivre selon les attentes des autres.)

Selon la philosophie taoïste, être « comme un enfant » permet de prendre du sacré bon temps et est la clé de la santé, de l'éveil et de la longévité. Donc, branchons-nous tous sur nos enfants intérieurs, les ami(e)s.

Indéniablement, nous avons acquis en chemin des talents de socialisation très utiles qui nous permettent de nous débrouiller dans le monde, et avons eu droit en prime à quelques révélations profitables. Multiplier les orbites autour du soleil a cet effet sur les gens. Mais nous ne devons pas tomber dans le piège de souscrire à l'arrogance de l'âge adulte, car là se cache le plus court chemin vers la dépression – et plus précisément la « dépression estivale », puisque nous sommes en cette période de l'année.

Dépression estivale ? Les termes semblent en contradiction, mais c'est là qu'est le problème. En été, nous sommes « supposés » être « heureux ». Après tout, les oiseaux chantent, le soleil brille et les arbres resplendissent de tout leur feuillage. Tout le monde est dehors, l'air d'avoir du bon temps, et l'intense lumière de l'été met davantage en relief les particularismes existentiels.

Il est naturellement futile de parler de la dépression – estivale ou autre – dans un sens en rien universel, car il existe autant de « types » de dépression que de personnes pour l'éprouver : depuis la variété bénigne qui ne dure pas jusqu'au mur de brique. En conséquence, ce qui sauvera une personne en tuera une autre.

Toutefois, on trouve à leurs racines quelques thèmes communs (selon les thérapeutes taoïstes, anciens comme postmodernes). Toute dépression découle d'une incapacité à faire face à une crise existentielle due à l'écrasement de l'esprit joueur intérieur (EJI) sous les soucis (souvent illusoires) de l'âge adulte. Cet écrasement est dû à une déficience de l'organe ou de la sphère énergétique sensé(e) abriter l'EJI, c'est-à-dire le foie.

Toute déficience de l'énergie du foie a pour cause, ou conséquence, une déficience de l'énergie des reins à un stade du cycle de lavage. Donc, si vous voulez permettre une expression optimale de votre EJI, et prévenir ou alléger ainsi une dépression estivale, ou si vous souhaitez simplement vous garantir le trajet intérieur le moins chaotique possible pendant les semaines à venir, suivez attentivement.

« Les reins et le foie réagissent bien à la pratique quotidienne d'une forme douce d'exercice comme la marche, la natation, le yoga, le qi gong ou le taï chi, ainsi qu'à des thérapies par manipulation comme l'acupuncture et le shiatsu. Quand les reins et le foie ont retrouvé l'équilibre, la tonalité mentale associée à la dépression se transforme d'elle-même.
Dans la perspective orientale, il n'est pas nécessaire de commencer par découvrir la raison personnelle d'une dépression pour l'atténuer. Une fois la tonalité mentale corrigée, les motifs se révéleront d'eux-mêmes en progressant dans l'autothérapie. Mais il faut modifier cette tonalité mentale. »

La dépression a pour effet secondaire évident de réduire les chances d'avoir la volonté de se motiver à prendre les mesures qui aideraient à la soulager. Et, souvent, il faut une grande volonté pour persévérer jusqu'à obtenir des résultats. En outre, il existe des formes de dépression où l'exercice et l'acupuncture ou d'autres thérapies par manipulation ne suffisent pas. Dans certains cas, renoncer à un traitement conventionnel est hautement contre-productif. Comme je l'ai dit, il est impossible de généraliser.

Mais du plus épais mur de brique au plus puissant empire, rien n'est permanent dans la vie, et la dépression ne fait pas exception. En fait, en complément de l'exercice et du traitement, il est possible de rendre sa tonalité mentale bien plus positive en retrouvant cet esprit joueur intérieur et en se souvenant de le laisser s'exprimer aussi souvent que possible – même si l'on doit recourir à la ruse pour « retomber en enfance ». Essayez de vous déplacer à quatre pattes dans la maison pendant l'heure qui vient, vous accrochant aux tiroirs de la cuisine pour vous relever et préparer une tasse de thé. Essayez de danser dans le salon avec un joyeux abandon pendant vingt minutes, ou de parler et chanter en charabia.

Mais surtout, remettez votre esprit à zéro pour retrouver la splendeur sidérante de l'univers qui vous entoure – autrement dit, n'autorisez pas votre perception du monde à se lasser. Ayez cinq ans, sortez, levez les yeux vers le ciel, et les bras en croix, déclarez : « Un spectacle du tonnerre ! »

ÉTÉ

D'UNE RATE ÉQUILIBRÉE À L'AMOUR INCONDITIONNEL

Nous y voilà (encore) – la fin de la phase estivale du cycle annuel, une transition toujours délicate. Laissant derrière nous la maturité de mauvais goût du cœur de l'été, nous nous tenons sur le seuil du portail de l'automne, prêts à descendre dans un nouveau tunnel d'obscurité hivernale. Poussez-vous Wordsworth et Keats[1] ! Les taoïstes d'antan ont lié chaque phase du processus saisonnier à l'un des cinq éléments ; cette période de préparation à la rentrée scolaire est associée à la Terre, représentée dans le corps par la rate.

En partant du principe que les variations de flux d'énergie dans vos cinq organes vitaux (cœur, rate/pancréas, foie, poumons et reins) régulent tout votre vécu du monde, il découle qu'en veillant à équilibrer l'énergie dans votre rate, vous vous trouverez en harmonie avec le processus de transition saisonnière et serez donc en meilleure posture pour prospérer pendant l'hiver. Et il est important de se souvenir

---

1. Poètes romantiques qui ont tous deux chanté la nature et les saisons. *(N. d. T.)*

qu'il reste possible de prospérer aussi pendant les périodes difficiles. Les périodes difficiles s'y prêtent tout particulièrement, en fait. Et la clé ? Comme tout vieux hippie vous le dira, c'est l'amour, mon chou. Pas la variété charnelle, pourtant bien douce (comme nous le savons tous), mais la compassion inconditionnelle à l'égard de l'humanité tout entière.

Et pourquoi ? Parce qu'avec de l'amour entre les gens, la folie, la violence, la maladie et la pagaille peuvent bien augmenter autant qu'elles veulent, et le bon sens, la stabilité économique et le bien-être décroître en proportion, la vie restera vivable. Sans amour, elle devient simplement l'enfer sur Terre. Je ne vais pas me lancer dans un sermon sur l'amour et sa signification, mais seulement dire qu'il s'exprime par de l'empathie pour la détresse de nos frères et sœurs (au sens large) et par la volonté de manifester sa gentillesse en pensées et en actes (chaque fois que possible).

Mais nous avons besoin d'une préparation *ad hoc* pour pouvoir donner et recevoir efficacement cette forme supérieure d'amour humain. Donc, sans plus de cérémonie, une brève suggestion d'autorégulation de l'énergie de la rate pour préparer le terrain.

« Placez la paume de la main droite devant le ventre, et tout en inspirant, soulevez le coude sur le côté et faites monter la main dans l'axe de votre corps jusqu'à l'avoir au-dessus de votre tête, paume vers l'extérieur. À l'expiration, émettez le son "Hooouuu !" aussi fort que vous le pouvez, et ramenez la main en effectuant le même trajet dans l'autre sens tout en pivotant le torse vers la gauche afin de comprimer délicatement la région sous vos côtes, où se trouvent la rate et le pancréas.

Il s'agit du son et du mouvement d'entretien de la rate, selon les taoïstes d'antan, et pour obtenir des résultats vraiment sensibles, mieux vaut les répéter quotidiennement six fois pendant trois semaines, et de préférence entre neuf heures et onze heures du matin (période de flux optimal de l'énergie de la rate). Vous devriez vous sentir subtilement plus enraciné(e) et pondéré(e), réagir avec davantage d'assurance aux événements extérieurs, avoir bon appétit sans prendre de poids superflu, éprouver un optimisme et une vigueur renforcés, et voir s'améliorer votre mémoire à court terme et votre tonicité musculaire (sans faire d'exercice), tout en ayant moins tendance à vous inquiéter. Il s'agit là des effets d'une énergie de la rate équilibrée, mais il est évident qu'"houlouler" dans votre fauteuil n'est la panacée ni pour cet organe ni pour les malheurs du monde, et vous souhaiterez peut-être compléter la procédure par un petit automassage adapté du régime quotidien de l'Empereur jaune lui-même et connu sous le nom d'"harmonisation de la rate et du foie".

Avec une main, puis l'autre, caressez légèrement le haut du ventre dix-huit fois de gauche à droite, puis de droite à gauche. Le souverain considérait ce soin tellement important pour son système immunitaire que son équipe personnelle de massage frottait l'impérial abdomen cent quatre-vingts fois dans les deux directions à quatre reprises dans la journée. Mais la version courte aura, elle aussi, des effets sensibles, en particulier si vous vous y tenez quotidiennement une trentaine de jours. »

Ce massage repose sur le principe que le foie – source de l'élan de vivre son histoire en se mêlant au monde – est par nature un organe vorace qui, à la moindre occasion, s'emparera de toute l'énergie disponible au haut de l'abdomen au détriment de la rate. Les caresses de gauche à droite entraînent de l'énergie de la rate vers le foie et bercent ce dernier d'un faux sentiment de sécurité en lui donnant ce qu'il veut. Puis, quand il a eu le temps de se décontracter et de perdre sa vigilance, on rend ce chi à la rate en lui octroyant un petit supplément.

Enfin, comme pour toute grande transition, il est de première importance de ne pas résister, car il en résulte seulement un gaspillage d'énergie qui provoque un affaiblissement hautement contre-productif du système immunitaire et de la vigueur animale. Dans ce but, je trouve d'un grand effet correctif, en particulier par forte gîte, de me rabâcher sans fin comme un simple d'esprit : « Détends-toi, lâche prise, autorise ! ». Ne laissez rien vous crisper. Être contracté(e) n'aidera personne, ne résoudra rien, et n'améliorera surtout pas votre état d'esprit ou votre efficacité. Ne vous accrochez pas à votre peur et au désir de contrôler la réalité qui en découle. Le Tao, le grand déroulement naturel des choses, est par essence sage et enclin à un brin de théâtralité de temps en temps – en ce moment par exemple. Laissez le spectacle prendre tournure et s'épanouir de lui-même sans (trop) interférer. Ainsi, tous les détails en rapport avec votre propre rôle dans la pièce trouveront une solution d'une élégance véritable et d'une qualité qui ne peut venir que du Tao – rien de moins. Et puisse-t-il le faire maintenant pour vous avec la plus grande élégance.

Automne

Votre moi conscient est lâche ? N'ayez pas peur !

L'automne est la saison du changement – changement de lumière et de température, changement d'atmosphère. Le changement est inévitable car tout dans l'existence est constitué d'éléments mobiles, et pourtant l'accepter compte parmi les plus grands défis personnels auxquels nous sommes confrontés en continu. Pourquoi ? Parce que nous souhaitons de tout notre cœur croire en la permanence. Nous savons que la mort attend plus loin sur le chemin, mais parvenons à faire comme si elle n'existait pas. Nous savons que le corps vieillit et connaissons la cruauté des derniers stades de la vie, mais suivons notre route comme s'il n'en était rien. Cette faculté de nier la nature perpétuelle du changement cause néanmoins, et inévitablement, de la douleur chaque fois que les ramifications de ce changement s'imposent avec assez de force pour interdire le déni.

L'antidote – accueillir le changement à bras ouverts –, demande de la confiance en soi. Il y a dix-huit ans, je me tenais au bord d'une falaise du pays de Galles à contempler douze mètres plus bas, au-delà des avancées rocheuses déchiquetées, un petit bassin dans la rivière. Plusieurs personnes, en bas, unissaient leurs voix enthousiastes pour crier : « Saute ! Saute ! Saute ! » « Impossible, » ai-je pensé.

J'étais en train d'essayer de me préparer pour le saut, mais mes jambes refusaient de bouger. Je pouvais rester ici un million d'années, je n'y arriverai pas. Soudain, sans bouleversement perceptible de conscience, je me suis retrouvé en train de fendre l'air et d'atterrir dans l'eau glacée avec un grand plouf triomphant.

Téméraire, peut-être, mais je participais à un stage de six jours dont le but était de convaincre de surmonter sa peur afin de ne plus buter sur sa résistance intérieure dans l'élaboration de la vie de son choix, et m'écarter du bord la queue entre les jambes me paraissait encore pire que d'avoir des bouts de ma personne éparpillés sur les rochers. Je ne revendique pas le saut. Mon moi conscient n'y est pour rien. Le ressort dans mes jambes jusque-là paralysées venait de bien plus profond.

Et c'est la relation entre notre moi conscient, en état de veille, et notre moi plus profond, et l'expression de cette relation dans nos actions physiques, qui forment la base d'une véritable confiance en soi, un attribut dont nous allons indiscutablement avoir besoin en quantités toujours plus grandes au fur et à mesure que les événements mondiaux vont gagner en intensité, mettant en danger notre équilibre intérieur.

Avoir confiance en soi implique un dialogue entre le moi conscient, qui fait confiance, et le moi plus profond à qui il faut faire confiance si l'on ne veut pas se dégonfler. On ne peut pas y arriver du jour au lendemain ; développer son assurance demande du temps, et il existe de nombreuses manières d'y parvenir, apprendre un art martial étant la plus évidente. Mais tout ce qui conduit à régulièrement consacrer du temps à ce dialogue en surmontant des obstacles internes au moyen de défis variés fera l'affaire.

« Muscler le haut du corps, et spécifiquement la région du cœur, d'où émane, selon la pensée taoïste, la sensation d'avoir un moi inattaquable, a un impact bénéfique presque immédiat sur la confiance en soi. Si vous trouvez les pompes trop dures, commencez à quatre pattes, sinon couchez-vous à plat ventre, les mains à hauteur des épaules, le corps rectiligne et le bassin légèrement basculé en avant, et soulevez-vous lentement et avec détermination sur une expiration, inspirant à la descente. Imaginez que le mouvement a pour pôle un point à l'intérieur du bas de votre abdomen. Effectuez neuf cycles, et augmentez progressivement par multiples de neuf (le chiffre donnant le plus de puissance dans la numérologie taoïste) jusqu'à en compter trente-six ou même quatre-vingt-un (mon préféré) sans être inondé(e) de sueur. Et à chaque pompe, pensez : “J'ai confiance en moi ! J'ai confiance en moi ! J'ai confiance en moi, vraiment !” »

Puis poursuivez votre route dans ce monde fou, fou, fou, en sachant que vous en tirerez avec le plus grand aplomb quoi qu'il arrive.

Automne
Relever le défi

Alors que vos pas provoquent le bruissement des feuilles mortes, ou le bruit de succion des détrempées, au-delà de l'habituel symbolisme poétique automnal du déclin, de la mort (l'hiver approchant) et de la renaissance au printemps, vous avez probablement pris conscience des défis physiques et affectifs créés par le changement de saison.

En plus des allées et venues dans et hors d'édifices, de voitures et de bus artificiellement chauffés – alors que nous portons généralement trop de couches à l'intérieur et pas assez en plein air – notre système immunitaire doit affronter les rapides fluctuations de températures causées par les variations de pression atmosphérique et les changements de direction des vents.

Quand le vent souffle de l'ouest, tiédi par le Gulf Stream, un air doux tend à procurer une énergie optimiste et abondante. Quand il souffle du nord, l'atmosphère prend une fraîcheur qui transperce jusqu'aux os, mais souvent revigore et donne une impression de propreté. En revanche, quand le vent souffle de l'est, il est non seulement chargé du froid glacial et humide de la Sibérie, mais aussi de toute la pollution de l'Europe orientale, dont la radioactivité et toutes les frustrations et insatisfactions collectives. Le vent d'est infiltre notre organisme et sème dans nos méridiens tout un tas de virus malveillants. (Le vent du sud a l'habitude de passer l'automne et l'hiver au bord de la Méditerranée – un vent qui sait souffler avec classe, mais pas dans notre direction.)

L'automne exige le maximum des services de renseignement de notre corps, obligés de courir d'abord au rempart oriental de la citadelle, puis de se précipiter au nord, puis de foncer à l'est au gré des élévations et des chutes inattendues de température provoquées par des vents aux changements de direction aléatoires.

Le système immunitaire (le bras armé des services de renseignement) donne le meilleur de lui-même quand nous sommes heureux. Avec des jours plus courts et moins ensoleillés, à moins de faire un sérieux effort pour passer du temps dehors, de préférence chaque matin, nous avons peu de chance de voir beaucoup de lumière naturelle, au risque d'une propension à la déprime causée par le manque de soleil (DHS, déprime hivernale saisonnière).

Selon la philosophie médicale orientale, chacune des quatre saisons (cinq si l'on compte la fin de l'été) fait courir des risques à l'un des cinq organes majeurs.

Avec l'automne arrive le tour des poumons. En pratique, cela veut dire que lorsque ces vents viennent siffler dans nos méridiens, c'est celui des poumons qui est le plus vulnérable. Le vent soulève de la poussière interne ou des « impuretés » respiratoires, provoquant des toux, des rhumes et des otites qui se manifesteront un peu plus tard au cours de l'hiver.

Ne succombez pas à la morosité, cependant. L'automne est une période d'exquise beauté dont il faut savourer chaque instant dans la lumière argentée, à la fois vive et déclinante, propre à l'inclinaison de la Terre à ce moment particulier. Il y a une grandeur mélancolique à se soumettre avec dignité à l'emprise sombre et froide de l'hiver imminent.

« Relevez le défi avec une mentalité de guerrier(ère). Levez-vous une demi-heure plus tôt que vous n'y êtes obligé(e). Étirez votre corps avec douceur et, couvert(e) des couches appropriées, rendez-vous dans le plus proche parc ou jardin. Marchez, courez, battez des bras, faites du taï chi si vous avez des notions (sinon, envisagez de prendre des cours), donnez des coups de pied dans les feuilles comme un enfant et ouvrez-vous aux éléments. Contemplez l'immensité du ciel et sentez-vous reconnaissant(e) d'être en vie.

Buvez de l'infusion de molène pour ouvrir les voies aériennes et prévenir les blocages respiratoires. Prenez des granules homéopathiques d'aconit en cas de menace de rhume ou de mal de gorge, et de la teinture de propolis en guise de tonique quotidien des poumons. Allez chez un acupuncteur pour une relance de saison du système immunitaire.

Enfin, pour avoir un autre centre d'attention pendant les nuits qui rallongent, prenez l'année scolaire tout juste commencée comme une métaphore de votre propre vie, et appliquez-vous à étudier ou apprendre quelque chose de nouveau qui vous dérouillera l'esprit, le corps, ou les deux. En outre, afin d'accroître votre positivité, visualisez en permanence dans votre plexus solaire un soleil d'été au zénith. Ne perdez pas une minute à vous apitoyer sur votre sort, à être blasé(e) ou à considérer les choses comme acquises. »

Prenez plaisir à cet automne comme jamais auparavant.

Hiver
Maîtriser son impatience

Nous arrivons à cette époque de l'année où s'accumulent les causes de retard sur les routes et dans les aéroports et les gares, alors que revient la fébrilité de Noël. Cette période ancrée dans la tradition met à rude épreuve notre patience, notre tolérance et secrètement – allez, admettez-le – notre confiance dans notre propre santé mentale. Même Bouddha aurait grincé des dents s'il avait dû affronter la cohue pour prendre un avion pour la Thaïlande. Tout cela est accentué par le souvenir lointain, ravivé de temps en temps par la bande-son d'un vieux film américain s'échappant du téléviseur, qu'il s'agit normalement de la saison de « bonne volonté envers tous les hommes ».

Mais pourquoi ont-ils eu besoin de la caser pendant cet hiver froid et sombre où notre vrai moi naturel n'a envie que d'une chose, hiberner ?

Cette accumulation – les préparatifs, les cadeaux, l'organisation et les attentes, les projets frénétiques de fuite à l'autre bout de la Terre, l'orgie d'alcool et de calories, les soirées, la dépense – n'est peut-être qu'un leurre magnifiquement construit pour nous distraire du grand vide de l'obscurité hivernale.

Que vous sentiez déjà monter l'impatience de me voir préciser où je veux en venir ne fait qu'illustrer mon sujet. L'impatience est peut-être le plus grand fléau de notre temps. Sans l'impatience, vous n'auriez pas cette crispation involontaire du haut de l'abdomen pendant que vous poireautez le souffle court en dixième position dans la queue du comptoir d'enregistrement, et que la personne en train de payer n'arrive tout d'un coup pas à retrouver son carnet de chèques, puis sa carte d'identité, puis finit par décider de régler par carte de crédit, mais la bande magnétique est usée, et un portable se déclenche au son d'une version aigrelette et enfantine de *Guillaume Tell…*

Ce sont le foie et la rate qui se contractent, ce qui met aussi à l'épreuve tous les autres organes, limitant le flux de sang et appauvrissant tout l'organisme en énergie. Et nous avons beau être manifestement construits pour le supporter, nous n'en devenons que plus sujets à l'impatience.

Il n'y a pas de fin à la liste des symptômes causés par la maladie de l'impatience – hypertension, migraines, troubles cardiaques, etc. –, mais par chance, selon les sorciers orientaux de jadis, il est possible d'acquérir la précieuse et saine qualité de la patience.

> « Premièrement, rappelez-vous, quitte à vous cajoler ou vous contraindre pour y arriver, de voir la cause immédiate de l'impatience, sans considération de l'importance qu'elle semble avoir, comme une simple peccadille comparée à l'éternité.
> Deuxièmement, prenez l'habitude de consciemment décontracter la tension de vos muscles, permettant ainsi à votre ossature de se redresser et d'accorder à vos organes leur juste espace vital, à vos vaisseaux sanguins l'expansion adéquate, à vos circuits nerveux des passages dégagés, et à votre vessie et à vos intestins suffisamment de place pour bouger. Le meilleur moyen d'y arriver consiste à commencer par la nuque – souvent le premier endroit à se raidir sous le coup de l'impatience. Quand vous aurez identifié l'agréable sensation de relâchement, autorisez-la à s'étendre partout, et en particulier à gagner votre ventre, votre poitrine, votre visage, vos épaules et vos membres.

Pour accentuer cette relaxation physique, prenez Impatience, le remède floral de Bach. Il peut réellement réaliser des miracles. Il contribue aussi à insuffler une confiance inébranlable dans le fait que ce qui arrive – même si cela semble en contradiction avec tous vos projets soigneusement conçus – est exactement ce qui devait se produire et que votre bien-être général et votre situation ici-bas s'en trouveront toujours améliorés d'une façon ou d'une autre. Yogananda, l'un des plus grands yogis du siècle dernier, commençait sa journée par la déclaration suivante : “Je marcherai avec une foi parfaite dans le pouvoir du bien omniprésent de m'apporter ce dont j'ai besoin au moment où j'en ai besoin.”

Si vous êtes confronté(e) à ce que vous percevez comme un obstacle au déroulement de votre emploi du temps affairé, observez votre environnement, et aussi désagréable soit-il, affirmez : “Je suis le roi (ou la reine) d'advienne-que-pourra.”

De manière moins ponctuelle, envisagez de vous mettre à une activité physique qui fournira régulièrement à votre esprit une occasion de ralentir. Il pourrait s'agir du vélo, de la course à pied, de la marche, de la natation, des haltères, du yoga, du taï chi ou d'autres arts martiaux, mais conviendra aussi tout ce qui donnera un peu d'espace où se défouler à la bête sauvage qui est en vous et pour qui la moindre attente relève de l'abomination.

Enfin, rappelez-vous de ne pas retenir votre respiration – une réaction fréquente dans les situations déclenchant de l'impatience. Assurez-vous que vous respirez lentement et régulièrement avec votre ventre, ce qui aidera votre foie et votre rate à se détendre, et avant d'avoir le temps de dire ouf, vous arborerez cette expression de sérénité inébranlable qui a rendu célèbres les saints et les bouddhas. »

Hiver
Prendre avec calme les vols longs courriers

Nous abritant de la tempête devant l'âtre chaleureux alors que les nuits ténébreuses du cœur de l'hiver se referment sur nous, nous voici revenus à la saison de la fuite en avion jusque dans des contrées lointaines. Seulement, même si vous êtes assez malin(e) pour avoir trouvé le moyen de vous permettre de tourner à gauche en entrant dans l'appareil, pour la majorité du troupeau qui prend humblement à droite à la porte, tassée en classe économique, il arrive que la vie en altitude pose quelque problème. Déjà suffisamment difficile en toutes circonstances, rester assis des heures d'affilée le devient encore plus en vol, où l'envie de s'étirer pour augmenter le flux de sang et d'énergie démange le corps.

L'« air » épais et lourd qui picote vos narines passe dans le circuit de reconditionnement, mais seulement quelques instants par heure et si vous avez de la chance. Les dirigeants des compagnies aériennes n'ont pas davantage tendance à la sainteté ou à l'altruisme que vous ou moi, et avec l'augmentation du coût du carburant, ils ne peuvent stabiliser le prix du billet qu'en réduisant les frais. Le conditionnement d'air, qui consomme du carburant, offre l'économie la plus importante à leur portée. Remarquez comment tout le monde s'endort quand le taux de gaz carbonique s'élève, puis se réveille quand est mise en circulation la dose horaire d'air régénéré.

La pressurisation de la cabine, responsable, par son insuffisance, des gênes aux tympans à la montée et à la descente, et de cette sensation d'oppression et de léger essoufflement dans la poitrine, est aussi maintenue en dessous de la limite du confortable pour économiser du carburant. On sait que cela provoque la coagulation du sang, et éventuellement la formation de caillots qui peuvent être fatals. Les microbes présents à l'état endémique dans l'habitacle, dont le bacille de la tuberculose entre autres germes des voies respiratoires, constituent une autre cause potentielle de mortalité.

Il faut aussi prendre en compte, comme facteur de la désorientation circadienne associée au franchissement de fuseaux horaires – le décalage horaire, autrement dit –, l'inévitable déception à l'arrivée, la difficulté de l'ajustement au climat, et pire encore, le retour au Royaume-Uni et son aspect lugubre et anguleux dans l'affreuse étreinte de l'hiver.

Quelques mesures simples permettent d'empêcher qu'un long voyage en avion ne cause un sérieux dysfonctionnement interne. En fait, vous pouvez tirer le meilleur de ce service des plus utiles offerts par ces merveilleux fous volants jusqu'à donner l'impression, au sortir d'un vol en classe économique, que vous l'avez passé en classe affaires (ou de sortir de classe affaires comme si vous aviez été en première, ou de première comme si vous veniez d'arriver dans votre jet privé, et ainsi de suite jusqu'à ressembler à Dieu Lui-même tout juste descendu des cieux en chariot de feu).

> « Frotter ses narines d'huile pure de théier ou de lavande tuera tous les microbes aéroportés avant qu'ils n'atteignent les poumons. Un demi-cachet d'aspirine tous les jours de la semaine précédente, et y compris le jour du vol, fluidifiera le sang (consultez d'abord votre généraliste si vous le pensez nécessaire, en particulier si vous prenez déjà un anticoagulant comme la warfarine). Autre possibilité : boire de l'infusion d'ortie.
> Entraînez-vous à respirer plus profondément, car contrairement à ce que l'on pourrait penser, mieux vaut remplir ses poumons au maximum dans des atmosphères riches

en carbone et pauvres en oxygène pour récupérer tout ce qu'on peut de ce dernier. Pendant tout le vol, afin de stimuler la circulation sanguine, agitez vos orteils tout en recroquevillant et étirant les pieds. Levez-vous pour marcher dans l'avion. Oubliez la timidité. Soyez l'excentrique qui ne peut pas tenir en place. Étirez-vous discrètement au fond de la cabine, avec une attention particulière pour les muscles des cuisses et les épaules. Assis(e), organisez-vous pour pouvoir soulever les jambes au-dessus des hanches de temps en temps, la position prévient la formation de caillots.

Même si cela peut paraître sacrilège, évitez de consommer de l'alcool qui vous déshydratera et affectera le bon fonctionnement des reins (plus encore que d'habitude). Buvez plutôt au moins un verre d'eau minérale toutes les heures. Limitez la prise de nourriture au strict minimum. Nous avons tendance à manger en avion pour nous occuper plus que pour assouvir une véritable faim, alors que l'altitude met à l'épreuve les organes de la digestion, en particulier la rate et le foie. Essayez de ne pas mélanger protéines et hydrates de carbone, ce cocktail ne vaut vraiment rien pour le foie à cette hauteur.

Avant de partir pour l'aéroport, faites de l'exercice en plein air, de préférence un art martial ou une autre forme de méditation active par enchaînement de mouvements, votre système immunitaire s'en trouvera renforcé pendant tout le trajet. Comme le système immunitaire réagit sur-le-champ à des ordres internes, constructifs ou négatifs, ne manquez pas de garder une tonalité de pensée positive dans les zones de passage entre deux portes. Partez suffisamment tôt pour passer à l'enregistrement sans transpirer ou succomber à l'anxiété. Toujours pour soutenir le système immunitaire, faites votre maximum pour vous relaxer pendant tout le processus afin d'économiser votre énergie. Prenez aussi une infusion d'astralagus en soutien de la rate : associée à l'élément "terre", selon la médecine chinoise, elle s'affaiblit en quittant le sol, ce qui rend moins apte à résister à ces saletés de microbes. »

En ce qui concerne la dérégulation du rythme circadien (décalage horaire), réglez votre montre sur l'heure de votre destination dès le décollage, et persuadez-vous que c'est d'origine la bonne heure, car comme tout Einstein vous le dira, le temps a de tout temps été assez arbitraire.

HIVER

SURVIVRE À LA PÉRIODE DE NOËL

Le moment de jeter officiellement son bonnet par-dessus les moulins est revenu et il serait peut-être opportun d'examiner les procédures en jeu dans l'obtention d'un plaisir maximum de cette succession de fêtes. L'expression elle-même évoque l'abandon de ce qui emprisonne la chevelure afin de favoriser une espèce de catharsis de l'esprit sauvage intérieur. Elle s'exprime en général avec l'aide de l'alcool ou d'autres substances psychotropes sur la piste de danse, ou dans des placards à balais lors de sauteries au bureau, et donne souvent lieu à des crises d'autodénigrement et d'amnésie feinte le lendemain matin.

Que l'expression ait un rapport avec la tête ne doit pas surprendre. Selon ces vieux noceurs de taoïstes des époques révolues, les points d'acupuncture qui déclenchent un relâchement de la maîtrise de soi et de l'inhibition se trouvent à la base du crâne le long du méridien de la vésicule biliaire, cet organe ayant reçu la fonction de garder bien en ordre tout ce qui touche à notre comportement. Il convient également de noter qu'en tant qu'élément du complexe hépatique, la vésicule biliaire est l'organe le plus affecté par l'alcool et les drogues.

En découlerait-il donc qu'en débloquant manuellement le flux d'énergie dans le méridien grâce aux points situés à l'arrière du crâne, vous parviendriez à vous débarrasser de vos inhibitions et de votre manque d'aisance pour sérieusement vous éclater aux réunions festives de cette fin d'année sans vous assommer d'alcool ou de drogues ? Oui, en partie. Mais il faut aussi vous occuper de l'humeur psychoaffective si vous souhaitez vous en donner à cœur joie avec peu ou pas d'assistance artificielle, et vous éviter ainsi des paroles ou des actes que vous pourriez regretter dans la lumière dégrisée du matin.

La forme d'excès de maîtrise de soi provoquant de l'inhibition, souvent appropriée dans l'environnement professionnel, ne l'est manifestement pas pour faire la fête. Elle nous rend aussi expressifs qu'un bout de bois – le bois étant l'élément associé à la vésicule biliaire, à propos – et comme vous le savez, il n'est pas facile de se laisser aller et d'avoir du bon temps en se sentant raide comme une planche. Si le jet de bonnet allégé en substances vous intéresse, commencez immédiatement, car les effets mettent quelques jours à monter en puissance dans l'organisme.

« Posez vos pouces aux points de jonction de la base du crâne et des trapèzes qui prennent à cet endroit la forme de deux bandes de muscle encadrant la colonne vertébrale. Les bras et les épaules détendus, pressez délicatement en remontant vers le centre du cerveau, jusqu'à sentir les tissus musculaires s'assouplir et céder un peu. Maintenant, quelle que soit votre position, essayez de rester parfaitement immobile, vous interdisant le moindre mouvement. Vous remarquerez vite que c'est presque impossible et qu'une terrible envie de bouger monte de quelque part au fond de vous. Au lieu d'y succomber, maintenez l'immobilité de la coquille extérieure, tout en autorisant le mouvement à naître à l'intérieur – du micro-mouvement, autrement dit.

Pour explorer complètement ce phénomène, il vous faut un lieu et un moment où vous ne serez pas dérangé(e), ainsi que la volonté de contourner le bavardage interne habituel pour permettre à la conscience de se fixer sur l'intérieur. Quand vous avez localisé ce micro-mouvement et l'avez suivi pendant un instant ou deux, il s'amplifie jusqu'à donner l'impression d'avoir une danseuse du ventre en pleine action sous la peau. Lorsque la danse devient trop vive pour rester contenue, autorisez-la à s'emparer de la totalité de votre enveloppe physique jusqu'à vous retrouver en train de danser autour de la pièce avec un joyeux abandon. Une pratique régulière de cette technique de dé-rigidification aura un effet bénéfique sur votre circulation sanguine, apaisera votre esprit, engendrera de la gaieté et de la positivité et vous assouplira. Elle vous aidera à prendre beaucoup plus de plaisir quand vous sortirez pour aller danser, une activité en tête de liste de celles qui entretiennent l'élasticité et la jeunesse d'esprit, de corps et d'âme.

Pour étendre les bénéfices de cet exercice aux situations réelles de fête, un recadrage psychoaffectif s'avère aussi nécessaire. Comme pour tout soin – car se libérer de ses inhibitions constitue sans aucun doute un soin –, il faut recourir à deux outils essentiels : la respiration et l'acceptation de soi. Donc, quand vous vous mêlez à la foule en vous sentant gauche et timide, faites attention à ne pas retenir votre souffle, permettez-lui d'entrer et sortir librement, et plutôt que de combattre ou de nier la timidité, acceptez-la. Serinez-vous simplement : "Il est parfaitement naturel que je me sente gauche et timide et j'en ai parfaitement le droit." Parce que c'est vrai. En fait, la timidité et la gaucherie, acceptées sans gêne, peuvent être tout à fait charmantes. Thom York, par exemple, a construit sa carrière dessus. Soyez donc timide, mais en en tirant de la fierté. N'ayez pas honte de votre timidité ou de vous-même. Si vous avez du mal à entretenir la conversation sans la fausse bonhomie créée par l'alcool, essayez d'interroger les gens sur eux-mêmes et sur leurs vies – ils seront toujours heureux d'avoir l'occasion de parler d'eux-mêmes.

Enfin, essayez un peu d'autosuggestion avec cette formule, rabâchée un nombre suffisant de fois pour qu'elle pénètre l'inconscient : "Quand j'expose ma vulnérabilité avec dignité, les gens me trouvent irrésistible, ce qui rend simple comme bonjour de jeter à chaque fois mon bonnet par-dessus les moulins !" »

Et si vous trouvez toutes ces mesures un peu tardives pour la saison, n'oubliez pas de prendre du complexe de chardon-marie avant et après la fête pour soulager le foie, et de boire un verre d'eau minérale additionnée du jus d'un demi-citron pour apaiser la vésicule biliaire.

Hiver

Le fardeau des cadeaux

La saison des cadeaux arrive à nouveau, et je m'interroge sur le sens d'une générosité, poussée souvent au point d'augmenter à notre détriment les profits des sociétés de crédit, qui provoque un stress – ajouté à celui de faire des achats en pleine cohue – suffisant pour éclipser toute joie tirée de l'acte concret de donner. Quand les présents – le plus souvent inutiles – sont finalement déballés, un sentiment domine : le soulagement d'avoir rempli ce devoir pour l'année sans s'être mis dans la position impensable de « ne pas assurer ».

En fait, il faut désormais voir le rituel tout entier sous son véritable visage d'accomplissement d'un devoir collectif où chaque citoyen contribue à maintenir l'économie à flot par l'entremise des caisses enregistreuses des magasins des centres-villes et des galeries marchandes de banlieue. Trouver à la fête le moindre lambeau de signification spirituelle ou religieuse devient de plus en plus difficile.

À l'origine, aux temps préchrétiens, la « fête des lumières », d'une durée de cinq jours, célébrait au solstice d'hiver la renaissance de la lumière et de l'espoir au moment le plus sombre de l'année. Plus tard, quand les Romains adoptèrent le christianisme, ils greffèrent le mythe de Noël sur leur calendrier païen et en firent une célébration de la venue au monde de Jésus, ou si vous préférez, une occasion de déclencher la renaissance de la « divinité » intérieure. Maintenant, en notre âge post-chrétien, nous rendons hommage avec d'immenses offrandes (et sacrifices) à Mammon, le dieu de l'or, de l'argent, des livres sterling, des dollars et même des euros. Non que Mammon, en dehors d'un nom à la consonance un peu ridicule, ait quoi que ce soit d'intrinsèquement hors du champ spirituel : l'argent n'est qu'un symbole d'énergie déguisé et, après tout, le divin circule dans toutes nos transactions, quel que soit le visage ou le nom qu'on lui donne. Et une fête est une fête, quelle que soit sa principale justification, et nous avons réellement besoin de tels événements pour que l'écoulement du temps ne s'enlise pas.

Mais derrière toute cette activité démente et frénétique – les holocaustes aux caisses enregistreuses, les révélations freudiennes déballées sous le sapin, l'agression gastrique, les yeux rendus fixes par la vision de *La Mélodie du bonheur* et des films de James Bond (encore une fois) et les tensions interpersonnelles remontant quand s'expriment des messages sous-jacents (encore une fois) – semble se cacher un déséquilibre constitutif. Car comment peut-il y avoir don véritable sans personne pour véritablement recevoir ?

Par recevoir, je ne parle pas de déballer les chaussettes dont nous n'avons pas besoin, le pull-over trop petit, trop grand ou pas à notre goût, ou les outils électriques que nous n'utiliserons jamais, et de feindre le plaisir en grimaçant intérieurement. Je parle de recevoir sincèrement l'amour qui, avec le sens du devoir et la peur inconcevable de ne pas assurer, a motivé ces achats.

Les soufis (les mystiques musulmans enjoués qui comptent dans leurs rangs les derviches tourneurs) disent qu'il est facile de donner avec un cœur ouvert, mais que pour atteindre l'illumination, il faut apprendre à recevoir avec un cœur ouvert, ce qui est beaucoup plus difficile.

La Kabbale (le « yoga » mystique et enjoué du judaïsme dont les pratiques comprennent la méditation sur l'« arbre de vie ») porte un nom signifiant littéralement « recevoir ».

Dans la pensée taoïste, donner est une fonction de l'énergie yang, et recevoir une fonction du yin. Toute prépondérance de l'une sur l'autre finira par provoquer un déséquilibre affectant tous les aspects de la vie, y compris la santé, la richesse et le bonheur.

Alors, en accordant un brin de réflexion à ce que signifie donner en période de Noël, poussez un peu plus loin pour vous demander ce que signifie recevoir.

Pour en rester à la vision taoïste, la rate est l'organe chargé de nous rendre aptes à recevoir car elle gouverne notre capacité à absorber de l'énergie sous toutes les formes offertes par le plan matériel, qu'il s'agisse de nourriture, d'argent, de savoir, de reconnaissance ou même d'amour. En bref, c'est à l'énergie de la rate que vous devez d'être nourri(e) à chaque instant de votre vie.

> « Donc, tout en vous rappelant "Plus je suis prêt(e) à recevoir, plus je suis capable de donner", posez une main sur votre plexus solaire (au haut de l'abdomen), légèrement à gauche, de manière à sentir la chaleur pénétrer, et gardez-la à cet endroit six bonnes minutes.
> En même temps, pensez à détendre toute votre poitrine et la région du haut de l'abdomen afin de réduire le blindage musculaire frontal, et visualisez un flot d'énergie positive sur le point de se déverser dans votre champ personnel à peu près… »

… maintenant (bien reçu ?). Joyeux Noël.

Hiver

Une cure de désintoxication pour se remettre en piste

Après les excès aveugles qui ont probablement marqué vos célébrations de Noël et du jour de l'an, vous devez sans doute être en train de vous flageller avec plus ou moins de douceur en vous demandant comment faire amende honorable auprès de votre corps et de votre esprit. Nous parlons beaucoup de la manière dont les drogues, l'alcool, les antidépresseurs et même les remèdes naturels modifient nos humeurs et nos états physiques, mais nous mentionnons rarement le transformateur le plus largement utilisé (après le sommeil, s'entend) : la nourriture.

Non que je sois un expert en ce domaine, loin de là – je le laisse aux estimés collègues qui, en parlant vite, m'encadrent : Nigel et Dr John[1]. J'ai plutôt pour spécialité les états mentaux, et c'est sous cet éclairage que je divulgue l'enseignement suivant de mon maître sino-américain taoïste et hippie en médecine orientale, transmis comme une méthode pour rendre l'humeur égale, libérer l'esprit de son fatras habituel et faire de grands progrès dans la pratique de la méditation. Elle se trouve avoir comme effets secondaires de purifier le foie, de vider les intestins et la vessie, de donner une peau de bébé, de débarrasser de tous les excès de graisse et de rendre, en prime, les yeux aussi étincelants que ceux d'un saint. Je suis sûr d'en avoir déjà parlé, mais c'est une méthode tellement gagnante que je trouve parfaitement justifié de la remettre sur le tapis.

« Elle ne demande que la volonté de stabiliser son environnement mental et interne pendant quatre jours en renonçant aux drogues, à l'alcool et aux stimulants tout en réduisant son régime alimentaire à un fruit de production locale – dans notre cas, rien ne vaut les pommes dont l'acide peptique, le hasard faisant bien les choses, agit en purgatif du foie. Vous pouvez en manger autant que vous voulez, le trognon y compris, et boire autant d'eau qu'en réclame la soif. En général, après le premier jour, on trouve trois pommes plus que suffisant.

Pour vous préparer, sevrez-vous de la viande et des aliments cuits pendant les deux jours précédents, en

1. Nigel Slater et Dr John Briffa, qui tiennent les chroniques gastronomique et médicale de l'*Observer. (N. d. T.)*

mangeant cru mais varié et goûteux. Pendant le premier jour proprement dit, le défi lancé à votre volonté suffira à vous distraire du harcèlement de la faim. Le deuxième jour, votre estomac aura légèrement rétréci et il vous sera plus facile d'apprécier vos pommes et de leur témoigner votre humble gratitude. Si vous commencez alors à souffrir de constipation, ou à avoir envie de sucreries au point d'en hennir ou même de vous prendre pour M. Ed, le cheval doué de parole, accompagnez vos fruits de miel. Il est aussi possible, vers la fin de la journée, que les toxines en cours d'évacuation vous donnent des maux de tête. Deux ou trois tasses d'infusion très concentrée de menthe poivrée suffisent en général à apporter un soulagement presque complet.

Plus vous avancez dans le troisième jour, et plus vous vaquez à vos occupations en vous sentant comme un oiseau en vol. L'esprit a la clarté du diamant, la peau luit, les muscles prennent du tonus et les gens vous trouvent une mine merveilleuse. Mais c'est avec le quatrième jour que vient vraiment le bouquet : vous êtes un faucon sur l'aile du vent et foncez dans votre univers quotidien en vous sentant invulnérable et imperméable au stress, et par-dessus le marché, vous rayonnez de beauté.

Vous risquez bien sûr de vous trouver affaibli(e) au début, alors organisez-vous pour que le premier jour tombe, disons, un vendredi soir, vous laissant le samedi et le dimanche pour vous la couler douce, et être tellement éclaté(e) aux fruits le lundi matin que rien ne pourra gâcher le plaisir, pas même les embouteillages de l'heure de pointe sur le chemin du retour au travail !

En général, mieux vaut continuer à suivre un traitement médical en cours de prescription, donc ne manquez pas de consulter votre généraliste ou une autre autorité

compétente avant de vous mettre à la pomme comme décrit plus haut. Il en va de même en cas de grossesse ou de maladie grave.
Au sortir de la cure, croquer un radis peut conduire au bord de l'orgasme oral, mordre dans un poivron provoquer des frissons de plaisir, et la vue d'un oignon cru faire saliver de désir. »

Profitez-en pour inverser le processus et mettre quelques jours à revenir progressivement au steak-frites, ou à tout autre transformateur d'humeur ou vice culinaire ayant vos faveurs.

HIVER
TROUVER SON CHEMIN

Janvier est la période « sombre » de l'année où, selon les Indiens d'Amérique et d'autres cultures d'avant la société de consommation, la Terre mère dort afin de se régénérer pour se rendre prête à nourrir la vie nouvelle du printemps. Et nous, « ses enfants », si nous suivions nos rythmes saisonniers naturels (et si nous vivions comme des Indiens, disons, d'avant 1930 en Arizona et au Nouveau-Mexique), nous nous retirerions dans nos abris d'adobe pendant quelques semaines sans faire trop de bruit ou de bêtises de peur de la réveiller et de la voir, de colère, compromettre les récoltes de l'année.

Le phénomène de désorientation momentanée ou semi-permanente mérite donc d'être abordé parce que, dans l'ensemble, nous ne respectons pas nos rythmes naturels, mettons rarement les pieds dans des maisons en pisé et n'avons aucun don pour rester tranquilles.

Nichés dans notre omniprésente matrice électrique, nous semblons seulement savoir comment créer un immense brouhaha : sonneries de téléphones, hurlements de téléviseurs, engins de battage creusant le sol (pour poser davantage de câbles de télévision), rugissements de moteurs et musique tribale d'origine numérique imitant tous les susdits se mêlent en un cocktail sonore intensifié et amplifié sur lequel célébrer pendant que nous dansons.

Nos domiciles, nos véhicules et, dans une moindre mesure, nos vêtements et nos chaussures, sont tous conçus pour non seulement nous protéger de la sensation d'avoir une interaction avec les éléments, mais pour éliminer l'expérience au point de nous faire presque oublier qu'il existe des éléments – jusqu'à la confrontation avec les extrêmes des inondations et des tornades. Même alors, l'expérience reste principalement télévisuelle. Et si nous n'aimons pas le temps ici, nous ne sommes au plus qu'à quelques heures de couloir aérien saturé d'une vague de chaleur survenant quelque part sur la planète. Des parfums masquent le moindre effluve vaguement organique, et tant qu'une tempête solaire, ou pire, ne met pas en panne le réseau, nous n'avons plus jamais à redouter l'obscurité. Ce qui est parfait pour les humains devenus partiellement ou totalement des robots, mais pour le reste d'entre nous, dont les ancêtres ont quitté depuis tellement peu de temps l'état à-demi-sauvage-devant-la-caverne, masquer ainsi le naturel ne peut être que désorientant à un niveau fondamental et existentiel.

Non contents de nous écarter d'un pas, ou plus, de nos rythmes et rimes naturels, nous avons réussi à déconstruire notre climat et rendre douteuse la pérennité de nos terres émergées alors que la vie quotidienne ne cesse de prendre de la vitesse dans une orgie sans frein d'accélération numérisée. D'ailleurs, les règles du jeu de notre existence changent si rapidement que parler de vie quotidienne a perdu son sens. Que l'on évoque la création imminente d'hybrides où se mêleraient l'animal et l'humain pourrait même laisser supposer que nous sommes en train d'achever le cycle de la création et de revenir aux jours du mythe pur où des centaures batifolaient dans la nature et où un nid de vipères dans les cheveux ne provoquait pas le moindre haussement de sourcil.

On doit donc s'attendre à ce qu'au cours de la fissure partielle sur le point d'advenir dans votre emploi du temps entre deux émissions de télévision, vous réfléchissiez à votre place dans le grand schéma des choses, au risque d'éprouver des instants de désorientation existentielle fondamentalement dérangeante. Littéralement, la désorientation est un écart par rapport à l'est – autrement dit un écart par rapport à la direction de la rotation de la Terre, ce qui n'est pas sans rapport avec un trajet en train dans le sens inverse de la marche (encore que vous ne le remarqueriez pas à une telle vitesse).

> « Donc, le premier pas pour se réorienter, se remettre dans une certaine mesure en ligne avec l'ordre naturel et commencer à se rééquilibrer à tous niveaux, consiste à se tourner vers l'est. Ensuite, prenez conscience que vous vous trouvez dans l'espace sur une planète pivotant sur son axe à 16 000 km/h dans la direction de votre regard, tout en tournant autour du soleil à une vitesse d'environ 106 000 km/h, soit plus de 30 km/s. Si cette méta-réalisation du contexte physique se fraye un chemin ne serait-ce qu'un micro-instant, elle vous rendra peut-être votre sens de l'émerveillement et de l'aventure, et avec lui l'impression d'être embarqué(e) pour un long voyage dans l'espace au cours duquel vous vous faites autant d'amis que possible et vous amusez, et les amusez, du mieux que vous pouvez. Car arrivé(e) à destination, quelques milliards de kilomètres plus loin sur la ligne, vous risquez de trouver un peu dommage d'avoir passé de précieux morceaux du voyage en contradiction avec vous-même et votre environnement. »

Autrement dit, ne laissez pas la désorientation vous perturber, et n'utilisez pas comme recours l'habitude de vous engourdir avec le shopping, le sexe ou l'abus d'alcool ou de drogue. Utilisez-la plutôt comme un signal automatique, le rappel de vous remettre en ligne avec ce qui se passe vraiment ici : un voyage mégasonique à travers l'espace sur un vaisseau de fabrication organique, les passagers maintenus en vie par une biosphère délabrée offrant le plus bizarre assortiment d'attractions tirées de tous les meilleurs et pires films de science-fiction jamais tournés pour les empêcher de devenir trop agités et d'essayer de sauter en route.

Hiver
Le monde traverse une période difficile, mais la paix viendra

Il y a de nombreuses années, j'ai participé à un réveillon du jour de l'an en Catalogne intérieure avec toute une bande de gens du cru, dont Carlos, qui comprit de travers mes vœux de bonne année et crut que j'avais dit « Heureux nouveau toi ! »[1]. Quand quelqu'un (pas moi) releva l'erreur, les implications philosophiques l'enthousiasmèrent tellement qu'il passa l'heure suivante à chanter « Heureux nouveau toi ! » à quiconque était prêt à l'écouter, ce qui me donna envie de prendre ma guitare. Sur un rythme à la fois lancinant et dansant, nous avons composé une chanson ayant « Heureux nouveau toi ! » comme refrain entraînant. Bientôt, tous les invités présents chantaient à pleine voix. Le concept nous touchait si profondément que nous avons

1. Confusion intraduisible entre « Happy new year » et « Happy new you » en anglais. *(N. d. T.)*

poursuivi sur ce mode exubérant pendant plus de deux heures pour finir morts de rire sur le sol.

La première guerre du Golfe se déchaînait ou venait de le faire, et l'atmosphère à l'étranger ressemblait à celle qui règne actuellement, mais l'idée qu'on puisait son bonheur à l'intérieur en accédant à une partie fraîche du soi, comme si l'on arrachait une nouvelle lingette du paquet, et que ce bonheur dépendait uniquement d'une présence dans l'instant, sans projection dans le temps, nourrit en nous un pur état de réjouissance et de célébration malgré la situation extérieure.

Des générations entières ont été persuadées qu'elles verraient le monde arriver à sa fin. Nous ne sommes pas différents. Mais j'ai cette sensation atavique que le monde, y compris le monde des hommes, a encore au moins un peu de temps devant lui – et ce parce que pour tout hors-la-loi belliciste (chefs d'État compris), il existe un million d'âmes bienveillantes. Et même si nous n'avons pas les doigts sur le bouton « pas touche », nous avons le pouvoir collectif de modifier profondément le paysage planétaire – en accédant à la générosité dans nos âmes et en la faisant émaner de nous, en insufflant dans nos atmosphères immédiates l'essence bienfaisante de la chaleur et de la décence humaines. Progressivement, quand nous serons de plus en plus nombreux à diffuser, l'association de nos atmosphères aimantes finira par l'emporter sur les atmosphères haineuses des autres gars, jusqu'à ce qu'une telle douceur imprègne l'air que personne n'irait même songer à lever un doigt pour nuire à autrui, même si cet autrui possède du pétrole ou une idéologie différente.

Mais pour accéder à cette générosité intérieure, nous devons nous dépouiller de toute vieille trace de sécheresse du cœur à la « nous-et-eux ». Nous devons être subtilement rendus à cette partie de nous qui rayonne naturellement de la véritable monnaie de l'univers : l'amour.

Les choses changeront au bout du compte – ne vous y trompez pas, comme diraient George W. et ses potes. En son temps viendra une ère de paix où c'est la sagesse qui gouvernera le monde et non l'ignorance, la peur et l'avidité. Elle arrivera. Depuis des milliers d'années maintenant, toutes les prophéties, des prédictions bibliques à celles des Hopis, l'annoncent. Depuis toujours, la période actuelle ne pouvait être que difficile. Mais ensuite, Mesdames et Messieurs, viendra l'âge de l'illumination.

> « Faites donc tout votre possible pour raffermir votre corps et votre âme afin de tenir jusque-là, mais ne l'oubliez pas, la véritable force vient de l'amour que vous vous portez, et que vous portez à la vie et aux autres, et de l'amour émanant des autres que vous laissez atteindre votre cœur.
> Aimez tout et tout le monde. Pour rendre ce sentiment tangible, appuyez un doigt au centre de votre sternum et frottez rapidement de haut en bas la peau contre l'os comme un vibromasseur humain jusqu'à sentir la poitrine tout entière s'échauffer et se détendre. Puis laissez simplement cette chaleur couler de vous en permanence. »

Heureu(x/se) Nouve(au/lle) VOUS !

Table des matières

CHAPITRE 2
CRÉATIVITÉ

CHAPITRE 3
POUVOIR MENTAL ET AFFIRMATIONS

Chapitre 4
Amour, sexe et questions personnelles

Chapitre 5
Le corps

CHAPITRE 7
ANXIÉTÉ, STRESS ET DÉCOMPRESSION

CHAPITRE 8
LE MONDE EXTÉRIEUR

Chapitre 9
La Terre

Chapitre 10
Les saisons

EN POCHE AUX ÉDITIONS MARABOUT

Psychologie

150 tests d'intelligence, J. E. Klausnitzer, n° 3529
À quoi rêvent les femmes… et ce qu'en pensent les hommes, F. Ploton, n° 3692
Amour, famille et trahison, N. Prieur, n° 3736
Amour sans condition (L'), L. L. Hay, n° 3662
Analyse transactionnelle (L'), R. de Lassus, n° 3516
Apprivoiser le deuil, M. Ireland, n° 3677
Art de la simplicité (L'), D. Loreau, n° 3720
Au secours ! Je vis avec un(e) narcissique,
Carter et J. Sokol, n° 3721
Be happy, D. Koffmann, n° 3697
Biologie de l'amour (La), A. Janov, n° 3746
Boostez votre cerveau, G. Azzopardi, n° 3710
C'est (presque) toujours de la faute des hommes, R.-M. Alter, n° 3729
Ce que veulent les hommes, B. Gerstman, C. Pizzo et R. Seldes, n° 3672
Cerveau des mères (Le), K. Ellison, n° 3726
Ces amours qui nous font mal, P. Delahaie, n° 3706
Ces gens qui vous empoisonnent l'existence, L. Glas, n° 3597
Cette famille qui vit en nous, C. Rialland, n° 3636
Changez de vie en 7 jours, P. McKenna, n° 3719
Cinq Entretiens avec le Dalaï-Lama, Sa Sainteté le Dalaï-Lama, n° 3650
Communication efficace par la PNL (La), R. de Lassus, n° 3510
Couples : la formule du succès, P. Mc Graw, n° 3715
Dictionnaire des rêves, L. Uyttenhove, n° 3542
Efficace et épanoui par la PNL, R. de Lassus, n° 3563
Éloge de la lenteur, C. Honoré, n° 3731
Éloge du luxe, T. Paquot, n° 3725
Ennéagramme (L'), R. de Lassus, n° 3568
Et moi alors ?, P. Mc Graw, n° 3730
Être la fille de sa mère, P. Delahaie, n° 3727
Fais-toi confiance, I. Filliozat, n° 3723
Force est en vous (La), L. L. Hay, n° 3647
Gestalt, l'art du contact (La), S. Ginger, n° 3554
Grandir avec ses enfants, N. Prieur, n° 3734
Hommes, les femmes, etc. (Les), E. Willer, n° 3679
Hommes préfèrent les garces (Les), F. Ploton, n° 3724
Intelligence du cœur (L'), I. Filliozat, n° 3580

Interprétation des rêves (L'), P. Daco, n° 3501
Je t'en veux, je t'aime, I. Filliozat, n° 3699
Libérez-vous ! Dr Barefoot, n° 3733
Langage des gestes (Le), D. Morris, n° 3590
Méditer au quotidien, H. Gunaratana, n° 3644
Mère-fils, l'impossible séparation, A.-L. Gannac, n° 3711
Mesurez votre Q.I., G. Azzopardi, n° 3527
Méthode Coué (La), E. Coué, n° 3514
Notre capital chance, Dr R. Wiseman, n° 3691
On gère sa vie, on ne la subit pas, P. McGraw, n° 3704
Oser être soi-même, R. de Lassus, n° 3603
Osez briser la glace, S. Jeffers, n° 3673
Osez le grand amour, S. Jeffers, n° 3716
Parents toxiques, Dr S. Forward, n° 3678
Pères d'aujourd'hui, filles de demain, V. Colin-Simard, n° 3693
Petit Livre de sagesse du Dalaï-Lama (Le), B. Baudouin, n° 3702
Plénitude de l'instant (La), T. Nhat Hanh, n° 3655
Pourquoi les femmes se prennent la tête ? S. Nolen-Hoeksema, n° 3722
Pouvoir de la bonté (Le), Sa Sainteté le Dalaï-Lama, n° 3703
Prodigieuses Victoires de la psychologie (Les), P. Daco, n° 3504
Psy de poche (Le), S. Mc Mahon, n° 3551
Puissance de la pensée positive (La), N.V. Peale, n° 3607
Quand les enfants partent, A. Schapiro-Niel, n° 3707
Que se passe-t-il en moi ? I. Filliozat, n° 3671
Réussir le nouveaux tests de Q.I., G. Azzopardi, n° 3714
Rupture : petit guide de survie, D. Hirsh, n° 3689
Secrets de famille, mode d'emploi, S. Tisseron, n° 3573
Sexe des larmes (Le), Dr P. Lemoine, n° 3688
Thérapie du bonheur (La), Dr É. Jalenques, n° 3682
Tout ce que les hommes ignorent et que les femmes n'avoueront jamais, D. McKinlay, n° 3708
Tout se joue en moins de 2 minutes, N. Boothman, n° 3675
Transformez votre vie, L. L. Hay, n° 3633
Tremblez mais osez ! S. Jeffers, n° 3669
Triomphes de la psychanalyse (Les), P. Daco, n° 3505
Vie à bras-le-corps (La), S. Jeffers, n° 3690
Vie est immense (La), S. Jeffers, n° 3718
Vivre en paix, T. Janssen, n° 3740
Ze love book, Frapar, n° 3712

Photocomposition Nord Compo
Imprimé en Allemagne par GGP Media GmbH

Pour le compte des Éditions Marabout.
Dépôt légal : novembre 2008
ISBN : 978-2-501-05701-1
40.8126.1
Édition 01